保育所保育指針 準拠

記入に役立つ！

CD-ROM付き

2歳児の指導計画

横山洋子 編著

ナツメ社

はじめに

　指導計画を立てることは、若い保育者には難しいことかもしれません。今、目の前で泣いている子どもにどう対応すればよいのかで精一杯で、「何とか泣きやんで笑顔になってほしい」という願いはもつものの、そのためにはどのような経験がこの子には必要か、そのためにはどのような環境をつくり、どのような援助をしなければならないのか、などということは、なかなか考えられないでしょう。

　それでも、いやおうなしに指導計画を立てるという仕事は付いてまわります。保育は行き当たりばったりではなく、計画的でなければならないからです。計画を立てて環境を準備しなければ、子どもたちが発達に必要な経験を十分に積むことができないからです。そう、計画は大切なのです！

　では、どうすれば適切な計画を立てることができるのでしょうか。苦労に苦労を重ねなくても、「スルスルッと自分のクラスにピッタリの計画が魔法の箱から出てくればいいのに」「自分が担当してる子どもの個人案が、明日の朝、目覚めたら、枕元に置いてあればいいのに」と、誰もが一度や二度は思ったかもしれません。

　その願いにこたえて、本書は生まれました。どのように考えて書けばよいのか、文章はどう書くのか、個人差にはどう対応するのかなど、難しそうなことを簡単

に説明し、年間指導計画から月案、個人案、週案、日案の実例を数多く載せました。また、それぞれのページに、「保育のヒント」や「記入のコツ」を付けました。さらに、文例集のページがあるので、自分のクラスや担当の子どもにぴったり合う文を選べるようになっています。

　それから、大切にしたのは「子ども主体」の考え方です。これまで、「養護」は保育者の側から書くことになっていました。「養護」は「保育者がするもの」だったからです。けれども本書では、あえて「養護」も子ども主体で書きました。「快適に過ごす」のは子どもであり、子どもは自分の人生を主体的に生きているからです。子どもを「世話をされる存在」としてではなく「自らの生を能動的に生きる存在」としてとらえ、そのような子どもに、私たち保育者がどのように手を差しのべたら、その生を十分に輝かせられるのかと考えることが、これからの保育にふさわしいと確信するからです。また、このような記述により「教育」との統一が図れ、「ねらい」もすっきりと子ども主体で一本化できました。

　本書が、指導計画を立てることに喜びと手ごたえを感じて取り組める一助となることを願っております。

横山洋子

> **2018年実施 3法令改訂**

未来の創り手を育てる

幼児教育施設として、未来を見据えて子どもの力を育む必要があります。幼児期への学びの連続性を考えていくことが重要です。

● 幼児教育において育みたい資質・能力

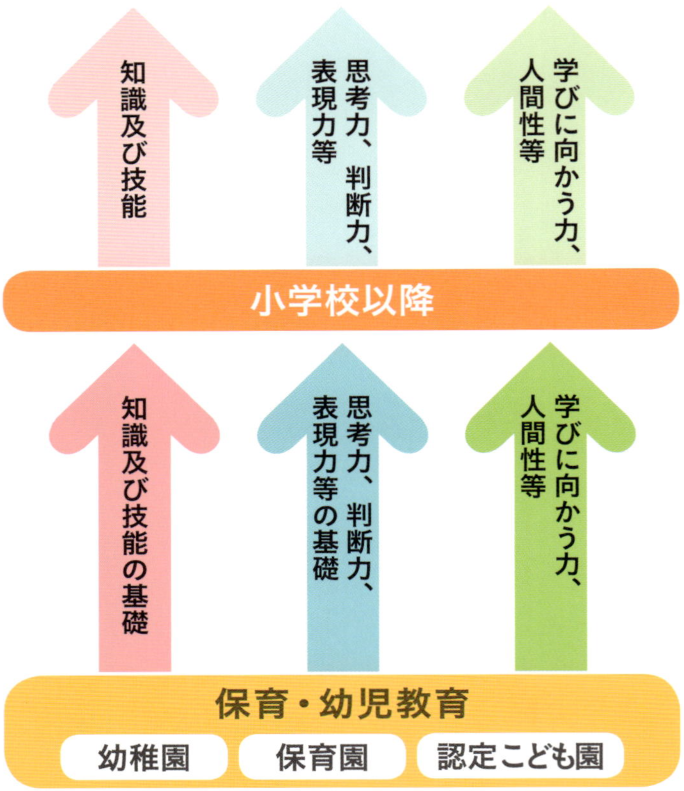

↑ 知識及び技能
↑ 思考力、判断力、表現力等
↑ 学びに向かう力、人間性等

小学校以降

↑ 知識及び技能の基礎
↑ 思考力、判断力、表現力等の基礎
↑ 学びに向かう力、人間性等

保育・幼児教育
幼稚園　保育園　認定こども園

資質・能力の3つの柱とは

　今回の改訂で日本の幼児教育施設である幼稚園、保育園、認定こども園のどこに通っていても、同じ質やレベルの保育・幼児教育が受けられるよう整備されました。「資質・能力」の3つの柱は、小学校、中学校、高校での教育を通して伸びていくものです。幼児期には、その基礎を培います。

1．「知識及び技能の基礎」
（遊びや生活の中で、豊かな体験を通じて、何を感じたり、何に気付いたり、何が分かったり、何ができるようになったりするのか。）

2．「思考力、判断力、表現力等の基礎」
（遊びや生活の中で、気付いたこと、できるようになったことなどを使いながら、どう考えたり、試したり、工夫したり、表現したりするのか。）

3．「学びに向かう力、人間性等」
（心情・意欲・態度が育つ中で、いかにより良い生活を営むか。）

　先の2つは、何かについて知る、考えると

● **幼児期の終わりまでに育ってほしい姿**

- 健康な心と体（健康）
- 自立心（人間関係）
- 協同性（人間関係）
- 道徳性・規範意識の芽生え（人間関係）
- 社会生活との関わり（人間関係・環境）
- 思考力の芽生え（環境）
- 自然との関わり・生命尊重（環境）
- 数量や図形、標識や文字などへの関心・感覚（環境）
- 言葉による伝え合い（言葉）
- 豊かな感性と表現（表現）

いう知的な力です。あとの1つは、様々なことに意欲をもち、粘り強く取り組み、より高いところを目指して努力する力です。これらの力を園生活の中で育てていくことが求められます。

0、1、2歳児で大切なこと

改訂でうたわれた「幼児期の終わりまでに育ってほしい姿」を意識すると、目の前の子どもがそうなっているだろうか、という目で見てしまいがちです。まじめな保育者ほど、早めにレールを敷いて安全にその姿へと思ってしまいます。でも、ちょっと待ってください。

0、1、2歳児は、出口を気にして評価する時期ではありません。今を快適に過ごせるように、そして、今、興味をもっていることへ十分に関われるようにすることが、何よりも大切です。笑顔で生活しているか、目をキラキラさせて環境と出合っているかをしっかり確かめてください。それが、すべての育ちの土台です。すべてはそこからスタートするのだと肝に銘じましょう。

もくじ

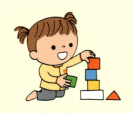

はじめに……………………………………2
2018年実施3法令改訂　未来の創り手を育てる……4
本書の使い方………………………………8

第1章 指導計画の考え方 ……… 9

2歳児の指導計画を立てるには ……… 10
指導計画はなぜ必要なのでしょう? ……… 12
指導計画の項目を理解しよう ……… 18
年間指導計画の考え方 ……… 22
月案の考え方 ……… 23
個人案の考え方 ……… 24
週案・日案の考え方 ……… 27
防災・安全計画の考え方 ……… 28
保健計画の考え方 ……… 30
食育計画の考え方 ……… 32
子育て支援の指導計画の考え方 ……… 34
指導計画の文章でおさえておきたいこと ……… 36
2歳児の発達を見てみよう ……… 38

第2章 年間指導計画の立て方 41

年間指導計画 ……… 44
年間指導計画文例 ……… 46
こんなときどうする？　年間指導計画 Q&A … 48

第3章 月案の立て方 ……… 49

4月月案 ……… 52
5月月案 ……… 54
6月月案 ……… 56
7月月案 ……… 58
8月月案 ……… 60
9月月案 ……… 62
10月月案 ……… 64
11月月案 ……… 66
12月月案 ……… 68
1月月案 ……… 70
2月月案 ……… 72
3月月案 ……… 74

4月月案文例 ……… 76
5月月案文例 ……… 78
6月月案文例 ……… 80
7月月案文例 ……… 82
8月月案文例 ……… 84
9月月案文例 ……… 86
10月月案文例 ……… 88
11月月案文例 ……… 90
12月月案文例 ……… 92
1月月案文例 ……… 94
2月月案文例 ……… 96
3月月案文例 ……… 98
こんなときどうする？　月案 Q&A ……… 100

第4章 個人案の立て方 ……… 101

4月個人案 ……… 104
5月個人案 ……… 106
6月個人案 ……… 108
7月個人案 ……… 110
8月個人案 ……… 112
9月個人案 ……… 114

　　10月個人案 …………………… 116
　　11月個人案 …………………… 118
　　12月個人案 …………………… 120
　　1月個人案 ……………………… 122
　　2月個人案 ……………………… 124
　　3月個人案 ……………………… 126

　　4月個人案文例 ………………… 128
　　5月個人案文例 ………………… 130
　　6月個人案文例 ………………… 132
　　7月個人案文例 ………………… 134
　　8月個人案文例 ………………… 136
　　9月個人案文例 ………………… 138
　　10月個人案文例 ………………… 140
　　11月個人案文例 ………………… 142
　　12月個人案文例 ………………… 144
　　1月個人案文例 ………………… 146
　　2月個人案文例 ………………… 148
　　3月個人案文例 ………………… 150
　こんなときどうする？　個人案 Q & A …… 152

第5章　週案・日案の立て方 …… 153

　　4月週案　進級・新入園 ………… 156
　　8月週案　水遊び ……………… 158
　　10月週案　運動会 ……………… 160
　　2月週案　節分 ………………… 162
　　6月日案　保育参観 …………… 164
　　10月日案　運動会 ……………… 166
　　11月日案　秋を楽しむ ………… 168
　こんなときどうする？　週案・日案 Q & A …… 170

第6章　保育日誌の書き方 …… 171

　　4・5月保育日誌 ………………… 174
　　6・7月保育日誌 ………………… 175
　　8・9月保育日誌 ………………… 176
　　10・11月保育日誌 ……………… 177
　　12・1月保育日誌 ……………… 178
　　2・3月保育日誌 ………………… 179
　こんなときどうする？　保育日誌 Q & A …… 180

第7章　ニーズ対応 …… 181

　　防災・安全計画① 避難訓練計画 …… 184
　　防災・安全計画② リスクマネジメント計画 …… 186
　　事故防止チェックリスト ………… 187
　　防災・安全 ヒヤリ・ハット記入シート …… 188
　　保健計画 ………………………… 192
　　食育計画① ……………………… 196
　　食育計画② ……………………… 198
　　食育計画③ ……………………… 200
　　子育て支援の指導計画① 在園向け …… 204
　　子育て支援の指導計画② 地域向け …… 206
　　子育て支援の指導計画 事例レポート …… 208
　こんなときどうする？　ニーズ対応 Q & A …… 210

　　CD-ROMの使い方 ……………… 211

本書の使い方

1 カラーの解説ページで指導計画を理解

本書ではカラーページを使って、「指導計画の必要性」からはじまり、「年間指導計画」「月案」「個人案」「週案・日案」の考え方を説明しています。また「項目の理解」「文章の書き方」など、初めて指導計画を立てる保育者の方にも分かるように、イラストや図を使いながら丁寧に説明しています。

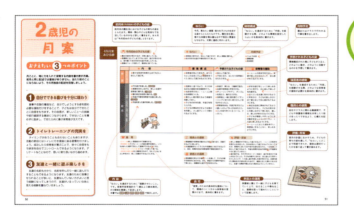

2 記入の前に計画のポイントを整理

それぞれの指導計画の前には、子どもの姿をどのように見て、それをどのように計画へ反映していけばいいのかを「おさえたいポイント」として解説しています。さらに各項目に記入すべき内容を、分かりやすく説明しています。

3 数多くの文例から文章を選べるCD-ROM付きで時間も短縮

「月案」「個人案」「保育日誌」は12か月分、「週案」「日案」は園行事など使う頻度の高い指導計画を紹介しています。「年間指導計画」「月案」「個人案」には、文例集も付けていますので、多くの文例の中から子どもに即した計画が立てられます。CD-ROM付きですのでパソコンでの作業も簡単。データを収録してあるフォルダ名は各ページに表記しています。

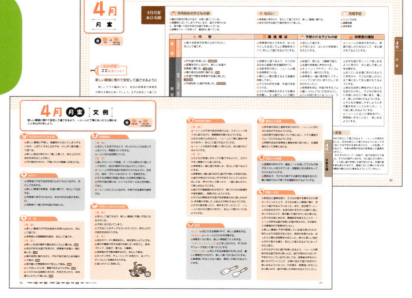

第 1 章

指導計画の考え方

ここでは「指導計画」が子どもにとってなぜ必要なのか、各項目にはどのように記入していけばいいのかについてまとめています。

2歳児の指導計画を立てるには

行動範囲が広がり、様々なことを自分でやってみようとする子どもたち。自分の世界の広がりに喜々として目を輝かせる姿に魅了されながらも、その生活を支えるための手立てを十二分に講じておく必要があります。

自分でやりたい、を大切に

運動機能が発達し、自分の動きをコントロールできるようになるので、**何でも「自分でできる」という自信を持つようになります**。でも、まだできないことも多いので、かんしゃくを起こしてしまうこともあります。「やりたかったね。分かったよ。少しだけ手伝うね」と、子どもの思いを受け止めながら、必要なところだけ援助しましょう。

反抗したり自己主張したりするのも、正常な発達の証です。自我が育ってきたということなので、**自分が好きでいられるように、自信を持てるような認める対応を大事**にします。

また、背のびをしてがんばりすぎると、一時的に赤ちゃん返りするなど退行が見られることもあります。不安定になっているので、そんな場合は、手をつなぐ、抱きしめる、ひざにのせるなどのスキンシップで、温かく包み込みましょう。行きつ戻りつしながら成長していくのが、子ども本来の姿です。

まねっこで世界を広げる

保育者のすることをよく見ていて、まねをしようとします。手を洗うことや歯をみがくことも、保育者がモデルとなります。手遊びやダンスなども、まねをしながら楽しみます。友達も一緒だと、もっと楽しいこともだんだん感じていきます。

言葉もまねっこすることから語彙が増えていきます。絵本の言葉をくり返して言うことを楽しんだり、友達の言葉をまねして言って二人で笑い転げたり、まねっこをすることで、より世界を広げていくのです。

トイレトレーニングにおいても、友達が便座に座っているのを見て、自分もやってみよ

うと思えたり、友達がほめられているのを見て、自分もほめられたいと感じたりします。自分からやろうとする姿を認めながら、友達にもその様子を見せ、共に高め合えるようにできるといいですね。

また、まねをしたくなる楽しい遊びや教材なども指導計画に入れていきましょう。

ごっこ遊びを楽しむ

目の前にないものを思い起こすことができるようになり、記憶しているものを再現する象徴機能が発達してきます。**そして、○○になったつもりで行動したり、振りをしたりという「ごっこ遊び」ができるようになります。**

黄色い毛糸を器に入れて「ラーメン」と言ったり、エプロンをつけて「お母さん」になったつもりでままごとをしたりします。とはいえ、まだ長続きはしないので、保育者がお客さんになったり子どもになったりして会話し、イメージを持って遊べるように働きかけるとよいでしょう。

また、クラスのみんなで見た絵本のイメージで、大きなカブを抜く劇遊びをしたり、7匹の子ヤギになってオオカミとやり取りをすることを楽しんだりもします。

このような遊びも指導計画の中に位置付け、友達と一緒に遊ぶ楽しさが味わえるようにしていきましょう。

このように、快適な環境の下で、身の回りのことが徐々にできるようになる自信から、子どもたちはさらに自分の世界を広げていきます。時には友達とのトラブルも経験しますが、「友達は敵だ、いない方がずっといい」と感じる結果にならないよう、保育者が間に上手に入り、**自分の思いを伝えることや順番を守ることなど、集団生活でのルールを知らせる必要**があります。

異年齢児との交流から刺激を受けることも多いので、それらを指導計画の中に無理なく入れていくようにしましょう。

指導計画はなぜ必要なのでしょう？

指導計画とは？

園には、**保育の方針や目標に基づき、保育の内容が発達を踏まえて総合的に展開されるよう作成された「全体的な計画」**があります。これは、子どもや家庭の状況、地域の実態、保育時間などを考慮し、子どもの育ちに関する長期的な見通しをもって適切に作成されなければなりません。

また、その「全体的な計画」に基づき、具体的な保育が適切に展開されるよう、**子どもの生活や発達を見通した「長期的な指導計画」**と、**より具体的な子どもの日々の生活に即した「短期的な指導計画」**を作成することも必要です。さらに、保健計画や食育計画なども、各園が創意工夫して保育できるようにつくることになっています。

長期指導計画（年・期・月）は、年齢ごとに一つつくります。同じ年齢のクラスが複数ある場合は、担任たちが集まって共同で作成します。

短期指導計画（週・日）は、同じ年齢のクラスが複数あれば、それぞれのクラスごとに作成します。クラス担任が1クラスに複数いる場合は、相談してつくります。

大切なのは、計画の出来ばえではありません。どんな「ねらい」がふさわしいか、その「ねらい」に近付くためには、どのような「内容」を設定するか、その「内容」を子どもたちが経験するためには、どのような環境を構成すればよいのか、もし子どもが嫌がったら、どのような言葉でどのように対応すればよいのかということを、悩みながら考え、書いては消すという作業をくり返す過程にこそ、計画を立てる意味があるのです。

経験年数の少ない保育者は、この指導計画作成の過程で、先輩保育者の「ねらい」の立て方や援助の仕方を知り、どのように文章に表現していくかを学ぶことができます。

ですから、急いでさっさとつくってしまおうという取り組み方ではなく、目の前の子どもの姿をしっかりと見つめ、次にどのように援助をするこ

全体的な計画からの流れ

全体的な計画
各園の方針や目標に基づき作成する大本の計画。入所する子どもすべてを対象としたもの。

長期指導計画（年・期・月）
「全体的な計画」を実現するために立案する年・期・月を単位とした指導計画。年齢ごとに一つ作成する。

短期指導計画（週・日）
「全体的な計画」を実現するために立案する週・日を単位とした指導計画。クラスごとに作成する。

他に、保健計画、食育計画等も作成する。

保育園では厚生労働省の「保育所保育指針」を基にすべての計画がつくられます。年間計画や月案など何種類もの計画がありますが、なぜこれらは必要なのでしょうか。ここでは、それらの必要性について、もう一度考えてみます。計画のない保育はあり得ないことが理解できるでしょう。

とが、この子たちの成長につながるのかをよく考えることが望まれます。

3歳未満児については、**個別の指導計画**も作成することが義務付けられています。3歳以上児については、作成するのが望ましいとされています。

他にも、食育や保健計画など、テーマごとに作成されるものもあります。

「養護」と「教育」の一体化

「養護」とは、子どもの「生命の保持」および「情緒の安定」のために保育者等が行う援助や関わりです。「生命の保持」「情緒の安定」が「ねらい」となっています。「教育」とは、子どもが健やかに成長し、その活動がより豊かに展開されるために行う援助です。「ねらい」は、1歳以上児においては「健康」「人間関係」「環境」「言葉」「表現」の5領域から構成されています。

1歳以上3歳未満児は、発達の連続性を考え、乳児の3つの視点を継続したり3歳以上児の5領域に踏み込んだりなど、柔軟に対応する必要があります。また、目の前の子どもが今していること、今育っていることが、3つの視点や5領域のどの部分であるかを分類することに苦心する必要はありません。「養護」と「教育」を一体化したものとしてとらえ、相互に関連をもたせながら、「ねらい」や「内容」を考えていけばよいのです。

● 「養護」と「教育」の関わり

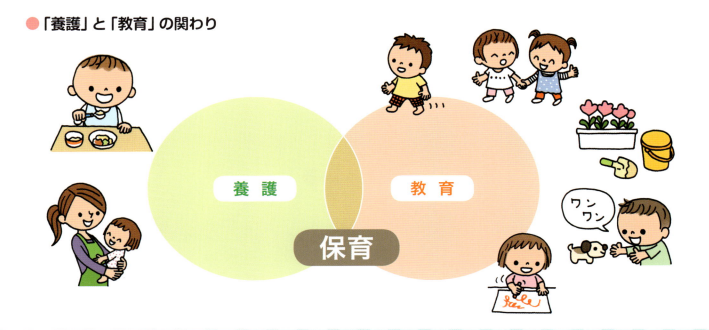

指導計画はなぜ必要なのでしょう？

乳児保育の視点

　乳児の保育は下の図に示したように、**養護をベースにして3つの視点で育ちを見ていきます**。計画的に何かをさせようとするよりも、子どもにとって心地よい環境をつくることを心がけたいものです。子どもが動いたり、声を出したりしたときに、すぐに温かく受容的に関わることができれば十分です。下の図では、便宜的に3つの視点を当てはめていますが、カチッと切り分けられるものではありません。1歳児以降の5領域の「ねらい」と「内容」につながっていくのだという意識がもてればよいでしょう。

1歳以上3歳未満児の保育

　ここでの1歳以上や3歳未満児は、厳密な暦年齢のことを示しているのではありません。早産の子もいれば、予定日に生まれない子もいます。発達の速度も一人一人違います。ですから、「おおよそ○歳になったら」ととらえましょう。大事なのは、一人一人の子どもの発達の連続性を丁寧にとらえていくことです。**0歳児の「ねらい」と「内容」が大体クリアできたなと感じた頃に、5領域の視点**で見ていけるとよいでしょう。

　歩けるようになると、環境との関わりが飛躍的に増えます。安全に配慮しながら、様々な物との

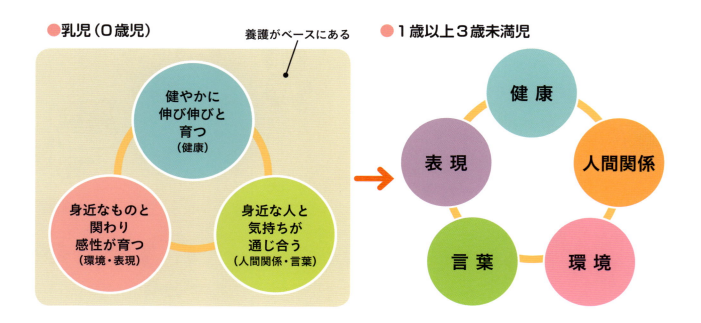

出合いを演出したいものです。同じようなおもちゃばかりでなく、感触の違う物、形が変わる物、自然物など、「何だろう？」「知りたいな」「もっとやってみよう」を引き出す物的環境の準備が必要になります。季節や自然の変化、地域の行事とも考え合わせながら、わくわくする保育を計画していきましょう。

非認知能力を育てる

非認知能力というのは、認知能力ではないということ。認知能力とは、記憶ができる、知識を正確に理解する、読み書きができるという、いわゆる学力に相当する力です。これは、テストなどで目に見えやすい能力です。

対して、**非認知能力は目に見えにくいものを指します。具体的には、好奇心が豊か、失敗してもくじけない、集中力がある、我慢できる、自己肯定感がある、友達と協力して取り組む**、などです。このように測ることが難しいけれど生きていくために必要な力を乳幼児期にしっかり育てなければなりません。それがどうすれば育つのかを考え、計画を立てることが求められています。

受容的で応答的な対応はもちろんのこと、やりたいことが存分にできる環境が大きな支えとなるでしょう。どんな子どもに育つかは、指導計画に関わっているのです。

指導計画 はなぜ必要なのでしょう？

「保育士等の自己評価」とは？

「自己評価」とは、保育者が自分で立てた指導計画に沿って保育をした結果、**子どものどこが育ったのか、それにはどのような援助があったのかを振り返って洗い出してみること**です。よい姿が現れた場合は、援助が適切であったと評価できます。一方、援助が空振りに終わっている場合は、不適切だったと考えられます。

それらの評価を踏まえ、次の指導計画を立案する際に生かしていきます。

PDCAサイクルを確立しましょう。記録を書きながら反省することは、Check（評価）です。「次には、こうしたい」と新たな援助を考えられたら、すでにAction（改善）です。「あの遊具の置き方はよくなかった。他の遊びとの間にもっとスペースをとろう」と遊具を2m移動させるのも、Action（改善）です。さあ、次のPlan（計画）を立てましょう。今日を踏まえ、今週を踏まえ、今月を踏まえ、次からの子どもたちの「もっといい生活」のために、環境も援助も考え直すのです。そして、Do（実践）！ 何と楽しい営みでしょう。目の前の子どもたちにぴったり合う保育は、このようにして創られるのです。

☆記録を通して

一日、一週間、一か月などの計画に対応して、子どもの姿を思い浮かべ、そこで見られた成長や、これからしなければならないと気付いた援助などを具体的に記述します。保育者は一瞬一瞬、よかれと思う方向へ判断を下しながら保育していますが、そのすべてが最善であるとは限りません。「あのとき、別な判断をしていれば」と反省することもあるでしょう。そのようなことも、しっかり書き込み、**「次にそのような場面と出会った際には、このように援助したい」**と明記しておくことで、援助の幅を広げられるのです。

● PDCA サイクル

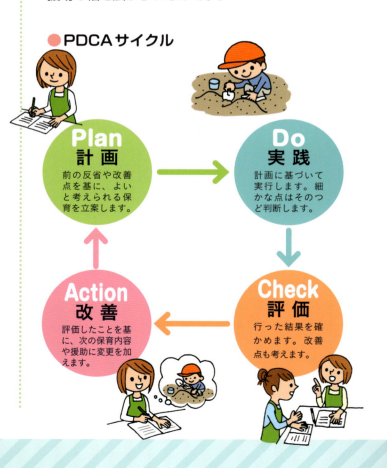

☆保育カンファレンスを通して

　気になる子どもへの援助や、保護者への対応など、クラス担任だけでは行き詰まってしまうことがあります。定期的に、あるいは必要に応じて、**問題や課題に関係する職員が集まって話し合うことが大切**です。

　期や年の評価の際は、同じ年齢を担当する保育者が全員で、計画したことが十分に行えたか、子どもの育ちが保障されたか、援助は適切だったかなどについて、一人一人が具体的に意見を述べ、評価につなげていく必要があります。

「保育所の自己評価」とは？

　保育園は、保育の質の向上を図るため、保育内容などについて自ら評価を行い、その結果を公表するよう努めなければなりません。その地域の人々から期待された保育ニーズを果たしているのか、保育者等の自己評価などで挙がった課題を把握し、期あるいは単年度から数年度の間で実現可能な計画の中で進めるようにしているかなどを、評価する必要があります。

　施設長のリーダーシップの下に、第三者評価などの外部評価も入れるなど、保育の質を高めるとともに、職員一人一人の意欲の向上につながるようにしなければなりません。

　保育園の自己評価は、なるべく園だよりやホームページなどを利用して、保護者や地域の人々に公開します。そうした行為が、人々との対話や協力関係づくりに役立つでしょう。地域の力を借りながら、地域に愛される園になることが、お互いの生活を豊かにしていくことにつながります。

指導計画の項目を理解しよう

計画表には様々な項目が並んでいます。それぞれの欄に何を書けばいいのか正しく理解していますか？ ここでは各項目に何を書くのかをイラスト付きで分かりやすく説明します。

　指導計画を書くには、一つ一つの項目を理解し、何のためにそれを書いているのかを意識しなくてはなりません。どこにでも同じようなことを書いていては、意味がありません。

　指導計画の項目は、目の前の子どもの姿をしっかりとらえることから始まります。医師が患者さんの治療方針を立てるときに、まず現在の症状を正しく理解し、それから治すための薬や治療の方法を選んでいく過程と同じです。私たちも目の前の子どもの現在の育ちを読み取り、今月はこのような「ねらい」を立てよう、と決めていくわけです。それぞれの項目は保育者の考えに沿ってビーズを糸に通し一本に流れていくように組み立てられています。月ごとに一つのストーリーを予測しながら記しましょう。

●月案の場合

① 前月末（今月初め）の子どもの姿には何を記入する？

現在の子どもの様子を知る

していたことを羅列するのではありません。子どもがどこまで育っているのかが分かる姿を事実として書きます。また、子どもが何に興味をもち、何を喜んでいるのかをとらえます。どのようなときにどのような行動をとるかも書くとよいでしょう。「ねらい」を立てるに当たり、その根拠となる姿であるべきです。
※4月は「今月初めの子どもの姿」となります。

✏️ 例文
保育者や友達と言葉をやり取りしながら、お店屋さんごっこを楽しむ。

② ねらいには何を記入する？

子どもの中に育つもの・育てたいもの

「ねらい」には、保育者が子どもの中に育つもの・育てたいものを子どもを主語にして記します。「前月末の子どもの姿」や「期のねらい」を踏まえて導き出します。こういう姿が見られるといいな、という保育者の願いをいくつか書いてみると、「ねらい」にしたくなる文が出てくるでしょう。

✏️ 例文
保育者と関わりながら、好きな遊びをじっくり楽しむ。

③ 内容には何を記入する？

「ねらい」を達成するために経験させたいこと

「ねらい」を立てたなら、どうすればその「ねらい」を子どもが達成することができるかを考えます。具体的に日々の生活でこのような経験をさせたい、ということを挙げます。

養護と教育

生活と遊びの両面でとらえる
「養護」と「教育」の項目で、それぞれ「内容」、「環境構成」、「予想される子どもの姿」、「保育者の援助」を考えます。低年齢ほど、「養護」と「教育」にきちんと線引きすることは難しいものです。総合的に考え、近いと思われる方に書いておけばよいでしょう。

✏️ 例文
養護／保育者のやり方を見ながら、袖をまくってせっけんで手を洗う。
教育／歌や曲に合わせて、歌ったりリズムを合わせたりして楽しむ。

④ 環境構成には何を記入する？

やりたくなるような環境を準備する

「内容」に挙げたことを、子どもが経験できるよう環境を整えます。主体的に行動できるような物的環境や時間・空間的な雰囲気などを書き、人的環境は「保育者の援助」の項目で書きます。

例文
養護／手の届くところに泡せっけんや手ふきタオルを置く。
教育／子どもが知っているアップテンポな曲を、2〜3曲用意する。

⑤ 予想される子どもの姿には何を記入する？

「子どもたちは、どう動くかな」と考える

環境設定したところへ子どもが来た際、どのような動きをするかを予測します。喜んで入る子やためらう子もいるでしょう。「万一こうなったら」と想定して書くと、心の準備ができます。

例文
養護／せっけんを手に付けたら、いつまでも泡で遊ぶ。
教育／曲に合わせて歌ったり踊ったりすることを楽しむ。

⑥ 保育者の援助には何を記入する？

子どもたちに何に配慮して関わるか

子どもが「ねらい」を達成するように、「内容」で挙げた事柄がより経験できるための援助を考えます。予想される負の姿への対策など様々な想定をしておくと援助の幅が広がります。

例文
養護／手がきれいになったことを認め、水で洗い流すきっかけをつくる。
教育／友達の動きを見ている子には、「楽しそうだね」とそばに付いて声をかけ、背中を指でトントンと曲のリズムを伝える。

⑦ 食育には何を記入する？

食に関わる援助を書く

食に対する取り組みは、今後の食習慣を形成していくために重要です。つかみ食べ、フォークや箸の使用などを発達に応じて促し、食は楽しいと感じられる援助を挙げます。

例文
フォークの使い方や茶碗の持ち方は、一人一人に知らせる。

⑧ 職員との連携には何を記入する？

今月、特に留意する連携について書く

保育はチームプレーです。他の職員との情報交換や引き継ぎなど、円滑に保育が進むよう配慮します。通年で心がけることではなく、今月、特に留意する事柄について書きます。

例文
戸外で遊ぶときは一人一人の動きや居場所を把握し、保育者同士が声をかけ合って動く。

⑨ 家庭との連携には何を記入する？

保護者と共に子育てをするために

保護者との情報交換や、親子での活動などを積極的に行うために伝えておきたいこと、用意してほしい物などを記載します。

例文
汗をかいて着替えの回数が増えるので、衣服の補充をお願いする。

⑩ 評価・反省には何を記入する？

一か月の子どもの育ちと保育を振り返ろう

月案に基づいて保育し、子どもの育ちを感じたところ、変更した点やハプニングなどもあったでしょう。それらを記して、改善策を考え来月の保育で心がけたいことを書きます。

例文
友達と一緒に喜ぶ一方、トラブルもある。互いの思いを受け止め、相手に伝わるように援助したい。

年間指導計画の考え方

「年間指導計画」は園で作成している「全体的な計画」に基づき、目の前の子どもたちの成長を踏まえて一年間の計画をつくります。各年齢で一つ作成します。

「全体的な計画」を軸に考える

年間指導計画は、その年齢の発達を踏まえ、一年間の育ちを見通して、「子どもの姿」と「ねらい」「内容」などを記載します。同じ年齢が複数クラスあっても、担当する保育者全員で話し合い、各年齢で一つ立案します。

本書では、一年を4期に分けています。4～6月を1期、7～9月を2期、10～12月を3期、1～3月を4期とし、それぞれの期にふさわしい「ねらい」「内容」を挙げます。

「子どもの姿」から計画を立てる

「ねらい」を立てるには、まず目の前の子どもがどのような姿なのかを把握することから始まります。そのような子どもたちに、**一年後にはどのような姿に育っていることを期待するのかを明確**にし、期ごとにその過程となる「期のねらい」を挙げていきます。そして、その「期のねらい」の姿に近づくためには、どのような環境を構成し、どのような援助を心がけることが大切かを書いていきます。

「内容」のとらえ方

「ねらい」を実現するために「経験する必要があること・経験させたいこと」が「内容」です。

本来、「ねらい」も乳児（0歳児）は3つの視点に、1歳以上3歳未満児は5領域に対応しているはずです。でも、3歳未満児の場合は、あまり項目にこだわりすぎると全体としての育ちをとらえにくいことがあります。2、3の領域にまたがる「ねらい」もあるからです。

本書では、「ねらい」は大まかに挙げ、「内容」を3つの視点や5領域の目で見ています。その要素が入っているなと意識できれば十分なのです。

● 年間指導計画の流れ

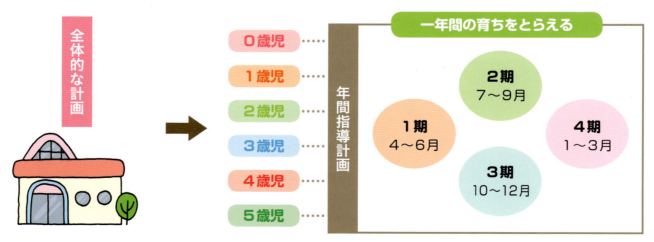

月案の考え方

「年間指導計画」を基に、クラスごとに月単位で立案します。前月末の子どもの姿をとらえながら、今月のねらいを立て、一か月の保育の展開を考えていきます。

そのクラスならではの月案を

月案は、年間指導計画を基にクラスごとに月単位で立案する指導計画です。クラスの実情に応じて作成するものですから、同じ園の同年齢クラスと違いがあっても当然です。

クラスにいる子どもの一人一人の特徴やクラスの雰囲気なども考慮に入れ、クラスに応じた月案を作成することが望まれます。

クラスの担任が全員で

月案の作成に当たっては、担任の全員が話し合って、共通理解の下で立案することが重要です。その月の柱となるわけですから、中身を理解しないで保育することは不可能です。同じ方針の下、同じ援助の仕方で子どもに対応しなければ、子どもたちが混乱してしまうでしょう。ですから、**立案の際には前月の気付きを全員が出し合い、情報を共有して、最善の計画を作成するというチームワーク**が大切になります。

「予想される姿」のとらえ方

本書では、まず「前月末の子どもの姿」を最初に挙げ、「ねらい」と「内容」を考えています。そして、その「内容」が経験できるように、「環境構成」を考えて設定します。次に、そのような環境の中で、子どもたちはどのように動き、どのような姿を見せるだろうかと予想します。同じ環境にあっても喜ぶ子もいれば、不安を示す子もいるからです。そして、そのような様々な姿を表す子どもたちに対して、どのように援助するかを記載しています。

このように**流れで保育を考えることによって、保育者はより鮮明に子どもの動きがイメージでき、その際に必要な援助を考えやすくなる**のです。

● 月案の流れ

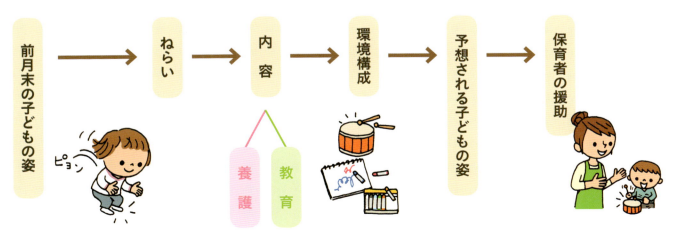

前月末の子どもの姿 → ねらい → 内容 → 環境構成 → 予想される子どもの姿 → 保育者の援助

個人案の考え方

発達の個人差が大きい0〜2歳児には、個別に「個人案」を作成することが求められています。一人一人の子どもが主体性をもって活動できる計画にしていきます。

個人の発達段階を見極める

0〜2歳児においては、心身の発達が著しく、発達の個人差も大きいので、個別の指導計画を作成する必要があります。一般的には、「前月末の子どもの姿」を基に、翌月の指導計画を個別に作成することが多いでしょう。子どもの個性や特徴をとらえ、その子にとって最もよい環境や援助を考え、具体的に記します。クラスの月案も考慮に入れますが、「内容」を設定する際は、その子の発達段階を最優先するので、月案と多少違っていてもよいのです。

家庭生活との連続性を大切に

個人案を作成するには、**保護者との話し合いが不可欠**です。母子手帳などで生育歴を確認しながら、その子の癖や好きな物、入眠する際の手順などを詳しく聞き、できるだけ家庭と同じやり方で子どもが安心できるようにするためです。また、保護者の要望も聞きながら、できる範囲でこたえるようにします。

個人案は、その子への愛の証

子ども一人一人が大切にされ、その子らしい成長が遂げられるよう、保育者は最大限の努力をして保育をしています。**個人案は、保育者がその子をどのようにとらえ、どのような姿に育つことを願っているかを具体的に記すものです。**「不安そうにしているから何とか安心して笑顔を見せてほしい」「トイレの排泄で成功して自信をもたせたい」など、保育者は少し先の成長を見越して、そのような姿に近付くための援助を行っています。その取り組みを、そのまま個人案に書くのです。また、歩けるようになる喜び、言葉が増えていく喜びを知らせ、そのための適切な援助について書き、その結果をも記していくのです。

● 個人案のとらえ方

個性
個人の発達

保育者の個の理解
・その子の発達段階を読み取る
・その子の気持ちを読み取る
・その子に必要な経験は何か考える

その子に合った援助
育ち
環境構成
家庭との連携
個人案

発達が気になる子ども

配慮を要する子の 個人案

援助に戸惑わないように

成長の過程で、目が合わなかったり、落ち着きがなかったりすることから、障がいがあることが分かる場合があります。0～2歳児では障がいに関係なく、すべての子どもについて個人案を作成しますが、3歳児以上でも、**特別に配慮を要する場合には、個人案を作成することが望まれます**。障がいの有無や程度にかかわらず、一人一人の育ちを保障する保育の基本は、他の子どもたちと変わりはありません。けれども、延長保育に移る際や新規の保育者が入った場合に、その子に対する援助の仕方で戸惑わないように、3歳児以上でも個人案があった方がよいのです。

チーム態勢での支援

障がいのある子どもや障がいの疑いがある子どもの個人案を作成するに当たっては、**クラスの担任だ**けでなく、保育園の管理者、保護者、さらに地域の専門家にも入ってもらい、チームで取り組むとよいでしょう。保護者がそれを望まない場合もありますが、子どもが抱える困難さと、これからの生活のしやすさを考え、できるだけ同意を得られるようにします。家庭でも、子どもへの対応に困る場合があるので、個人案の内容を保護者も利用できるようにするとよいでしょう。

「子どもの姿」を記録する

その子はどのような際にどのように行動するのか、何が好きで何が嫌いなのか、ということを生活の中から読み取り、子どもが安心できる環境をつくることが重要です。そのためには、**行動をよく見て記録する必要**があります。この援助ではうまくいかなかったが別の援助では納得した、などということも書き留めておくと立案に役立ちます。

●発達が気になる子どものとらえ方

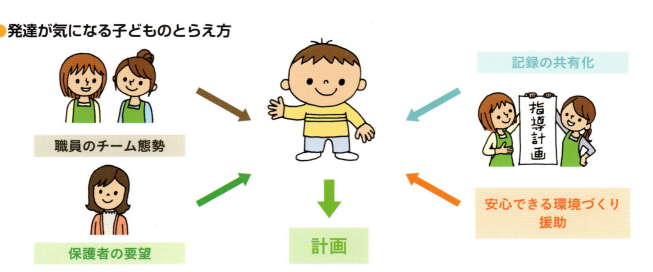

配慮を要する子の個人案

友達に手を出す子ども

安全を守る

発達に遅れはなくても、配慮を要する子はいろいろな場合があるでしょう。3歳児以上では個人案を作成する義務はありませんが、立案しておく方が指導しやすくなります。

特に配慮したいのは、人にけがをさせる危険のある子どもです。かみついたりひっかいたり、目に指を入れたり、後ろから急に引っ張ったりという行為で、相手に重大な被害が及んでしまうこともあります。そのような園内の事故を防ぐためにも、**その子がそのような行為をしなくてもすむように、安全で快適に過ごすための個人案が必要になります。**

行動の背景を考える

なぜ、その子が友達に攻撃をしてしまうのか、自分を守るためなのか、その子に興味があるだけなのか、思いが伝わらないからなのかなど、共に生活しながら、その子の思いを受け止めつつ、そのような行動をとってしまう背景を考えます。

どのようなときに不機嫌になるのか、誰の近くに行くと行動が起きるのか、**記録しながらその子と関わり、手を出さなくても安心して生活できるようにしていきます。**そのやり方を詳しく個人案に記しておくことで、他の保育者がその子と関わる際も、一貫した対応ができるわけです。

望ましい行動を知らせる

「危険がないように止めること」ばかりにとらわれず、その子のやりたいことが存分にできるように、**その子のよい面が他の子に認知されるように働きかける必要もあります。**「〜したかったんだね」と抱きかかえ、相手の子から離します。「こっちでできるよ」と安心できる場に移し、落ち着けましょう。

●友達に手を出す子のとらえ方

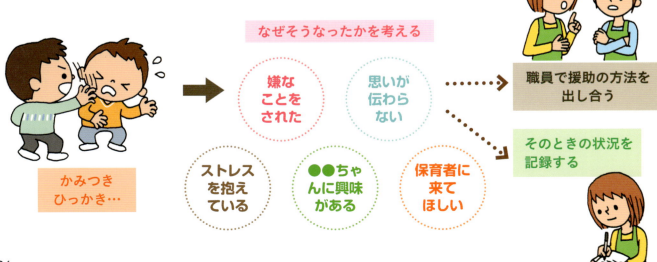

週案・日案の考え方

「月案」を基に週ごとにつくるのが「週案」、一日単位でつくるのが「日案」です。成長が著しい年齢ですから、計画ばかりにとらわれずに柔軟な対応も必要です。

 週案

「環境構成」などを具体的に示す

　週案とは、月案を基に週の単位で作成した指導計画です。「最近の子どもの姿」をまず把握し、「今週のねらい」を立てます。そして、それに近付く「内容」、「環境構成」、「保育者の援助」を書きます。クラスに一つ作成します。

　週案の下半分を一週間分の保育日誌として活用している園もありますし、一週間の予定を日ごとに書いている園もあります。

　園内の保育者同士で相談し、負担なく書けて役に立つスタイルを、独自に編み出していくとよいでしょう。週の「評価・反省」は、次週の「ねらい」の基となるので、具体的に書いておくことが望まれます。

 日案

登園から降園までの流れをつくる

　日案とは、月案や週案を基に作成する一日分の指導計画で、クラスごとに作成します。「予想される子どもの生活」では、登園から降園まで子どもたちがどのように一日を過ごすのかを記します。室内遊びではどのような遊びが予想されるのか、外遊びではどうかを考え、環境設定しなければならないことや用意しなければならない遊具を決定していきます。

　一日のうちの部分案であることもありますが、どちらも子どもの動きを予想し、必要な援助を具体的に考えて記さなければなりません。時刻を書いたからといってその通りに子どもを動かすのではなく、あくまでも子どもの育ちや気持ちを優先します。

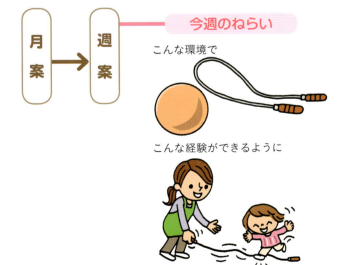

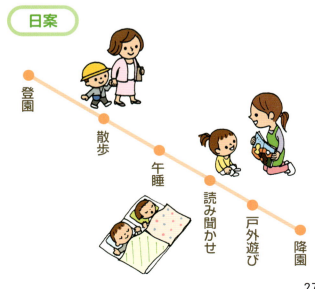

> ニーズ対応

防災・安全計画の考え方

園ごとに、火災や地震などの災害の発生に備え、緊急時の対応の具体的なマニュアルを作成しておきましょう。そして、子どもの命を守る安全対策を様々な角度から考えます。

避難の仕方を明確にする

地震や豪雨による土砂災害などは、いつ起きるのか分かりません。万一の場合に備えて、園の近辺で大きな災害が起こることを想定した備えや安全対策を考える必要があります。

まず、**どのような災害の危険があるか、洗い出しましょう**。異常な自然現象のほか、人為的原因によって受ける被害も含まれます。毎月、**避難訓練を実施する際、どのような想定でするかを吟味し、年間計画を立てておくことが望まれます**。同じように非常ベルが鳴ったとしても、保育者の指示により、いくつもの避難の仕方のうちの一つを迅速にとれるようにしておかなければならないのです。

必要以上に怖がらせる必要はありませんが、「大切な〇〇ちゃんの命を守るために、ちゃんと逃げる練習をしておこうね」と、子どもにも分かる言葉で伝えましょう。物のように子どもを運ぶのではなく、子どもが自分の意志で危険から身を守れるようになる方向で働きかけるのです。避難した後は「上手に逃げられたね」と良い点を認め、自信がもてるようにしたいものです。

ヒヤリ・ハットを今後に生かす

どんなに安全な環境づくりを心がけていたとしても、保育中にヒヤリ・ハットすることはあるものです。それを大事に至らなかったからと、「なかったこと」にするのではなく、「一歩間違えたら危険に陥る出来事」として丁寧に記録する習慣をつけましょう。書いたことで非難される雰囲気をつくってはいけません。「あなたが不注意だったからでしょ」で済ますことも厳禁です。情報をオープンにして共有することで、危険を防ぐ対策がとれるのです。二重三重の対策を考え、子どもの安全を守っていきましょう。

園の安全対策

緊急時の行動手順、職員の役割分担、避難訓練計画等に関するマニュアルを作成したか。

ハザードマップで地域を知る

自治体が発表している、ハザードマップを見て、自分の園に必要な防災対策をしているか。

避難場所の確認

火災時、地震時、津波時など、場面に応じた避難場所を設定し、職員間、保護者へも周知しているか。

避難訓練

緊急の放送や保育者の声かけに対して、何のための訓練か、どう行動すべきか、子どもに伝えているか。

園の防災チェック

実際に火災や地震が起きた際に、安全に慌てず対処できるよう、日ごろから準備や訓練が必要です。

保護者との連携

災害発生時の連絡方法、および子どもの引き渡しを円滑に行えるよう確認しているか。

非常用品

薬品や絆創膏、タオル、クラス名簿や連絡先等の非常持ち出し用リュックは点検日を決めて確認しているか。

防災教育

子どもへ避難する大切さを伝え、頭を守るダンゴムシのポーズや防災頭巾のかぶり方などを知らせているか。

協力体制

地域（町内会、近隣の小・中学校、集合住宅等）や警察、消防の力を借りられるよう連携しているか。

ニーズ対応

保健計画の考え方

子どもたちの健康を支援するために、保健指導や各種検診など発達の著しい乳幼児期を看護師・家庭等と連携し、年間を通しての取り組みを計画しましょう。

季節に応じた活動を

心身が健全に成長しているか、毎月の身体測定の他にも、各種の検診が予定されていることでしょう。同じ時期に重なり、子どもに負担をかけないよう、バランスに配慮しましょう。また、水遊びが始まる時期や蚊に刺されやすくなる時期、風邪が流行する時期など、**季節に応じて必要なことを適切に計画する必要**があります。

園だけで行えないことは、家庭にも知らせ、同じ方針で子どものケアをしてもらえるようにしましょう。第一子などの場合、保護者が異常に気付かないことも多いもの。また、気付いてもどう対応すればよいのか分からないということもよくあります。"困ったことなどは何でも相談してください"のスタンスで、子どものために一番よい対応を、園と保護者で力を合わせて行います。

発達に応じて対応する

うがいをする、鼻をかむ、歯みがきをするなど、はじめはなかなかうまくいきませんが、少しずつ慣れさせやり方を教えます。発達するにつれて自分でできるようになりますから、援助の手を少しずつ引いていきましょう。自信をもって自分でできるようになるまで、しっかり見守り、できるまでの過程を認めていく必要があります。

食に対する配慮を

食中毒にならないよう、給食室の環境に留意することや給食を扱う保育者の手洗い、マスク着用は徹底したいもの。アレルギー児の食事は、他児と取り違えることのないよう注意が必要です。嘔吐や下痢の処理はどのように行うのか、全職員で共有し、すべての子どもの健康を守る意識をもちましょう。

子どもの健康支援

健康状態・発育及び発達状態の把握
- 身体測定
- 健康診断
- 配慮を必要とする子どもの把握

健康の増進
- 手洗い・うがい
- 虫歯予防
- 生活リズム

疾病等への対応
- 予防接種の奨励
- 登園許可証の必要な病気の把握
- 与薬についての管理

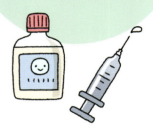

安心できる空間づくり

環境
- 適正な湿度・温度の管理
- 換気
- 掃除用具の整理

衛生の管理
- 消毒薬の扱い
- 食事・調乳等の衛生的な取り扱い

安全の管理
- 子どもの口径を意識した玩具選び
- 遊具の安全確認
- 子どもの衣服等の安全確保

ニーズ対応
食育計画の考え方

食育計画は、全体的な計画に基づき、創意工夫して作成されなければなりません。子どもが主体的に楽しくおいしく食べることを考えましょう。

「食育指導」を基に

保育園における食育は、健康な生活の基本としての「食を営む力」の育成に向け、その基礎を培うことが目標とされています。「保育所における食育に関する指針」では、「おなかがすくリズムのもてる子ども」、「食べ物を話題にする子ども」、「食べたい物、好きな物が増える子ども」、「一緒に食べたい人がいる子ども」「食事づくり、準備に関わる子ども」の5つの項目を設けています。食育計画は、**子どもが主体的に食に取り組むことができ、食べることを楽しめるような計画**が望まれます。

一人一人に応じた食の計画

入園前の生育歴や入所後の記録などから、**子どもの発育・発達状態・健康状態・栄養状態・生活状況を把握**し、それぞれに応じた必要な栄養量が確保できるように留意することが大切です。

また、子どものそしゃくや嚥下機能などに応じて、食品の種類、量、大きさ、固さ、食具などを配慮し、食に関わる体験が広がるように工夫しなければなりません。

スプーンの持ち方にも気を配り、上からの握りに慣れたら、下からの握りにかえて箸が正しく使えるように導きましょう。家庭と連携して進めたいものです。

アレルギーに配慮して

食物アレルギーのある乳幼児への対応について、「保育所におけるアレルギー対応ガイドライン」がつくられています。小麦、卵、牛乳、そば、ピーナッツなど、様々なアレルゲンがあります。保護者と連携し、アナフィラキシーショックに陥ることのないよう、安全な食を保障することが求められているのです。

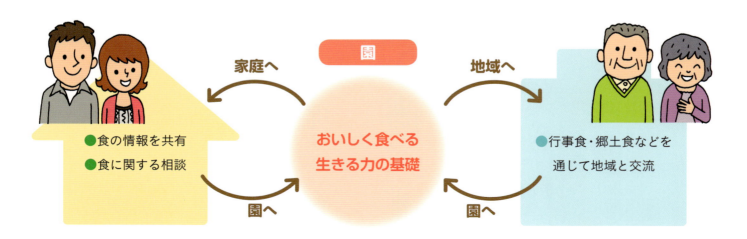

おなかがすくリズムのもてる子ども
食事の時間になったら「おなかがすいた」と感じられるような生活を送る。

食べ物を話題にする子ども
食べ物に対する関心が深まり、会話できるような体験をする。

食育の目標

「保育所保育指針」で述べられている保育の目標を食育の観点から具体的な子どもの姿として表したもの。

食べたい物、好きな物が増える子ども
栽培・収穫した物を調理する体験を行う。

一緒に食べたい人がいる子ども
みんなと一緒にいる楽しさを味わう経験をする。

食事づくり、準備に関わる子ども
食事づくりや準備に対して興味がもてる体験をする。

食と人間関係
食を通じて、他の人々と親しみ支え合うために、自立心を育て、人と関わる力を養う。

食と健康
食を通じて、健康な体と心を育て、自ら健康で安全な生活をつくり出す力を養う。

食と文化
食を通じて、人々が築き、継承してきた様々な文化を理解し、つくり出す力を養う。

食育の5つの項目

3歳児以上の食育のねらい及び内容はこの5つの項目ごとに挙げられています。

いのちの育ちと食
食を通じて、自らも含めたすべてのいのちを大切にする力を養う。

料理と食
食を通じて、素材に目を向け、素材に関わり、素材を調理することに関心をもつ力を養う。

ニーズ対応

子育て支援の指導計画の考え方

園の特性を生かし、子どもも保護者も安心して楽しく遊べる場づくりを目指します。計画には「次回も行ってみたい」と感じられるよう、季節の行事や保護者同士が関われる活動を盛り込みましょう。

保護者同士のつながりを

　親になると子どもと向き合う時間が増え、ストレスを抱えている保護者も少なくありません。園は在園向け、地域向け両方の保護者を支援していく必要があります。ここに来たら、保育者が子どもと関わってくれる、という安心感と、子どもから少し離れて客観的に子どもを見られるという解放感がうまれます。こうした時間も保護者には大切なことです。

　また保護者同士をつなぐのも、保育者の役割です。「○くんと△くんは、同じ年齢ですね」「お住まいはお近くですね」などと、共通点を見付けながら、保護者同士が話をしやすい雰囲気をつくります。「うちもそうです」というように、話がはずんだら大成功！ 話すことで、心が軽くなることが多いからです。何度か会うと顔なじみになり、近くに座ることもあるかもしれません。そのきっかけを上手につくることも、大切な支援です。

相談には適切な対応を

　「うちの子、こういうところが困るのです」。保育者と信頼関係ができると、心を開いて相談をもちかけられることがあります。**親身になって話を聞き、相づちを打ちながら悩みを共有**しましょう。そして「こういうことで、お悩みなのですね。よく分かりました」とまず受け止めます。そのうえでこれまで保育者として子どもと関わってきた経験から、自分の思いと、これからどのようにしていけばよいかという方向性を丁寧にアドバイスしたいものです。**経験が少なくて答えられない場合は、先輩保育者に引き継ぎます。**

　これまでの保護者のやり方を否定せず、より子どものためになる対応を示唆します。そして、よい方向に向かったら、共に喜び合いましょう。

●子育て支援の役割

在園児の保護者のために

　登降園の際に、家庭での子どもの様子をたずねたり、園での様子を伝えたりなど、保護者と情報を共有することが大切です。引っ込み思案でなかなか保育者に話しかけられない保護者もいるので、こちらから積極的に声をかける必要があります。保育者を避けるタイプの保護者もいますから、子どもの嬉しい成長などを伝え、呼び止められることは喜びだと思ってもらえるようにしたいものです。

　園の行事も、子育て支援につながります。作品展や運動会、発表会などの姿を見てもらい、普段話せない父親などとも言葉を交わしましょう。園の活動を理解してもらうよい機会になるはずです。

　また、子どもの成長した姿を日々のおたよりで知らせるなど、保護者が子育てを楽しめるように、様々なサポートを計画に記していきましょう。

　もし保護者に不適切な養育等が疑われる場合は、市町村や関係機関と連携し、適切な対応を図る必要があります。虐待が疑われる場合には、速やかに市町村や児童相談所に通告しなければなりません。子どもたちを救う使命も、私たちに課せられているのです。あらゆることを想定し、計画に位置づけておくことが望まれます。

地域の保護者へ向けて

　園は、在籍していない地域の子どもたちの保護者へ対しても、保育の専門性を生かした子育て支援を積極的に行うことが義務付けられています。地域に開かれた支援が求められているのです。

　一時預かり事業を行う際は、一人一人の子どもの心身の状態などを考慮し、日常の保育に参加させることもできます。その子にとって質の高い保育環境となるよう配慮しましょう。

●在園児の保護者への対応

- **個別の支援**
  保護者一人一人の状況を理解し、園全体でサポートする。
- **保護者との相互理解**
  毎日のやりとりの中で園と家庭での子どもの様子を共有する。
- **不適切な養育が疑われる家庭の支援**
  児童虐待などの発見や抑制につなげる。

●地域の保護者への対応

- **地域に開かれた支援**
  一時預かりや子育て支援を行う。
- **地域との連携**
  保護者と地域の人とのつながりをつくる。

指導計画の文章でおさえておきたいこと

ポイントは6つ！

指導計画は、他の保育者や主任・園長にも伝わるように書かなければなりません。そのために、おさえておきたい6つのポイントを確認しましょう。

　指導計画は、誰が読んでも分かりやすいということが大前提です。このクラスは現在、どのような発達の過程にあり、子どもたちは今、何に興味をもっているのか、保育者はこれからどのような環境を準備し、子どもたちの何を育てようとしているのか、子どもたちにどのような経験をさせたいと思っているのかが、一読して理解できなければなりません。毎日、生活を共にしている担任だけに分かるものでは、役に立たないのです。

　そこで、**ここに気を付けたいこと6項目**を挙げました。前向きな保育観を出しながら、読みやすく伝わる書き方を目指しましょう。**書いた後にはもう一度読み返し、チェックする**ことも忘れないようにしましょう。

1 計画は現在形で書く

指導計画は、明日のこと、一週間先のことなど、未来に起こることを想定して書くものです。けれども、文章は未来形ではなく現在形で書きます。現在進行形にもなりがちですが、文が長くなるので、避けた方がすっきり読めます。

NG タイミングが合うと排泄に成功するだろう。

▼

GOOD タイミングが合うと排泄に成功する。

2 子どもの姿が目に浮かぶように書く

書いている本人はいつも子どもを見ているので具体的な様子も分かりますが、主任や園長など、毎日接していない人には、どういう姿なのかイメージできないことがあります。リアルに様子が浮かぶような記述を心がけましょう。

NG 探索活動を楽しんでいる。

▼

GOOD 園庭の芝生や石やアリなど、目に入るものに興味をもち、触って楽しむ。

3 「〜させる」を控える

成長を促すために、様々な経験をさせたいと保育者は願いますが、「〜させる」という文が多いと、保育者が指示をして、子どもは従わされているような印象になります。「〜するよう促す」や「〜できるように配慮する」など主体的に行動する子どもを保育者がサポートするニュアンスを大切にしましょう。

NG 食事の終わりに「ごちそうさま」を言わせる。

GOOD 食事の終わりには「ごちそうさま」と言えるように促す。

4 「〜してあげる」を控える

保育者は子どもに様々な援助をしますが、それを、「〜してあげている」と思っているようでは困ります。子どものために保育するのが仕事ですから、恩着せがましい表現をせず、どちらかというと、「保育させていただいている」という謙虚な気持ちで書きましょう。

NG 子どもが話そうとする際は、共感しながら聞いてあげる。

GOOD 子どもが話そうとする際は、共感しながら聞くようにする。

5 「まだ〜できない」、という目でとらえない

子どもは常に成長の過程にいます。「まだ〜できない」という目で見ないで、ここまで発達したところだ、と肯定的に育ちをとらえましょう。そして、次の課題に向かおうとする子どもを温かい目で見つめ、立ち向かえるように陰ながら応援するのです。

NG 靴の脱ぎはきや、ズボンの着脱を自分でやろうとしない。

GOOD ズボンをはきやすい方向に置くと、自分で足を入れようとする。

6 一つの文に同じ言葉を重複して使わない

状況を細かく説明しようとするあまり、同じような表現が続くと、ワンパターンな記述になってしまうことがあります。一文の中やその後に続く文にも、同じ言葉を2回以上は使わないように心がけるとよいでしょう。

NG 積極的に園庭に出て、友達と積極的に三輪車で遊ぶ。

GOOD 園庭が好きで、積極的に友達と三輪車で遊ぶ。

2歳児の発達を見てみよう

1歳3ヶ月～2歳未満

歩けるようになり両手も使えるようになるので、行動範囲も広がります。大人に認められることを喜び、自信をもって生活します。片言を盛んに言い、大人に伝えたいという欲求も高まります。

行動範囲が拡大し、環境への働きかけが活発になります。つかまらずに歩けるようになり、物を押したり投げたりもできます。

手指を使う機会が増え、スプーンを持って食べます。つかむ、めくる、通す、はずす、なぐりがきをする、転がす、などができるようになります。

また、葉っぱを皿に見立てたり、空き箱を電車にして走らせたりする象徴機能が発達します。大人の語りかけも大体分かり、指差しや身振り、片言などで思いを伝えようとします。1歳後半には、「パパ、カイシャ」（パパは会社に行った）という二語文も話すようになります。友達と一緒が楽しいと感じますが、物の取り合いも激しくなります。

養護

生命の保持
- 免疫力がまだ弱く、発熱したり感染症にかかったりすることが多い
- 食べた経験のない物は口から出してしまうこともあるが、自分で食べようとする

情緒の安定
- 安心できる大人との関係を基盤にして、人や物に自発的に働きかける
- 気分が崩れても、なだめたり時間がたったりすると、けろりと立ち直る

教育

健康
- つかまらずに歩けるようになり、脚力やバランス力が身に付く
- 指先を使った操作の種類が確実に豊かになり、自信をもつ

人間関係
- 友達と物の取り合いをすることが増える
- 保育者を独り占めしたり、他の子と保育者が関わると嫉妬したりする

環境
- 好きな玩具や遊具、自然物に自分から関わり、イメージをふくらませて遊ぶ
- 身の回りの様々な物に触れ、好奇心や興味・関心をもつ

言葉
- 大人の言うことが分かり、呼びかけたり、「いや」などの片言を使ったり、指差しや身振りで表そうとしたりする
- 「マンマ、ほしい」などの二語文を話すようになる

表現
- 絵本に興味を示したり、クレヨンでなぐりがきすることを楽しんだりする
- 好きな音楽に合わせて体をゆすったり、簡単な振りを付けたりする

＊発達には個人差があるので、この年齢区分も入れてます。

指導計画を立てるには、まず子どもの発達を理解することが大切です。月齢や生育歴などで、一人一人の発達の内容や速度には著しい個人差があります。今、この子はどの側面がどのように成長しているところなのか、ということをしっかりとらえなくてはなりません。そして、**その姿がやがてどのような姿に育っていくのか、という道筋**が見えていることが大切です。

ここでは、**「養護」と「教育」の観点から、その月齢の子どもが見せる育ちの姿**を示してあります。各項目に分けてありますが、それぞれの要素はきちんと分けにくく、2～3の項目を含んでいることもよくあります。

指導計画を作成する際に、大まかな発達の全体像を知り、見通しをもった上で、クラスや個人に応じた「ねらい」や「内容」を設定していきましょう。

2歳

運動機能が発達し、動いたり止まったりと自分の身体をコントロールできるようになります。自我が育ち、自己主張し、かんしゃくを起こすこともあります。周りの大人のまねをすることも増えます。

手足の動きが連動し、巧みに動かせるようになります。走ったり跳んだりもできるようになります。

自分の身体を自分でコントロールする心地よさを味わうことができるので、行動範囲が広がり、好奇心も旺盛になってきます。

第一次反抗期が始まり、「いや」を連発したり、かんしゃくを起こし、泣いたり暴れたりします。それらは自我の順調な育ちだととらえましょう。

「いないいないばあ」やくり返しの言葉を楽しみ、盛んに話すようになります。使用する語彙は200～300語になり、「語彙爆発」といわれるほどです。しかし個人差が大きく、言葉の出にくい子もいます。

養護

生命の保持
- 食事や衣服の着脱、排泄など、身の回りのことを自分でしようとする
- 衝動的に飛び出すなど、事故が起きる危険がある

情緒の安定
- 自分のことを自分でしようとする意欲をもって取り組む
- 思い通りにならないと、かんしゃくを起こす

教育

健康
- 運動機能が発達し、自分の動きをコントロールできるようになる
- つかむ、ちぎるという手指の操作性が高まる

人間関係
- 喜びや感動を、共感してくれる保育者に伝えようとする
- 周りの人の行動に興味を示し、盛んに模倣する

環境
- 身の回りの小動物、植物、事物などに触れ、探索や模倣などをして遊ぶ
- 滑り台やブランコなど、保育者の仲立ちによって共同の遊具を使って遊ぶ

言葉
- 発音・構音機能も急速に発達して、発声はより明瞭になる
- 日常生活に必要な言葉が分かり、自分のしたいこと、してほしいことを言葉で表す

表現
- 自我が育つため、自己主張が強くなる
- 象徴機能や観察力が増し、保育者と一緒に簡単なごっこ遊びを楽しむ

2歳児 の発達を見てみよう

3歳

食事や排泄などはかなり自立が進みます。何でもやりたがりますが、まだ失敗も多いでしょう。話し言葉の基礎もでき、注意力や観察力はさらに伸びます。友達との関係も少しずつできてきます。

運動機能が高まり、歩く、走る、跳ぶ、押す、引っ張る、投げる、転がる、ぶら下がる、またぐ、蹴るなどの基本的な動作が一通りできるようになります。

言葉が発達し、「なぜ」「どうして」という質問を盛んにします。また、簡単なストーリーが分かるようになり、登場人物を自分に同化させて楽しみ、スリルや安堵感を味わいます。

さらに、ごっこ遊びをするようになり、大人の行動ややり取りをよく観察して、遊びに取り入れていきます。友達との関わりは増えますが、平行遊びのことが多いでしょう。友達の様子を見たり模倣したりしながら、徐々に関わりを深め、次第に共通したイメージの中で遊べるようになっていきます。

養護

生命の保持
- 食事や排泄面で自立が進み、基本的な生活習慣が身に付く
- 土踏まずの形成により、長時間歩けるようになる

情緒の安定
- 一人の独立した存在として行動しようとし、自我がよりはっきりしてくる
- 保育者の手伝いなどで、人の役に立つことに満足感や喜びを抱く

教育

健康
- 片足を上げながら前へ進むなどの「〜しながら〜する活動」に挑戦する
- 走る、跳ぶ、よじ登るなど、動きを調節する力が付いてくる

人間関係
- 好きな友達ができ、その関係において、貸し借りや順番、交代などができ始める
- 友達の行動を観察し、模倣する喜びを味わう

環境
- 数・量・形・音に興味をもち、違いに気付く
- 身近な動植物や自然事象に親しみ、自然に触れて楽しく遊ぶ

言葉
- 「なぜ」「どうして」の質問が盛んになり、物の名称や機能を知り、言葉がますます豊かになる
- あいさつや返事など、生活に必要な言葉を使う

表現
- 身の回りの大人の言動を取り入れ、ごっこ遊びの中に再現する
- 簡単な話の筋が分かるようになり、話の先を予想したり、自分と同化して考えたりできる

第2章

年間指導計画の立て方

各年齢で一つ作成する「年間指導計画」。一年間を4期に分け、年間の表と項目ごとの文例を紹介しています。

2歳児の年間指導計画

おさえたい3つのポイント

まねっこをしながら自分の世界を広げていく時期です。よい手本を見せながら、自分でしようとする気持ちを大切に関わりましょう。

1 やりたいことが存分にできる生活を

禁止したり待たせたりしなくてよいように、遊具やスペースを十分に確保し、子どもが能動的に活動できるようにすることが大切です。いけないことの場合は理由を示し、違う方法でできるように道を示してください。生活の流れを身に付けることも丁寧に援助します。

2 一人一人のペースを尊重しながら

様々なことが自分でできるようになるので他の子と同じ流れにのってくれればと願いますが、そう都合よくはいきません。のんびり靴をはきたい子、ゆっくり食べたい子、一人一人のペースがあるからです。イライラしたり急かしたりせず、じっくり付き合いましょう。

3 トラブルは、学びのチャンス

友達の存在に気付き、人が使っている物をほしがったり押したりと、トラブルになることも。「だめ」と言うだけでなく「順番ね」「貸してって言おうね」と、人との良好な関わり方を知らせます。また、「○ちゃんと△ちゃんは仲良しね」と友達の名前を覚えられるようにします。

♣ 年間目標
- 季節に応じた環境の中で、生命を保持し、情緒が安定する。
- 自己主張しながら、友達と遊ぶことを楽しむ。

		1期（4〜6月）	2期（7〜9月）
	子どもの姿	●新しい環境に戸惑い、登園時に泣いてしまう子もいる。 ●遊びが見付かると、落ち着いて自分の好きな遊びを楽しむ。	●身支度や生活の仕方を知り、保育者と一緒にやってみようとする。 ●友達の遊びに興味を示し、場を共有して楽しむ姿が見られる。
	ねらい	●保育者に見守られ、安心して過ごす中で新しい環境や生活に慣れる。 ●自分の好きな遊びを楽しんだり、友達の遊びに興味をもったりする。	●保育者に手伝ってもらいながら、身の回りのことをしようとする。 ●気の合う友達と遊びを楽しむ。
内容	養護	●規則的な生活リズムの中で、気持ちよく過ごす。 ●様々な気持ちを受け止められ、安心して過ごす。 ●楽しい雰囲気の中で、食事をする。	●梅雨や夏の時期に応じた生活を送り、気持ちよく過ごす。 ●思いや気持ちを受け止められ、安心して自我を表現する。 ●食材に興味をもち、食べることを楽しむ。
	教育	●戸外で全身を使って遊ぶ。健康 ●簡単な身支度や生活の仕方を知る。健康 ●保育者を仲立ちとして、友達と関わって遊ぶ。人間 ●友達のしている遊びに興味をもち、同じことをしようとする。人間 ●春の身近な自然に触れ、関心をもつ。環境 ●生活に必要な言葉が分かり、簡単なあいさつや返事をする。言葉 ●手指を使った製作を楽しむ。表現 ●手遊びや歌を保育者や友達と楽しむ。表現	●水遊びや戸外遊びで、全身を使って遊ぶ。健康 環境 ●簡単な身の回りのことをしようとする。健康 ●保育者や友達に親しみをもって、自分から関わろうとする。人間 ●水、砂、泥などで遊ぶ。環境 ●遊びの中で、保育者や友達との言葉のやり取りを楽しむ。人間 言葉 ●身近な素材に親しみ、かいたり、つくったりすることを楽しむ。表現 ●リズムに合わせて体を動かすことを楽しむ。表現
	環境構成	●子どもの動線や目線に合わせた環境を整え、日々同じ生活リズムの中でゆったり過ごせるようにする。 ●子どもの興味を把握し、必要な玩具や歌、手遊びを取り入れる。	●エアコンや扇風機を利用して快適な環境を整え、一人一人の健康状態を把握し、こまめに水分補給ができるようにする。 ●テラスに日よけを張り、紫外線を避け、気持ちよく遊べるようにする。
	保育者の援助	●情緒の安定を図りながら、生活や遊びの中で、子どもの自発的な活動を促し、子どもが自ら環境に働きかけることができるようにする。	●学年間の連携を図り、安全面に留意して、全身を使った遊びや、夏ならではの遊びが十分に行えるようにする。

内容

「ねらい」を達成するために「経験させたいこと」です。保育所保育指針の「1歳以上3歳未満児」の5領域を意識して記述します。
本書では 健康 人間 環境 言葉 表現 で表示します。

年間目標
園の方針を基に、一年間を通して、子どもの成長と発達を見通した全体的な目標を記載します。

●保育者との安定した関わりの中で、生活に必要な身の回りのことを自分でしようとする。

3期（10～12月）	4期（1～3月）
●必要な物が分かり、自分で準備したり保育者に手伝ってもらったりしながら、衣服の着脱を行う。 ●友達とごっこ遊びをする。	●次にすることが分かり、保育者の声かけで行動に移そうとする。 ●保育者や友達と、全身や遊具を使った遊びをくり返し楽しむ。
●保育者の声かけで、身の回りのことを自分でしようとする。 ●活動的な遊びを楽しむ。	●自分から友達と関わりをもち、楽しく遊ぶ。
●気温の変化に応じた生活を送り、健康で快適に過ごす。 ●思いや気持ちを受け止められ、安心して自己主張する。 ●食具の持ち方を意識しながら、楽しく食べる。	●季節の変化に応じた生活を送り、健康で快適に過ごす。 ●気持ちに共感され、進級に向けて意欲をもつ。 ●食具のマナーを知り、保育者や友達と楽しみながら食べる。
●全身や遊具を使って十分に遊ぶ。健康 環境 ●毎日の生活の仕方が分かり、できることは自分でしようとする。健康 ●気の合う友達との遊びの中で、積極的に関わりながら、自分の思いを相手に伝える。人間 表現 ●秋の自然物に親しむ。環境 ●保育者や友達といろいろなやり取りを楽しむ中で、言葉を覚える。人間 言葉 ●リズム遊びや体操を楽しむ。表現 ●身近な素材や用具に親しみ、かいたり切ったりつくったりを楽しむ。環境 表現	●全身を使う遊びや、集団での簡単な遊びを楽しむ。健康 人間 ●生活の見通しをもち、できることは自分でしようとする。健康 ●友達に積極的に関わりながら、相手にも思いがあることに気付く。人間 ●冬の自然に親しむ。環境 ●絵本や劇遊びの中で、言葉のやり取りを楽しむ。言葉 ●経験したことや興味のあることを遊びの中に取り入れて楽しむ。表現 ●身近な素材や用具を使い、かいたり切ったりつくったりして楽しむ。環境 表現
●素材や用具、自然物、絵本などを用意し、様々な経験ができるようにする。 ●新しいことに取り組む際には、やり方を図や絵で分かりやすく示す。	●遊びに必要な物やスペースを用意し、友達と関われる場面や機会を多くつくる。 ●3歳児保育室で遊んだり、生活したりする機会を設け、進級への期待や安心感がもてるようにする。
●運動会に参加したり、表現発表会を見たりする機会を通して、踊ったり、楽器を鳴らしたりする楽しさが味わえるようにする。	●イメージを共有して楽しめるよう、分かりやすい言葉で投げかけ、ゆっくり遊びを展開する。また、友達の気持ちや関わり方を丁寧に伝える。

子どもの姿
1～4期に分けて、予想される子どもの発達の状況や、園で表れると思う姿を書きます。保育者が設定した環境の中での活動も予測します。

ねらい
「年間目標」を期ごとに具体化したもの。育みたい資質・能力を子どもの生活する姿からとらえたものです。園生活を通じ、様々な体験を積み重ねるなかで相互に関連をもちながら、次第に達成に向かいます。

環境構成
「ねらい」を達成するために「内容」を経験させる際、どのような環境を構成したらよいのかを考えて記載します。

保育者の援助
「ねらい」を達成するために「内容」を経験させる際、どのような援助を行ったらよいのかを考えて記載します。

年間指導計画

		1期（4〜6月）	2期（7〜9月）
♣ 年間目標		●季節に応じた環境の中で、生命を保持し、情緒が安定する。 ●自己主張しながら、友達と遊ぶことを楽しむ。	
子どもの姿		●新しい環境に戸惑い、登園時に泣いてしまう子もいる。 ●遊びが見付かると、落ち着いて自分の好きな遊びを楽しむ。	●身支度や生活の仕方を知り、保育者と一緒にやってみようとする。 ●友達の遊びに興味を示し、場を共有して楽しむ姿が見られる。
◆ ねらい		●保育者に見守られ、安心して過ごす中で新しい環境や生活に慣れる。 ●自分の好きな遊びを楽しんだり、友達の遊びに興味をもったりする。	●保育者に手伝ってもらいながら、身の回りのことをしようとする。 ●気の合う友達と遊びを楽しむ。
内容	♥ 養護	●規則的な生活リズムの中で、気持ちよく過ごす。 ●様々な気持ちを受け止められ、安心して過ごす。 ●楽しい雰囲気の中で、食事をする。	●梅雨や夏の時期に応じた生活を送り、気持ちよく過ごす。 ●思いや気持ちを受け止められ、安心して自我を表現する。 ●食材に興味をもち、食べることを楽しむ。
	♣ 教育	●戸外で全身を使って遊ぶ。[健康] ●簡単な身支度や生活の仕方を知る。[健康] ●保育者を仲立ちとして、友達と関わって遊ぶ。[人間] ●友達のしている遊びに興味をもち、同じことをしようとする。[人間] ●春の身近な自然に触れ、関心をもつ。[環境] ●生活に必要な言葉が分かり、簡単なあいさつや返事をする。[言葉] ●手指を使った製作を楽しむ。[表現] ●手遊びや歌を保育者や友達と楽しむ。[表現]	●水遊びや戸外遊びで、全身を使って遊ぶ。[健康][環境] ●簡単な身の回りのことをしようとする。[健康] ●保育者や友達に親しみをもって、自分から関わろうとする。[人間] ●水、砂、泥などで遊ぶ。[環境] ●遊びの中で、保育者や友達との言葉のやり取りを楽しむ。[人間][言葉] ●身近な素材に親しみ、かいたり、つくったりすることを楽しむ。[表現] ●リズムに合わせて体を動かすことを楽しむ。[表現]
環境構成		●子どもの動線や目線に合わせた環境を整え、日々同じ生活リズムの中でゆったり過ごせるようにする。 ●子どもの興味を把握し、必要な玩具や歌、手遊びを取り入れる。	●エアコンや扇風機を利用して快適な環境を整え、一人一人の健康状態を把握し、こまめに水分補給ができるようにする。 ●テラスに日よけを張り、紫外線を避け、気持ちよく遊べるようにする。
保育者の援助		●情緒の安定を図りながら、生活や遊びの中で、子どもの自発的な活動を促し、子どもが自ら環境に働きかけることができるようにする。	●学年間の連携を図り、安全面に留意して、全身を使った遊びや、夏ならではの遊びが十分に行えるようにする。

CD-ROM　年間指導計画 → P044-P045 年間指導計画

保育のヒント

新入園児が入り、在園児も保育室が替わり、新しい環境に慣れるまで落ち着かない時期です。泣く姿も温かく受け止め、楽しい場所だということが伝わるようにします。

記入のコツ!!

その季節ならではの経験ができるよう、環境構成には具体的な記述が望まれます。夏の保育で必要なことについて記し、月案でより細やかに準備する物を書き出します。

「5領域」の [健康]：健康　[人間]：人間関係　[環境]：環境　[言葉]：言葉　[表現]：表現　を表しています。

●保育者との安定した関わりの中で、生活に必要な身の回りのことを自分でしようとする。

3期（10～12月）	4期（1～3月）
●必要な物が分かり、自分で準備したり保育者に手伝ってもらったりしながら、衣服の着脱を行う。 ●友達とごっこ遊びをする。	●次にすることが分かり、保育者の声かけで行動に移そうとする。 ●保育者や友達と、全身や遊具を使った遊びをくり返し楽しむ。
●保育者の声かけで、身の回りのことを自分でしようとする。 ●活動的な遊びを楽しむ。	●自分から友達と関わりをもち、楽しく遊ぶ。
●気温の変化に応じた生活を送り、健康で快適に過ごす。 ●思いや気持ちを受け止められ、安心して自己主張する。 ●食具の持ち方を意識しながら、楽しく食べる。	●季節の変化に応じた生活を送り、健康で快適に過ごす。 ●気持ちに共感され、進級に向けて意欲をもつ。 ●食具のマナーを知り、保育者や友達と楽しみながら食べる。
●全身や遊具を使って十分に遊ぶ。健康 環境 ●毎日の生活の仕方が分かり、できることは自分でしようとする。健康 ●気の合う友達との遊びの中で、積極的に関わりながら、自分の思いを相手に伝える。人間 表現 ●秋の自然物に親しむ。環境 ●保育者や友達といろいろなやり取りを楽しむ中で、言葉を覚える。人間 言葉 ●リズム遊びや体操を楽しむ。表現 ●身近な素材や用具に親しみ、かいたり切ったりつくったりを楽しむ。環境 表現	●全身を使う遊びや、集団での簡単な遊びを楽しむ。健康 人間 ●生活の見通しをもち、できることは自分でしようとする。健康 ●友達に積極的に関わりながら、相手にも思いがあることに気付く。人間 ●冬の自然に親しむ。環境 ●絵本や劇遊びの中で、言葉のやり取りを楽しむ。言葉 ●経験したことや興味のあることを遊びの中に取り入れて楽しむ。表現 ●身近な素材や用具を使い、かいたり切ったりつくったりして楽しむ。環境 表現
●素材や用具、自然物、絵本などを用意し、様々な経験ができるようにする。 ●新しいことに取り組む際には、やり方を図や絵で分かりやすく示す。	●遊びに必要な物やスペースを用意し、友達と関われる場面や機会を多くつくる。 ●3歳児保育室で遊んだり、生活したりする機会を設け、進級への期待や安心感がもてるようにする。
●運動会に参加したり、表現発表会を見たりする機会を通して、踊ったり、楽器を鳴らしたりする楽しさが味わえるようにする。	●イメージを共有して楽しめるよう、分かりやすい言葉で投げかけ、ゆっくり遊びを展開する。また、友達の気持ちや関わり方を丁寧に伝える。

記入のコツ!!

安心して3歳児に進級できるように、丁寧に対応する旨を記します。

保育のヒント

玩具の取り合いなどの際には、相手の思いも伝えますが、いつも我慢を強いられることがないよう注意しましょう。

年間指導計画

年間指導計画 文例

年間目標を軸に、健康面や安全面に留意しながら子どもたちが生き生きと過ごせるような見通しを立てます。2歳児クラスならではの成長が、今から楽しみです。

♣ 年間目標

- 欲求を適切に満たされ、生命の保持、および情緒の安定が図られる。
- 保育者との関わりの中で、簡単な身の回りのことを自分でしようとする。
- 言葉をやり取りし、友達と関わって遊ぶことを楽しむ。

子どもの姿

- 登園時は泣いてしまうが、少しずつ落ち着いて過ごす姿が見られる。
- 自分の持ち物やロッカーに興味を示し、片付けや身支度を自分でやってみようとする。
- 好きな遊びを見付けて楽しんだり、友達の遊びに興味を示したりする。
- 次の活動に興味をもち、保育者の声かけを聞いて、身の回りのことを行おうとする。
- 友達と楽しく遊び、やり取りする姿が見られる。
- 生活の仕方が分かり、身の回りのことを進んで行う。
- 言葉をやり取りしながら、ごっこ遊びを楽しむ。

◆ ねらい

- 保育者と一緒に、簡単な身の回りのことをしようとする。
- 保育者が見守る中、自分の好きな遊びを楽しむ。
- 梅雨期、夏期の保健衛生に留意された環境で、快適に過ごす。
- 簡単な言葉のやり取りを楽しみながら、友達と関わって遊ぶ。
- 冬期の保健衛生に留意された環境で、快適に過ごす。
- 自分でできた喜びを感じながら、身の回りのことを一人でしようとする。

★ 内容（養護）

- 気持ちを受け止められ、新しい環境で安心して過ごす。
- 不安や要求を受け止められ、安心して自分の気持ちを表す。
- 生活リズムや健康状態に応じて、衣服の調節や水分補給を行う。
- 健康状態に応じて、休息や水分補給を適宜行い、健康に過ごす。
- 気温や活動に応じて、衣服の調節を促され、快適に過ごす。
- 衣服を調節し、健康に過ごす。
- 気温の変化に応じて、室内の温度調整や換気がされた環境で、快適に過ごす。
- 手洗い、うがいを十分に行い、健康に過ごす。
- 一人でできた喜びに共感され、意欲をもつ。
- 安心できる環境の中で、楽しく食事をする。
- 楽しい雰囲気の中で、適量を無理せずに食べる。
- 食事のあいさつをする。また、準備を自分でしようとする。
- 野菜の生長を知り、喜ぶ。
- 食材に興味をもち、喜んで食べる。
- 食材を見たり育てたりする経験を通して、食に対する関心をもつ。
- 正しい姿勢や、食具の持ち方を知り、自分で食べようとする。
- 保育者や友達と一緒に食べる楽しさを味わう。
- 食生活に必要な基本的な習慣や態度に関心をもつ。
- 簡単なマナーを守り、友達と一緒に楽しく食事する。

★ 内容（教育）

- 戸外で体を動かして遊ぶ。 健康 環境
- 自分の好きな遊びを友達と一緒に楽しむ。 人間
- 春の自然に触れたり、見付けたりして遊ぶ。 環境
- 新しい環境に慣れ、好きな遊具や玩具で遊ぶ。 健康
- 生活に必要な簡単な言葉が分かるようになる。 言葉
- 食後のブクブクうがいをする。 健康
- 保育者の声かけでトイレに行って排尿する。 健康
- 保育者や友達との関わりを深めながら、自分の気持ちを安心して表わす。 人間 表現
- 水、砂、泥などに触れて遊ぶ。 環境
- 生活や遊びの中で、順番などの決まりがあることを知る。 健康
- 自分のしたいことやしてほしいことを、言葉やしぐさで伝える。 言葉 表現
- 絵本の中の簡単な言葉をくり返して楽しむ。 言葉
- クレヨンや絵の具などで、思いのままにぬったり、かいたりする。 表現
- いろいろな素材を使い、かいたりつくったりすることを楽しむ。 環境 表現
- 外遊び後、ガラガラうがいをする。 健康
- 様々なやり取りを経験し、相手の思いに気付く。 人間
- 散歩に出かけ、秋の自然に触れて遊ぶ。 環境
- ごっこ遊びや絵本や紙芝居を通して言葉が豊かになる。 言葉
- 生活の見通しをもって、身の回りのことをしようとする。 健康
- 保育者や友達と、簡単なルールのある遊びや共通の遊びを楽しむ。 人間
- 異年齢児と触れ合いながら、遊びを楽しむ。 人間
- 自然に興味をもち、見たり触れたりして楽しむ。 環境
- 経験したことを遊びに取り入れて楽しむ。 表現

🧰 環境構成

- 安心して生活できるよう、ゆったりとした生活リズムと雰囲気づくりをする。
- 一人一人が好きな遊びを見付けられるようなコーナーを設定する。
- 水分補給や休息が取れる場所を設定し、ゆったり過ごせる時間を設ける。
- スムーズに取り組める動線を考え、スペースや時間を確保する。
- シャワー時には足元にマットを敷いて滑らないようにし、遊びが広がる素材や教材を十分に用意する。
- 戸外で十分に体を動かす機会を設ける。
- 生活の仕方や流れを子どもに分かりやすく伝え、見通しがもてるようにする。
- 子どもの興味に合わせた玩具や素材を十分に用意し、じっくり楽しめるようにする。
- 手洗い、うがいの大切さや、やり方を知らせる機会をもつ。
- 事前に次の活動を知らせ、見通しがもてるようにする。また、時間やスペースを確保し、じっくり取り組めるようにする。
- 子どもが興味をもちそうな、発達に合った集団遊びを取り入れる。

保育者の援助

- 子どもが分かりやすいように言葉を選び、次の行動を伝える。
- 一人一人の不安や欲求を受け止め、スキンシップを十分に図りながら、信頼関係が築けるようにする。
- 一人一人に応じて見守ったり、励ましたりしながら、自分でやってみようとする意欲がもてるようにする。
- 水遊び後の体調の変化に気を付け、適宜、水分や休息がとれるようにする。また、風通しをよくしたり、エアコンを使用したりして、室温調整を行う。
- 「自分で」というときは見守り、援助が必要なときはさり気なく手伝うなど、自分でしようとする気持ちを大切にする。
- 新しい取り組みについては戸惑うことなく行えるよう、そばに付いてやり方を丁寧に知らせていき、自分でできたことに喜びや自信がもてるようにする。
- 一人一人の健康状態に気を配り、室温や湿度の調整を行うと共に、こまめに換気を行う。
- 3歳児クラスで過ごしたり、異年齢交流をしたりする中で、進級への期待や安心感がもてるようにする。
- ルールを守ることで、より遊びが楽しくなることをくり返し伝える。

こんなときどうする？ 年間指導計画 Q&A

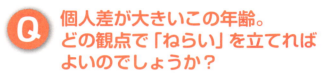

Q 個人差が大きいこの年齢。どの観点で「ねらい」を立てればよいのでしょうか？

A 1歳以上3歳未満児の5領域の「ねらい」を見通して

　暦年齢で発達をとらえるのではなく、あくまでも目の前の子どもを見て、どのような道筋で成長し、それを支えられるかを考えます。生活面や人との関わり、季節の対応などを考え合わせ、5領域との関連を踏まえながら「ねらい」を立てます。

Q 年間目標は毎年同じようになってしまいます。見直しのポイントを教えてください。

A 前年の「評価・反省」を読み返してみる

　月、週、日などの計画ごとに「評価・反省」を書いていますから、読み返してみましょう。年間目標が妥当であれば毎年変える必要はありません。担任間で相談し、今年度はぜひここに重点をおきたいということがあれば、「内容」を見直すとよいでしょう。

Q 年間の4期を通じて、同じ「ねらい」「内容」でもいいですか？

A 4期に分け、細分化した「ねらい」「内容」を記入する

　4期を通じて同じならば、それは年間の「ねらい」「内容」です。わざわざ4期に分けてあるわけですから、その「ねらい」「内容」を更に細分化して書いた方がいいでしょう。言葉で示せるということは、スモールステップをつかんでいるということなのです。

第3章

月案の立て方

クラスで一つ作成する「月案」は、4月から3月までの12か月を、表と各月の文例付きで紹介しています。

2歳児の月案

おさえたい3つのポイント

月ごとに、特に力を入れて保育する内容を書き表す月案。前月と同じ記述では意味がありません。当たり前のことにならないよう、その月独自の記述を目指しましょう。

1 自分でできる喜びを十分に味わう

食事や衣服の着脱など、自分でしようとする姿を認め必要な援助だけをすることで、子どもは自分でできたことに自信をもちます。その自信が、新しいことへの挑戦や試行錯誤する意欲につながります。できないことを責めずに励まし、できたら共に喜ぶ保育者が支えです。

2 トイレトレーニングの充実を

タイミングが合うことも合わないこともありますが、活動の節目にはトイレに行き便座に座る習慣を付けましょう。成功したら保育者が喜ぶことで、徐々に自信をもち排泄を自分でコントロールできるようになります。デリケートなことなので、思いに寄り添いながら進めます。

3 友達と一緒に遊ぶ楽しさを

友達の名前も分かり、名前を呼んだり一緒に遊んだりすることもできるようになります。友達のために我慢させられることが多いと、友達なんていない方がよいと思う経験になってしまうので、友達がいるっていいなあと思える経験を重ねていきましょう。

前月末(今月初め)の子どもの姿

前月末の園生活における子どもの育ちの姿をとらえます。興味・関心やどんな気持ちで生活しているのかなど詳しく書きます。※4月は「今月初めの子どもの姿」となります。

4月月案 あひる組

今月初めの子どもの姿

- 鼻水の症状が見られるが、元気に過ごしている。
- 登園時に泣いてしまう子もいるが、遊びが見付かると、落ち着いて自分の好きな遊びを楽しんでいる。
- 食事はフォークを使って、意欲的に食べている。

		★ 内 容
養護	生命の保持・情緒の安定	●様々な気持ちを受け止めてもらい、安心して過ごす。
教育	健康・人間関係・環境・言葉・表現	●戸外遊びを楽しむ。健康 環境 ●言葉を交わしながら、新しい友達や保育者に慣れる。人間 言葉 ●春の身近な自然に触れる。環境 ●手遊びや歌を保育者や友達と楽しむ。人間 表現 ●手指を使った製作を楽しむ。環境 表現

食育

〈ねらい〉●楽しい雰囲気の中で食事をする。
〈環境構成〉●子ども一人一人の座る場所を固定し、いつも決まった場所で安心して食事ができるようにする。
〈予想される子どもの姿〉●フォークを使って食べる。
〈保育者の援助〉●共に食事をする中で、「おいしいね」などと声をかけ、楽しく食事ができるようにする。

内容

「ねらい」を達成するために「経験させたいこと」です。保育所保育指針の「1歳以上3歳未満児」の5領域を意識して記述します。
本書では 健康 人間 環境 言葉 表現 で表示します。

ねらい
今月、育みたい資質・能力を子どもの生活する姿からとらえたものです。園生活を通じ、様々な体験を積み重ねる中で相互に関連をもちながら、次第に達成に向かいます。

環境構成
「ねらい」を達成するために「内容」を経験させる際、どのような環境を設定したらよいかを具体的に書きます。

月間予定
園またはクラスで行われる行事を書き出します。

予想される子どもの姿
環境構成された場に子どもが入ると、どのように動き、どのように活動するのかを予想して書きます。

保育者の援助
「ねらい」を達成するために「内容」を経験させる際、どのような保育者の援助が必要かを具体的に書きます。

職員との連携
担任やクラスに関わる職員間で、子どもや保護者の情報を共有したり助け合ったりできるよう、心構えを記します。

評価・反省
翌月の計画に生かすため、子どもの育ちの姿を通して、「ねらい」にどこまで到達できたか、援助は適切だったかを振り返って書き留めます。

家庭との連携
保護者と園とで一緒に子どもを育てていく上で、伝えることや尋ねること、連携を図って進めたいことについて記載します。

食育
「食育」のための具体的な援助について、環境のつくり方から保育者の言葉かけまで、具体的に書きます。

◆ ねらい
- 保育者に見守られ、安心して過ごす中で、新しい環境に慣れる。
- 自分の好きな遊びや場を見付けて楽しむ。

月間予定
- こんにちは会
- 避難訓練
- 身体測定

環境構成	予想される子どもの姿	保育者の援助
●保育者がゆとりをもち、ゆったりとした生活リズムと雰囲気をつくり、安心して過ごせるようにする。	●安心して過ごす。●不安になり、泣いたり保育者に甘えたりする。	●一人一人の気持ちを代弁し、笑顔で話しかけるなどして、安心感がもてるようにする。
●危険なく遊べるよう、ネジのゆるみなど遊具の安全確認を行う。●名前を呼び合い、一人一人と関わる時間をつくる。●春らしい歌が歌えるよう楽譜を用意しておく。●子どもの好きな歌、手遊びを取り入れる。●子どもが興味を示すような素材を用意し、少人数でじっくり関われるようにする。	●砂遊び、滑り台、三輪車で遊ぶ。●友達や保育者に声をかける。●チューリップやアリ、ダンゴムシを見たり、触れたりする。●保育者と一緒に歌を歌う(「チューリップ」「おつかいありさん」「お花がわらった」)。●保育者をまね、手遊びをする(「山小屋いっけん」「ちいさなはたけ」)。●こいのぼりをつくる(シール、クレヨン)。	●好きな遊びをじっくり楽しめるように見守り、共に遊んで楽しさを共感する。●近くにいる友達に気付けるように声をかけ、子どもの話しかけには丁寧に応じて安心感がもてるようにする。●身近な自然に興味がもてるような投げかけをし、子どもの気付きに共感しながら丁寧に答え、嬉しさ、楽しさが味わえるようにする。●子どもが模倣しやすいように手の動きをゆっくり大きく行い、くり返し楽しめるようにする。●一人一人に応じた援助を行い、無理強いすることなく、楽しめるようにする。

⇄ 職員との連携
- 環境構成や保育者の動きなどを日々振り返り、改善できるように話し合う。
- 共通認識をもって子どもや保護者に対応できるように、担任、時間外担当の保育者間で情報交換を行う。

🏠 家庭との連携
- 登降園時の声かけや連絡ノートを通して、子どもの様子を具体的に知らせる。また、家庭からの質問や悩みに丁寧に応じ、保護者の心配や不安を和らげる。

◆ 評価・反省
- 新しい環境の中で安心して過ごせるよう、一人一人の気持ちを受け止め対応した。日中は安心して過ごせるようになってきたが、時間外においては不安がる姿も見られた。一日を通して安心して過ごせるよう、今後も時間外担当の保育者との連携を十分に図っていきたい。
- 遊び面では、それぞれのコーナーを設け、遊びを見付けて楽しめるようにした。子どもの様子に合わせ、共に遊んだり見守ったりしたことで、くり返し遊びを楽しむ姿が見られる。友達の遊びに興味を示す姿も見られるので、場面に応じた関わりを大切にし、友達への興味や関心がより高まるようにしていきたい。

4月 月案

月案 → P052~P053 4月の月案

4月の月案 ここがポイント！

新しい環境に慣れて安定して過ごせるように

新しいクラス編成になり、担当の保育者や保育室が替わる場合も多いでしょう。まずは安定して過ごせるよう、温かい保育室の雰囲気づくりと保育者との信頼関係づくりが大切です。

また、食事、排泄、衣類の着脱が徐々に自分でできるようになる大切な時期なので、自分でやろうとする気持ちを認めながら、一人一人に応じた援助が必要になります。

4月月案 あひる組

今月初めの子どもの姿
- 鼻水の症状が見られるが、元気に過ごしている。
- 登園時に泣いてしまう子もいるが、遊びが見付かると、落ち着いて自分の好きな遊びを楽しんでいる。
- 食事はフォークを使って、意欲的に食べている。

		★ 内　容
養護	生命の保持・情緒の安定	●様々な気持ちを受け止めてもらい、安心して過ごす。
教育	健康・人間関係・環境・言葉・表現	●戸外遊びを楽しむ。[健康][環境] ●言葉を交わしながら、新しい友達や保育者に慣れる。[人間][言葉] ●春の身近な自然に触れる。[環境] ●手遊びや歌を保育者や友達と楽しむ。[人間][表現] ●手指を使った製作を楽しむ。[環境][表現]

食育
〈ねらい〉●楽しい雰囲気の中で食事をする。
〈環境構成〉●子ども一人一人の座る場所を固定し、いつも決まった場所で安心して食事ができるようにする。
〈予想される子どもの姿〉●フォークを使って食べる。
〈保育者の援助〉●共に食事をする中で、「おいしいね」などと声をかけ、楽しく食事ができるようにする。

「5領域」の [健康]：健康　[人間]：人間関係　[環境]：環境　[言葉]：言葉　[表現]：表現　を表しています。

◆ ねらい

- 保育者に見守られ、安心して過ごす中で、新しい環境に慣れる。
- 自分の好きな遊びや場を見付けて楽しむ。

📋 月間予定

- こんにちは会
- 避難訓練
- 身体測定

4月 月案

環境構成	予想される子どもの姿	保育者の援助
● 保育者がゆとりをもち、ゆったりとした生活リズムと雰囲気をつくり、安心して過ごせるようにする。	● 安心して過ごす。 ● 不安になり、泣いたり保育者に甘えたりする。	● 一人一人の気持ちを代弁し、笑顔で話しかけるなどして、安心感がもてるようにする。
● 危険なく遊べるよう、ネジのゆるみなど遊具の安全確認を行う。 ● 名前を呼び合い、一人一人と関わる時間をつくる。 ● 春らしい歌が歌えるよう楽譜を用意しておく。 ● 子どもの好きな歌、手遊びを取り入れる。 ● 子どもが興味を示すような素材を用意し、少人数でじっくり関われるようにする。	● 砂遊び、滑り台、三輪車で遊ぶ。 ● 友達や保育者に声をかける。 ● チューリップやアリ、ダンゴムシを見たり、触れたりする。 ● 保育者と一緒に歌を歌う（「チューリップ」「おつかいありさん」「お花がわらった」）。 ● 保育者をまね、手遊びをする（「山小屋いっけん」「ちいさなはたけ」）。 ● こいのぼりをつくる（シール、クレヨン）。	● 好きな遊びをじっくり楽しめるように見守り、共に遊んで楽しさを共感する。 ● 近くにいる友達に気付けるように声をかけ、子どもの話しかけには丁寧に応じて安心感がもてるようにする。 ● 身近な自然に興味がもてるような投げかけをし、子どもの気付きに共感しながら丁寧に答え、嬉しさ、楽しさが味わえるようにする。 ● 子どもが模倣しやすいように手の動きをゆっくり大きく行い、くり返し楽しめるようにする。 ● 一人一人に応じた援助を行い、無理強いすることなく、楽しめるようにする。

⇄ 職員との連携

- 環境構成や保育者の動きなどを日々振り返り、改善できるように話し合う。
- 共通認識をもって子どもや保護者に対応できるように、担任、時間外担当の保育者間で情報交換を行う。

🏠 家庭との連携

- 登降園時の声かけや連絡ノートを通して、子どもの様子を具体的に知らせる。また、家庭からの質問や悩みに丁寧に応じ、保護者の心配や不安を和らげる。

🏷 評価・反省

- 新しい環境の中で安心して過ごせるよう、一人一人の気持ちを受け止め対応した。日中は安心して過ごせるようになってきたが、時間外においては不安がる姿も見られた。一日を通して安心して過ごせるよう、今後も時間外担当の保育者との連携を十分に図っていきたい。
- 遊び面では、それぞれのコーナーを設け、遊びを見付けて楽しめるようにした。子どもの様子に合わせ、共に遊んだり見守ったりしたことで、くり返し遊びを楽しむ姿が見られる。友達の遊びに興味を示す姿も見られるので、場面に応じた関わりを大切にし、友達への興味や関心がより高まるようにしていきたい。

5月 月案

5月月案
あひる組

前月末の子どもの姿

- 日中は安心して過ごせるようになるが、時間外になると引き継ぎ前より気分が崩れ、不安がる姿も見られる。
- 自分のロッカーが分かり、外遊びの準備をしようとする。
- 好きな遊びを楽しみ、友達の遊びにも興味を示す。

		★ 内 容
養護	生命の保持・情緒の安定	●規則的な生活リズムの中で、気持ちよく過ごす。
教育	健康・人間関係・環境・言葉・表現	●戸外で全身を使って遊ぶ。健康 ●簡単な身支度や生活の仕方を知る。健康 ●友達のしていることに興味をもち、同じことをしようとする。人間 ●春の身近な自然に触れ、関心をもつ。環境 ●生活に必要な言葉が分かり、簡単なあいさつや返事をする。言葉 ●手指を使った製作を楽しむ。表現

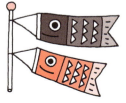

食 育

〈ねらい〉●楽しい雰囲気の中で意欲的に食べようとする。
〈環境構成〉●一人一人の摂取量に合わせ、量を加減する。
〈予想される子どもの姿〉●フォークを使って自分で食べようとする。
〈保育者の援助〉●自分で食べようとする姿を大いにほめ、「おいしいね」などと声をかけながら、楽しく食べられるようにする。

連休明けの疲れが見られることも

連休明けで疲れが出たり、緊張感から解放されて甘えが出たり、機嫌が悪くなることもあります。急がせたり、こちらが慌てたりすることがないよう、ゆったりとした計画を立てましょう。

戸外が気持ちのよい季節なので、十分に風を感じられるよう、また、全身運動の楽しさが味わえるよう、生活を組み立てるとよいでしょう。

◆ ねらい

- 保育者に見守られて安心して過ごし、生活や環境に慣れる。
- 自分の好きな遊びを楽しんだり、友達の遊びに興味をもったりする。

📋 月間予定

- こどもの日会
- おもしろ園庭探険
- 懇談会
- 避難訓練
- 保育参観
- 身体測定

5月 月案

環境構成	予想される子どもの姿	保育者の援助
●日々規則正しく過ごせるよう生活リズムをつくる。	●新しい環境、生活リズムに慣れる。 ●休息を取る。	●一人一人の体調や情緒面に留意し、必要に応じて休息を取ったり、ゆったり過ごせるように関わったりする。
●園庭に三輪車やスクーターを用意しておく。 ●事前に必要なものを見せながら、身支度のやり方を知らせる。 ●子どもの興味を把握し、必要な玩具を用意する。また、じっくり遊べるスペースを確保する。 ●戸外に出かけた際、虫や花に出会える場所へ誘導する。 ●朝の集まりや個別の関わりを通して、あいさつや返事が楽しめる場面を設ける。 ●いつでも製作が楽しめるよう、教材を十分に用意しておく。	●滑り台、三輪車、スクーター、ブランコで遊ぶ。 ●自分のロッカーに行き、カラー帽子、靴下を着用する。また、自分でできなくても、してみようとする。 ●友達のしていることをまね、やってみる。 ●虫探しをする。 ●花の名前や色を言ったり、花をつんだりする。 ●名前を呼ばれると、返事をしたり、あいさつをしたりする。 ●シールはりやお絵かきをする。	●子どもの位置を確認しながら保育者が付き、危険がないようにする。 ●ゆとりをもって見守り、励ましながら、自分で身支度できた満足感が味わえるようにする。 ●興味があることを十分に楽しめるよう、保育者も一緒に遊んだり、そばに付いたりして、友達と一緒に楽しめるようにする。 ●同じ目線で自然を感じ、子どもがしたいことを共に楽しむ。 ●分かりやすい言葉で声をかけ、上手に言えたことをほめて自信につなげる。 ●できあがった作品を目に付く場所に飾るなどして、自分でつくった満足感が味わえるようにする。

⇄ 職員との連携

- 子どもの動きを把握し、担任間で随時話し合いを設けながら、生活しやすい流れや室内環境を整える。
- 一人一人の様子を朝夕担当の保育者にもこまめに伝え、同じ気持ちで関わりがもてるようにする。

🏠 家庭との連携

- 懇談会や保育参観を通して、具体的な子どもの姿や年齢の特徴、成長の見通しなどを伝え、共通理解を深める。年齢特有のトラブルやその対応について知らせる。

🏷 評価・反省

- 上旬に休みが入ったが、安心して過ごせるよう、毎日同じ流れの中で生活できるように心がけた。また、体調や天候を見て、外遊びを多く取り入れたことで気分転換にもなり、心身共に健康に過ごせたと思う。ゆったりと関わることで新しい環境にも慣れ、よく配慮できた。
- 遊びにおいては、保育者の仲立ちにより、友達との関わりを楽しむ姿も見られた。適切な援助であったが、室内の遊びの空間利用が不十分でもあった。今後は、仕切りをうまく使いながら、子どもがじっくり遊べるようにしていきたい。

6月 月案

月案 → P056-P057 6月の月案

6月の月案 ここがポイント！

雨の日は室内での過ごし方を工夫して

梅雨の時期に入り、外に出られない日も多く、子どももストレスがたまりがち。室内でも体を動かして遊べるようなスペースをつくっておきましょう。

また、カビの繁殖しやすい季節です。食事の面で気を付けるのはもちろんのこと、子どもが口に入れがちな玩具を消毒するなどの配慮も必要です。

6月月案 あひる組

😊 前月末の子どもの姿

- GW明け、不安定な姿も見られたが、体調を崩さず過ごす。
- 保育者の声かけを聞いて、行動しようとするが、自分の思いで遊び出してしまう子も多い。
- 保育者の仲立ちにより、友達と関わる姿も見られる。

		★ 内　容
養護	生命の保持・情緒の安定	●梅雨の時期に応じた生活を送り、気持ちよく過ごす。
教育	健康・人間関係・環境・言葉・表現	●戸外で全身を使って遊ぶ。[健康] ●身支度、後片付けなどの簡単な身の回りのことをしようとする。[健康] ●保育者を仲立ちとして、友達と関わって遊ぶ。[人間] ●砂、泥の感触を楽しむ。[環境] ●自分のしたいこと、してほしいことを言葉やしぐさで表す。[言葉][表現] ●かいたり、つくったりすることを楽しむ。[表現]

🍚 食育

〈ねらい〉●野菜を育て、食材に興味をもつ。
〈環境構成〉●親しみのある野菜の苗や、じょうろを用意する。
〈予想される子どもの姿〉●野菜の生長を見たり、水やりをしたりする。
〈保育者の援助〉●プランターで野菜を育て、日々水やりをしながら、生長に気付けるような声かけをしていく。

56　「5領域」の [健康]:健康　[人間]:人間関係　[環境]:環境　[言葉]:言葉　[表現]:表現　を表しています。

◆ ねらい

- 保育者と一緒に身の回りのことをしようとする。
- 自分の好きな遊びを楽しんだり、友達の遊びに興味をもったりする。

月間予定

- 保育参観
- おやつ遠足
- 内科検診
- 総合避難訓練
- 歯科検診
- 身体測定

6月 月案

環境構成	予想される子どもの姿	保育者の援助
● 適宜、水分補給を行えるように準備しておく。	● 水分補給や着替えをする。	● 気温や湿度に留意し、風通しをよくしたり、扇風機を活用したりする。また、気温や気候、体調に合わせた衣服に着替えられるよう声をかける。
● 固定遊具の安全確認を行う。 ● 日々、同じ流れの中で生活できるようにし、衣類の置き場所を固定する。 ● 子どもの興味を把握して、遊び方に応じて玩具の量を加減し、じっくり遊べるスペースを確保する。 ● 遊びが十分に楽しめるよう、時間配分に留意する。 ● 生活や遊びに必要な言葉を使った絵本や紙芝居を取り入れる。 ● つくりたい物がイメージしやすいように見本を用意する。また、じっくり取り組めるよう、十分な時間を確保する。	● ジャングルジム、滑り台、三輪車で遊ぶ。かけっこを楽しむ。 ● 靴、靴下、カラー帽子などの衣類の着脱を自分でしようとする。 ● 使った物（玩具、衣類など）を片付ける。 ● 友達と同じことをしたり、一緒に遊んだりする。 ● 団子や山をつくり、型抜きをする。 ● 自分の気持ちを、保育者や友達に言葉やしぐさで伝える。 ● 七夕飾りづくりを楽しむ（シール、クレヨン、のり）。	● 固定遊具には保育者が一人は付くなど、子どもの位置を確認しながら危険なく楽しめるようにする。 ● 身支度を自分でしようとする気持ちを大切にし、遊び出してしまう子には、そばに付いて対応する。 ● 子ども同士で遊ぶ様子を見守る。場を共有して楽しめるよう、同じ遊びをしている子に誘いかける。 ● 砂場遊びに無理強いすることなく誘い、興味をもって楽しめるようにする。 ● 自分から話そうとする気持ちを大切にする。うまく言えたときは、大いにほめ、自信につなげる。 ● 教材の使い方を丁寧に説明する。

⇄ 職員との連携

- 子どもが混乱なく身の回りのことを行えるよう、担任間で常に動線を確認し合い、スムーズに生活が送れるようにする。

🏠 家庭との連携

- 雨の日が多くなり、気温差も大きくなるので、調整しやすい衣類を用意してもらう。
- 保育参観を通して、家庭や園での様子を伝え合い、共通理解を図る。

🏷 評価・反省

- 気温の変化と共に体調を崩す子もいたため、健康状態を把握したうえで、扇風機を活用するなど過ごしやすくした。更に暑さが続くことを考慮し、水分をこまめにとれるようにしたい。
- 清拭を取り入れたことで生活の流れが変わったが、動線を考えて進めたので、子どもも混乱することなく身の回りのことを行えた。今後は、シャワーや水遊びも入るので、学年間で連携し、身の回りのことへの意欲を高めていきたい。
- 遊びでは玩具の量を考え、じっくり遊べるスペースを確保した。玩具の取り合いなどのトラブルが多いので、状況を見て対応していきたい。

7月 月案

月案 → P058-P059 7月の月案

7月月案 あひる組

前月末の子どもの姿
- 生活の流れが多少変わるものの、混乱することなく過ごしている。
- 遊びごとに場を共有して楽しむ姿が見られるようになるが、玩具の取り合いなども多くなる。

		★ 内　容
養護	生命の保持・情緒の安定	●清拭やシャワーをしてもらい、気持ちよく過ごす。 ●思いや気持ちを受け止めてもらうことで、安心して自分を表現する。
教育	健康・人間関係・環境・言葉・表現	●身支度、後片付けなど、簡単な身の回りのことをしようとする。[健康] ●自分の好きな遊びを、友達と一緒にする。[人間] ●水、砂、泥の感触を楽しむ。[環境] ●自分のしたいことや、してほしいことを言葉やしぐさで表す。[言葉][表現] ●身近な素材に親しみ、かいたり、つくったりすることを楽しむ。[環境][表現]

7月の月案 ここがポイント！

暑さによる体力の消耗に注意

暑さが増し、水分ばかりほしがって食欲がなくなったり、体力を消耗したりしやすくなります。十分に休息を取りながら、一人一人の様子をよく観察しましょう。

また、水の感触が心地よい時期です。水や泥と十分に触れ合う遊びを用意しましょう。着替える回数も増えるので、自分でできる喜びが味わえるように工夫するとよいでしょう。

食育

〈ねらい〉●食材に興味をもち、食べることを楽しむ。
〈環境構成〉●食べ物の絵本を取り入れる。
〈予想される子どもの姿〉●食材の名前を言ったり、「これは？」と尋ねたりする。
〈保育者の援助〉●楽しい雰囲気の中で質問に丁寧に応じ、興味がもてるようにする。

◆ ねらい

- 保育者と一緒に身の回りのことをしようとする。
- 友達と好きな遊びを楽しむ。

月間予定

- 七夕会
- スイカ割り
- 避難訓練
- おもしろ園庭探検
- 身体測定

7月 月案

環境構成	予想される子どもの姿	保育者の援助
● 清拭やシャワー、水分補給などがスムーズに行えるように準備しておく。 ● 子どもの気持ちをしっかり受け止められるよう、ゆったりとした雰囲気をつくる。	● 清拭やシャワーをする。 ● 水分補給をする。 ● 自分の気持ちを保育者に伝えたり、思い通りにいかなくて泣いたり、駄々をこねたりする。	● 気持ちよさが伝わるような声をかけ、清拭、シャワーをゆったりと進める。 ● こまめに水分がとれるようにする。 ● 一人一人の思いを見逃すことなく、じっくり向き合って対応する。
● 活動を行う前に見通しがもてるよう生活の流れを伝える。 ● 遊びが混ざらないで楽しめるように、それぞれの遊びのスペースを確保する。 ● 危険なく遊べるように遊び場を整備し、水遊び用の玩具を用意する。また、日よけを張っておく。 ● 保育者はゆっくりした言葉と身ぶりなどで、見本となるようふるまう。 ● いろいろな素材を十分に用意し、じっくり楽しめるようなスペースを確保する。	● 着替えやプールバッグを用意したり、後片付けをしたりする。 ● 衣類の着脱をする。また、しようとする。 ● 場を共有し、同じ遊びをしたり、協力して線路をつなげたりする。 ● 水遊び、泥遊びをする。 ● 自分の気持ちを、保育者や友達に言葉やしぐさで伝える。 ● 絵の具、クレヨン、のり、粘土などを使って、かいたり、つくったりする。	● あせらず進め、自分でできたことを大いにほめ、自信につなげる。 ● 楽しく遊んでいる様子を見守り、トラブルになったときには互いの気持ちを代弁するなどして、相手の思いを伝えていく。 ● 保育者も一緒に遊びながら楽しさを共有する。水がかかるのが苦手な子には別の場所を用意するなど、無理なく楽しめるようにする。 ● どう言えばよいか声をかけ、思いを伝えるきっかけをつくる。 ● やりたい気持ちを受け止め、様々な遊び方が楽しめるよう一緒に遊ぶ。

⇄ 職員との連携

- 水遊び、シャワーを行うときには、生活動線を踏まえ、職員の位置、役割分担などを確認し合い、学年間で協力しながら混乱なく進める。

🏠 家庭との連携

- プールカードの記入や水遊びの準備などを忘れずに行ってもらえるよう、お便りを配布する。また、個別に声をかける。

◆ 評価・反省

- 生活の流れを伝え、見通しがもてるようにしたことで、手順を理解して行動に移そうとするが、早く終えたくて「やって」と言ってくることも多い。一人一人に合わせた声かけや関わり方を大切にしたい。
- 水遊びにおいては、水がかかるのが苦手な子のために、無理なく遊べるように場所を用意した。それぞれの場で互いに近くにいる友達と笑い合って楽しむ様子が見られるが、楽しさのあまり遊び方が雑になってしまうこともある。みんなが気持ちよく楽しめるよう声をかけ、遊び方、相手の思いを知らせていきたい。

月案

8月月案 あひる組

前月末の子どもの姿

● 生活の流れが分かるようになり、自ら行動に移そうとするが、早く終えたくて「やって」と言うことが多くなる。
● 水遊びでは、そばにいる友達と楽しむ姿が見られるが、遊びが乱暴になり、友達に嫌な思いをさせることもある。

		★ 内　容
養護	生命の保持・情緒の安定	● シャワー、水遊びをして、気持ちよく過ごす。
教育	健康・人間関係・環境・言葉・表現	● 水遊びやシャワーの準備、着替え、片付けなどを自分でしようとする。[健康] ● 好きな遊びを通して、友達との関わりを楽しむ。[人間] ● 水、砂、泥などで遊ぶ。[環境] ● 遊びの中で、保育者や友達との言葉のやり取りを楽しむ。[人間][言葉] ● リズムに合わせて体を動かすことを楽しむ。[表現]

8月の月案 ここがポイント！

暑さで疲れやすい。休息はたっぷり取って

　外と室内に気温差があるので、体調にはいつも以上に気を配る必要があります。暑さだけで疲れやすくなるので、午睡をたっぷり取ります。

　また、家族で過ごす日も増え、いつもいる友達が欠席となり寂しい思いをする子どももいます。違う友達との出会いを演出しながら、人数が少なくても楽しく過ごせるように配慮しましょう。

食育

〈ねらい〉● 食材に興味をもち、食べることを楽しむ。
〈環境構成〉● 食べる前に食材、メニューを紹介する。
〈予想される子どもの姿〉● 食材を見て、色や形、硬さなどを言葉で伝える。
〈保育者の援助〉● 食材と、味や食感がつながるような声をかける。

◆ ねらい

- 保育者に手伝ってもらいながら、身の回りのことをしようとする。
- 気の合う友達と好きな遊びを楽しむ。

月間予定

- 避難訓練
- 身体測定

8月 月案

環境構成	予想される子どもの姿	保育者の援助
●水分補給やシャワー、水遊びがスムーズに行えるように準備しておく。	●シャワー、水遊びをする。 ●水分補給をする。 ●休息を取る。	●エアコンを使用する際は、室内外の気温差に留意する。 ●水遊びの後には十分に休息と水分を取るようにし、子どもの顔色や体調の変化に気を配る。
●水遊びの用意と片付けを、決まった場所で取り組めるようにする。 ●遊びに必要な玩具の量、スペースを用意する。 ●遊びが十分に楽しめるよう時間配分に留意し、水遊びができない子が楽しめる遊びや場所を確保する。また、テラスには日よけを張っておく。 ●遊び方が広がるような絵本や紙芝居を取り入れる。 ●体を十分に動かして楽しめるスペースを確保する。	●プールバッグの用意や、片付けをしようとする。 ●衣類の着脱をする。また、しようとする。 ●友達とブロックや、ままごとをする。 ●水遊び、砂遊び、泥遊びをする。 ●お出かけごっこ、レストランごっこ、買い物ごっこを楽しむ。 ●音楽に合わせて体を動かす。	●一人一人に合わせて声をかけ、自分で着脱できるよう、さり気なく援助する。 ●友達と遊ぶ様子を見守り、時々声をかけるなどして、一緒に遊ぶ楽しさが味わえるようにする。 ●保育者も一緒に遊び、楽しさを共有する。また、必要に応じて、遊び方を知らせる。 ●遊びのイメージが共有できるように、保育者が互いの思いを代弁するなど、やり取りが楽しめるようにする。 ●子どもが模倣しやすいよう体を大きく動かし、保育者が率先して楽しむ。

⇄ 職員との連携

- 健康状態で気付いたことを職員間で伝え合い、各自で一人一人の体調を把握する。また、安全に水遊びが楽しめるように声をかけ合う。
- 水遊びができない子も楽しく過ごせるよう、学年間で協力し合って室内外の遊びを設定する。

家庭との連携

- 長期休みの場合、休み中の様子を連絡ノートや口頭で知らせてもらい、休み明けの体調を把握する。

◆ 評価・反省

- 身の回りのことを自分で行えるよう、流れを変えずに進めていった。水遊びやシャワーの準備、片付けを進んで行う姿が見られた。一方で、衣服の上下、前後が分からない子も多いので、少しずつ衣服の仕組みに気付けるよう、着脱の仕方を丁寧に知らせたい。
- 遊びの面では、十分に好きな遊びを楽しめる時間や場所を確保した。友達との関わりが増え、じっくり楽しむ姿が見られたのでよかった。
- 食事では食材に興味をもち、楽しみながら食べているが、食事中の姿勢が悪くなりがちなので、子どもに丁寧に声をかけ、自分で気付けるようにしたい。

9月 月案

月案 → P062-P063 9月の月案

9月の月案 ここがポイント！

生活リズムの乱れを整える

生活リズムが乱れてしまった子どももいます。ゆったりとした流れの中で、生活リズムを整えていきましょう。

また、日中と朝晩の気温差が大きくなるので、衣服で調整し、風邪をひかないように気を付けなければなりません。

運動遊びなど、全身を使った遊びに誘いましょう。年上の子の遊びを見るのも刺激になります。

9月月案 あひる組

前月末の子どもの姿

- 水遊び、シャワーの準備や片付けを進んで行おうとする半面、衣服の上下、前後の間違いが多い。
- 友達との関わりが増え、ごっこ遊びを楽しむ。
- 食事の際、横向きになる子が多い。

		★ 内　容
養護	生命の保持・情緒の安定	●夏の疲れを感じず、快適に過ごす。
教育	健康・人間関係・環境・言葉・表現	●全身を使って十分に遊ぶ。健康 ●着脱の仕方が分かり、自分でしようとする。健康 ●保育者や友達に親しみをもち、自分から関わろうとする。人間 ●秋の身近な自然に触れる。環境 ●毎日の生活の中で、保育者や友達との言葉のやり取りを楽しむ。言葉 ●リズムに合わせて体を動かすことを楽しむ。表現

食育

〈ねらい〉●姿勢を意識しながら、食べることを楽しむ。
〈環境構成〉●食事前に姿勢を整え、保育者が見本となる。
〈予想される子どもの姿〉●椅子を寄せ、姿勢を整えてから、あいさつをして食べる。前を向いて食べる。
〈保育者の援助〉●前を向いて食べられるように、そのつど声をかけて知らせ、姿勢よく食べられている際には大いにほめ、習慣になるようにする。

9月 月案

◆ ねらい
- 保育者に手伝ってもらいながら、身の回りのことをしようとする。
- 保育者や友達と一緒に、全身を使った遊びを楽しむ。

月間予定
- 運動会全体予行練習
- 避難訓練
- 身体測定

環境構成	予想される子どもの姿	保育者の援助
●休息や水分補給が、いつでもできるスペースを用意する。	●休息を取ったり、水分補給をしたりする。	●一人一人の子どもの様子を十分に把握し、状況によっては活動を早めに切り上げ、休息が十分に取れるように対応する。
●体操や運動遊びを取り入れる。 ●スペースを確保し、身の回りのことがじっくり行えるようにする。 ●一人一人の興味のあることを把握し、関わりがもてる場をつくる。 ●戸外に出かける機会を多くつくったり、季節の歌を取り入れたりする。 ●発達や子どもの興味に合った内容の絵本や紙芝居を取り入れ、様々な言葉に触れる機会をつくる。 ●子どもの好きな体操や動きやすいテンポの曲を取り入れる。	●体操、追いかけっこ、ボール遊びを楽しむ。 ●衣類の着脱をする。また、しようとする。 ●友達や友達のしていることに興味をもち、遊びに加わる。 ●トンボを追いかける。 ●保育者と一緒に歌を歌ったり、手遊びをしたりする（「とんぼのめがね」「どんぐりころころ」「やきいもグーチーパー」）。 ●言葉のやり取りをする。 ●音楽に合わせて体を動かす。	●保育者も一緒に体を動かし、楽しさを共有する。危険なく遊べるように子どもの動きに留意する。 ●衣服の仕組みに気付けるよう、着方を丁寧に知らせる。 ●必要に応じて誘いかけ、友達と一緒に遊ぶ機会をつくる。 ●身近な自然に興味がもてるような投げかけを行い、子どもの気付きに共感し、嬉しさ、楽しさが味わえるようにする。 ●いろいろな言葉を投げかけ、子どもから言葉を引き出し、やり取りが楽しめるようにする。 ●体を動かす心地よさ、楽しさが味わえるよう、一緒に踊りながら盛り上げる。

⇄ 職員との連携
- 職員の配置や分担について、クラス間や学年間で声をかけ合い、散歩や様々な運動遊びが安全に楽しめるようにする。

🏠 家庭との連携
- 疲れが出やすい時期なので、子どもの健康状態を互いに把握し、十分な休息を取り、規則正しい生活ができるようにする。
- 運動会についての内容を掲示したり、お便りを用いたりして、分かりやすく保護者に伝える。

🏷 評価・反省
- 身の回りのことに興味が出てきた時期とも重なり、自分でやってみようとしている。一人一人のできることを見極め、必要に応じた援助を行ってきたのがよい結果につながったと思う。今後、新しいことに取り組んでいく際にも、一人一人に応じた関わりを大切にしていきたい。
- 全身を使った遊びでは、保育者も一緒に楽しみながら、積極的に体操や運動遊びを取り入れていった。体を使って遊ぶ楽しさと共に、遊びの中でのやり取りも十分に行ったことで、双方の楽しさを伝えることができた。適切な援助を行うことができたと思う。

10月 月案

10月月案 あひる組

前月末の子どもの姿
- 着脱の仕方や必要なことが分かり、身の回りのことを自分でやってみようとしている。
- 友達と一緒に追いかけっこや体操をくり返し楽しんだり、やり取りを楽しんだりする。

月案 → P064-P065 10月の月案

		★ 内　容
養護	生命の保持・情緒の安定	●気温の変化に応じた生活を送り、健康で快適に過ごす。
教育	健康・人間関係・環境・言葉・表現	●全身や遊具を使って遊ぶ。健康 環境 ●食器の片付けやブクブクうがいの仕方が分かり、自分でしようとする。健康 ●好きな遊びの中で、気の合う友達と積極的に関わりをもつ。人間 ●散歩に出かけ、秋を感じる。環境 ●ごっこ遊びの中で、言葉のやり取りを楽しむ。言葉 ●リズム遊びや体操を楽しむ。表現

10月の月案 ここがポイント！

食材や戸外で、秋を感じる

　食欲の秋。おいしい旬の食材が届き、たっぷり遊んだ後のおなかを満たしてくれます。けれども、食べ慣れない食材に関しては、子どもは拒否反応を起こしやすいもの。まず、保育者がおいしそうに食べてみせることが必要になります。

　また、秋の自然にも十分に触れたいものです。散歩のコースを吟味し、虫や草花、木の実と出会えるようにしましょう。

食育

〈ねらい〉●皿やお椀に手を添えたり、持ったりして意欲的に食べる。
〈環境構成〉●添え方や持ち方の見本を示す。
〈予想される子どもの姿〉●皿やお椀に手を添えたり、持ったりして食べる。
〈保育者の援助〉●皿やお椀の持ち方を、そのつど声をかけて知らせ、無理なく進めていく。

「5領域」の 健康：健康 人間：人間関係 環境：環境 言葉：言葉 表現：表現 を表しています。

◆ ねらい

- 保育者に見守られながら、身の回りのことをしようとする。
- 全身を使った活動的な遊びを楽しむ。

月間予定

- 運動会
- 身体測定
- 避難訓練
- 保育参観
- 個人面談

10月 月案

環境構成	予想される子どもの姿	保育者の援助
● 水分補給が行えるように準備しておく。	● 水分補給や着替えをする。	● 風通しをよくし、気温や気候、体調に合わせた衣服に着替えていけるよう、声をかける。
● 固定遊具や広いスペースのある公園に行く機会を多くもつ。 ● 食器の片付けは図や絵で分かりやすく示す。 ● 好きな遊びがじっくり楽しめるよう、スペース、玩具を整えておく。 ● 散歩に出かける機会を多くもつ。 ● 遊びにつながるような絵本や紙芝居を取り入れる。 ● 子どもの好きな曲や楽器を用意する。	● 三輪車、ジャングルジム、かけっこ、体操、ボール蹴り、なわとび電車を楽しむ。 ● 食器の片付け、ブクブクうがいをする。 ● 数人(2～4人)の友達で同じ遊びをする。 ● 喜んで散歩に行く。 ● 赤や黄色の葉っぱを見付けたり、ドングリを拾ったりする。 ●「どれにしますか」「○○ください」などのやり取りをする。 ● 音楽に合わせて体を動かしたり、楽器(タンバリン、鈴、カスタネット)を鳴らしたりする。	● 保育者が率先して遊びを楽しみ、子どもが安全に遊べるようにする。 ● 一人一人に合わせて声をかけ、できたときは大いにほめ、自信と共に習慣になるようにする。 ● 子ども同士で遊ぶ様子を見守り、時々声をかけ、一緒に遊ぶ楽しさが味わえるようにする。 ● 子どもの気付きに応じて、自然の変化に注目するよう声をかける。 ● イメージが共有できるよう声をかけたり、子どもの投げかけに丁寧に応じたりして、やり取りが楽しめるようにする。 ● 保育者も共に楽しみながら、体の動きや楽器の使い方を知らせていく。

⇄ 職員との連携

- 運動会で行う競技においては、日頃の保育の中で無理なく楽しめるよう、学年間で話し合って進める。
- 個人面談での内容について担任間で共通理解をし、今後の保育に生かせるようにする。

家庭との連携

- 保育参観や個人面談を通して家庭や園での様子を伝え合い、成長を共に喜びながら、今後の見通しについて共通理解を図る。

評価・反省

- 新しく取り入れた食器の片付けやブクブクうがいは、一人一人に応じた関わりを大切にすることで、自分でやってみようとする姿が見られた。また、ガラガラうがいをする子も増えるが、上を向くことに抵抗がある子や手洗いを簡単に済ませがちな子が多いので、風邪予防の意味でも丁寧に行えるようそばに付いて知らせたい。
- 戸外遊びの時間を十分につくり、満足して楽しめるようにした。ごっこ遊びでは、三輪車やなわとびを用いて遊びを広げていくことで、活動的な遊びも楽しむことができた。子どもの興味に合わせた対応ができたと思う。遊びの中で、自分の思いがうまく伝えられずトラブルになることもあるので、状況を見た対応を心がけたい。

11月 月案

月案 → P066-P067 11月の月案

11月の月案 ここがポイント！

うがいを習慣にして、風邪を予防

気温が下がるので、風邪をひく子どもが増えてきます。うがいの仕方を丁寧に教え、予防できるようにしましょう。

また、拾ってきたドングリや落ち葉、松ぼっくりなどを使って、製作を楽しむのも秋を満喫できる遊びです。子どもがやりたいと思えるような環境をつくって誘いましょう。

11月月案 あひる組

前月末の子どもの姿

- なわとびを使ったごっこ遊びなどを楽しむ。友達との関わりでは、思いがうまく伝えられずに手が出てしまう。
- 食器の片付けやブクブクうがいを進んでやろうとするが、手洗いは簡単に済ませがちである。

		★ 内 容
養護	生命の保持・情緒の安定	●衣服の調節や手洗い、うがいを行い、健康で快適に過ごす。 ●思いや気持ちを受け止められ、安心して自己主張する。
教育	健康・人間関係・環境・言葉・表現	●全身や遊具を使って十分に遊ぶ。健康 環境 ●ガラガラうがいや丁寧な手の洗い方が分かり、自分でしようとする。健康 ●気の合う友達との遊びの中で、積極的に関わりながら、自分の思いを相手に伝える。人間 表現 ●秋の自然物に親しむ。環境 ●保育者や友達と、いろいろなやり取りを楽しむ。人間 言葉 ●かいたり、切ったり、つくったりすることを楽しむ。表現

食育

〈ねらい〉●皿やお椀に手を添えたり、持ったりして意欲的に食べる。
〈環境構成〉●添え方や持ち方の見本を示す。
〈予想される子どもの姿〉●皿やお椀に手を添えたり、持ったりして食べる。
〈保育者の援助〉●そのつど声をかけて知らせ、上手に食べられているときには大いにほめ、身に付くようにする。

11月 月案

◆ ねらい
- 保育者の声かけで、身の回りのことを少しずつ自分でしようとする。
- 秋の自然の中で、活動的な遊びを楽しむ。

📋 月間予定
- 内科検診
- 遠足
- ハッピーサタデー
- 歯科検診
- 3歳未満児集会
- 避難訓練
- 焼き芋会
- 身体測定

環境構成	予想される子どもの姿	保育者の援助
● 看護師と連携を図り、手洗いの仕方を図示する。 ● 十分な信頼関係の下、いつも笑顔で受け止める心の準備をしておく。	● 着替えをしたり、上着を着たりする。 ● 手順よく手を洗ったり、ガラガラうがいをしたりする。また、してみようとする。 ● 自分の思いを保育者に伝える。	● 気温や一人一人の体調、活動に合わせて、衣服の調節を行う。 ● 一人一人の思いをしっかり受け止め、じっくり関わりをもつ。
● すぐに遊びを楽しめるよう、ボールやしっぽ取りのひもなど、遊びに必要なものを用意しておく。 ● 手洗いやうがいを図や絵で分かりやすく示し、見本を見せる。 ● 手洗いの歌を流す。 ● 友達との関わりをテーマとした絵本や紙芝居を取り入れる。 ● 散歩に出かけ、自然物に触れられる機会を多くつくる。 ● 言葉のやり取りが十分に楽しめる機会をつくる。 ● 少人数でじっくり製作を行えるようにする。 ● 製作物の見本を用意する。	● ボールを追いかける。しっぽ取りや、なわとび電車をする。 ● ガラガラうがいをする。また、しようとしてみる。 ● 手順よく手を洗う。 ● 気の合う友達と遊びながら、自分の思いを伝える。 ● ドングリで、ケーキをつくる。 ● 落ち葉で、おばけごっこをする。 ● 喜んで散歩に行く。 ● ごっこ遊びの中で、やり取りをする。 ● 質問に答えたり、経験したことを話したりする。 ● 木、ミノムシ、ピザづくりをする（クレヨン、ハサミ、のり、ボンド）。	● 保育者も一緒に遊び、体を動かす心地よさが味わえるようにする。 ● 「一緒にやろうね」と声をかけ、そばに付いて手洗いの仕方を知らせ、できたことを大いにほめる。 ● 子ども同士で遊ぶ姿を見守り、トラブルの際は、思いを代弁し、言葉で伝えられるよう援助する。 ● 自然物への興味、発見に共感し、興味を深める遊びを投げかける。 ● 話したい気持ちを受け止め、やり取りを楽しめるようにする。 ● できた物を使って遊びが楽しめるようにする。はさみを安全に使用できるよう、そばに付き使い方を丁寧に知らせる。

⇄ 職員との連携
- 丁寧な手の洗い方が身に付くよう、クラスだけでなく看護師とも調整しながら、手洗いの仕方を伝える機会を設ける。

🏠 家庭との連携
- ハッピーサタデーを通して保育園での活動内容を知ってもらい、共通理解を深める。
- 手洗いやうがい、はさみの使い方など、家庭でも取り組んでもらえるよう、お便りや個別の声かけで伝える。

🏷 評価・反省
- 戸外に出かける機会を多くつくるようにした。広い場所、秋の自然物（落ち葉、ドングリ、マツボックリ）に触れられる場所を取り入れたことで、秋の自然の中で思い切り走ったり、ごっこ遊び（おばけ、オオカミ）を楽しんだりできてよかった。
- 手洗いは、そばに付いてやり方を知らせると共に、看護師と連携し、歌を取り入れながら楽しく身に付けられるようにした。洗い方が丁寧になり、外遊び後の手洗いは定着したが、食後、できていた食器の片付けやうがいをせず、遊び出す子が多い。手をつないで行動を共にしたり、保育者がやって見せたりして、一人一人との関わり方を工夫していきたい。

12月 月案

月案 → P068-P069 12月の月案

12月の月案 ここがポイント！

年末の雰囲気を遊びにも取り入れて

鼻をグズグズいわせている子どもが多いかもしれません。自分で鼻をかめるようにやり方を教えましょう。

12月は街もイルミネーションなどで華やかになります。クリスマスや年末大売り出しなどの飾り付けを見て楽しみ、遊びの中にも取り入れられるようにしましょう。

また、表現活動を楽しむ計画も多い時期なので、無理なくみんなが喜んで取り組める内容を組み立てましょう。

12月月案 あひる組

前月末の子どもの姿

- 食後の手洗い、うがいを、やりたがらなかったり、忘れて遊び出したりする。
- ドングリや落ち葉を使って、ごっこ遊びを楽しむ。また、追いかけっこが始まると興味を示し、参加する。

		★ 内　容
養護	生命の保持・情緒の安定	●冬期に応じた生活を送り、健康で快適に過ごす。 ●思いや気持ちを受け止められ、安心して自己主張する。
教育	健康・人間関係・環境・言葉・表現	●友達と一緒に、全身や遊具を使って十分に遊ぶ。 健康 人間 環境 ●毎日の生活の仕方が分かり、できることは自分でしようとする。 健康 ●気の合う友達と積極的に関わりながら、自分の思いを相手に伝える。 人間 表現 ●クリスマスや年末の雰囲気に触れる。 環境 ●やり取りを楽しむ中で、言葉を増やす。 言葉 ●身近な素材や用具に親しみ、かいたり、切ったり、つくったりすることを楽しむ。 環境 表現 ●リズム遊びや体操を楽しむ。 表現

食育

〈ねらい〉●フォークの持ち方を意識しながら、楽しく食べる。
〈環境構成〉●フォークの持ち方を知らせる機会をもつ。
〈予想される子どもの姿〉●自分なりに正しく持とうとする。
〈保育者の援助〉●保育者が見本となり、正しい持ち方を知らせ、無理強いすることなく、一人一人の段階に応じた援助を行う。

「5領域」の 健康：健康　人間：人間関係　環境：環境　言葉：言葉　表現：表現　を表しています。

◆ ねらい

- 保育者の声かけで、身の回りのことを自分でしようとする。
- 友達や保育者と一緒に活動的な遊びを楽しむ。

月間予定

- 表現発表お披露目会
- 避難訓練
- もちつき
- 身体測定
- お楽しみ会、ちびっこサンタ

12月 月案

環境構成	予想される子どもの姿	保育者の援助
●子どもの取りやすい場所にティッシュケースとゴミ箱を置く。 ●サンタの帽子をかぶるなど、子どもが話しかけやすいように準備する。	●鼻水が出たことが分かり、自分でふいたり、かんだりする。 ●自分の思いを保育者に伝える。	●適宜、換気を行い、体調の変化が見られたときは適切に対応する。 ●鼻のふき方、かみ方を丁寧に知らせる。 ●一人一人の思いをしっかり受け止め、じっくりと関わりをもつ。
●ルールのある遊びは紙芝居や人形を用いて分かりやすく伝え、興味がもてるようにする。 ●生活の流れと場所を固定する。 ●こんなときはどうしたらよいのかと子どもに投げかけ、考えてみる機会をつくる。 ●散歩の際、街の雰囲気に触れる。また、製作を用意する。 ●個別の関わりや少人数でやり取りを楽しめる機会を設ける。 ●満足して楽しめるような素材や用具を十分に用意する。 ●季節に合った曲や、人数分の楽器を用意する。	●かくれんぼやしっぽ取り、三輪車でのお出かけごっこを楽しむ。 ●保育者の言葉を聞き、次の行動に移ろうとする。 ●気の合う友達と遊びながら、自分の思いを伝える。 ●クリスマスツリーや門松などの装飾を見たり、つくったりする。 ●質問に答えたり、経験したことを話したりする。 ●クリスマスツリー、プレゼントづくりをする（クレヨン、はさみ、のり、カラーセロハン）。 ●音楽に合わせて体を動かし、楽器（タンバリン、鈴）を鳴らす。	●継続して楽しめるよう、保育者も共に遊んで盛り上げる。 ●自分で次の行動をしようとする姿を大いにほめ、自信につなげる。 ●うまく伝えられないときは、言葉を添えるなどしてサポートする。 ●子どもの気付きに共感し、年末の雰囲気が楽しめるようにする。 ●相づちを打ちながら、じっくり話を聞き、満足感やもっと話したい気持ちがもてるようにする。 ●作品を展示し、自分でつくった満足感を味わえるようにする。 ●保育者自身が楽しみ、表現する楽しさを動きや表情で伝えていく。

⇄ 職員との連携

- 定期的に湿度、室温を確認する。役割分担をするなどして、朝夕担当の保育者とも協力しながら一日を通して快適に過ごせるようにする（11月末より、加湿空気清浄機を設置）。また、子どもの体調に留意し、気付いたことを伝え合う。

🏠 家庭との連携

- 体調を崩しやすい時期なので、連絡ノートや口頭で、健康状態について、こまめに連絡を取り合う。

🏷 評価・反省

- 一人一人の子どもの様子に合わせて、共に行動したり、見守ったりした。できたことを大いにほめていくことで自信にもなり、スムーズに動ける子がいる半面、なかなか気分がのらない子もいる。引き続き、一人一人に応じた関わりを心がけ、意欲がもてるようにしていきたい。
- 遊びでは、子どもの「やりたい」という思いに十分こたえるようにした。ルールや遊び方が分からず中断してしまうこともあったが、子どもに分かりやすく伝えたり、共に行動したりすることで、くり返し楽しむようになった。今後も興味があることを十分に楽しみながら友達と関わる楽しさも味わえるようにしたい。

1月月案 あひる組

😊 前月末の子どもの姿

- かくれんぼなどのルールのある遊びを楽しむ。
- 進んで身の回りのことをする子と、なかなか気分がのらない子がいる。
- 言葉のやり取りを楽しみ、相手に分かるように話す。

		★ 内　容
養護	生命の保持・情緒の安定	●冬の寒さに応じた生活を送り、健康で快適に過ごす。
教育	健康・人間関係・環境・言葉・表現	●全身を使う遊びや集団での簡単な遊びを楽しむ。健康 人間 ●毎日の生活の中で、次にすることが分かり、できることは自分でしようとする。健康 ●友達と関わりながら、ごっこ遊びを楽しむ。人間 ●正月遊びを楽しむ。環境 ●絵本などの再現遊びをする中で、言葉のやり取りを楽しむ。言葉 ●身近な素材や用具を使い、かいたり、切ったり、つくったりすることを楽しむ。環境 表現

1月の月案 ここがポイント！

お正月をきっかけに日本の文化に触れる

新しい年を迎え、子どもたちもはりきっていることでしょう。「今年は〇どし」という話をしながら、日本の文化にも触れられるように計画を立てましょう。

日本の昔話を絵本や紙芝居で伝え、お話の世界を十分に楽しめるようにします。鬼の出てくるストーリーは、節分につながります。ゆっくりと読み進め、お話の世界を味わいましょう。

🍴 食育

〈ねらい〉●フォークの持ち方を意識しながら、楽しく食べる。
〈環境構成〉●食べ始める前に手を添え、正しい持ち方ができるようにする。
〈予想される子どもの姿〉●自分なりにフォークを正しく持とうとする。
〈保育者の援助〉●フォークを正しく持とうとしているときには大いにほめる。また、持ちにくそうにしているときには手を添えたり、持ち方を言葉で知らせたりする。

1月 月案

◆ ねらい
- 保育者の声かけで、身の回りのことを自分でしようとする。
- ごっこ遊びや集団遊びを通して、友達との関わりを楽しむ。

📋 月間予定
- 人形劇
- 避難訓練
- 身体測定

🪑 環境構成	👧 予想される子どもの姿	👕 保育者の援助
● 加湿空気清浄機を定期的に清掃し、適切な湿度を保つ。 ● 子どもが取りやすい場所にティッシュケースとゴミ箱を置く。	● 鼻水が出たことが分かり、自分でふいたり、かんだりする。	● エアコンの設定温度に気を付け、適宜、換気を行う。 ● 鼻のふき方、かみ方を手を添えながら丁寧に知らせる。
● 遊びに必要な物やスペースを用意する。ルールのある遊びは興味に応じ、やり方を知らせる。 ● 日々、同じ流れで生活し、場所を固定する。 ● 小道具を用意し、遊びが楽しめるようにする。 ● 絵本や紙芝居を取り入れ、正月遊びを知らせる。 ● 正月遊びを準備したり、つくったりして遊ぶ機会を設ける。 ● 子どもの好きな絵本を取り入れる。 ● いつでも楽しめるように素材や用具を用意し、目に付く場所に置いておく。	● しっぽ取り、なわとび電車、かくれんぼ、宝探し、椅子取りゲームを楽しむ。 ● 次にすることが分かり、行動に移そうとする（着替え、手洗い、うがい、排泄など）。 ● 友達とごっこ遊びをする（お店屋さんごっこ、豆まきごっこ、お出かけごっこ）。 ● 凧あげ、福笑い、はねつきを楽しむ。 ● 凧をつくる。 ● 劇遊びのせりふや動きをまねる（「三匹のこぶた」「すうじの歌」）。 ● 雪の結晶、鬼の面、新聞紙の豆づくりを楽しむ（クレヨン、はさみ、のり、新聞紙、毛糸）。	● 保育者が率先して遊びを楽しみ、体を動かす楽しさを伝える。 ● なかなか取りかからない子は、そばに付いて対応する。できたことを大いにほめ、意欲につなげる。 ● 子ども同士で遊ぶ姿を見守り、必要に応じて中に入り、遊びを盛り上げる。 ● 子どもが興味を示す姿を見逃さずに誘いかけ、そばに付いて遊び方やつくり方を知らせる。 ● 保育者も遊びに加わり、再現しやすい場面を取り入れ、やり取りが楽しめるようにする。 ● 自分でつくった物を使って楽しめるよう、子どもを待たすことなく仕上げていくようにする。

⇄ 職員との連携
- 学年間で2月の3歳未満児集会に向けての内容や流れを確認し合い、スムーズに行えるようにする。

🏠 家庭との連携
- 年末年始の休み中の様子などを連絡ノートや口頭で知らせてもらい、休み明けもスムーズに園の生活に慣れるようにする。
- 食具の持ち方に興味をもち始めたことをお便りで伝えたり、個別に声をかけたりして、家庭でも取り組んでもらえるようにする。

🏷 評価・反省
- 身の回りのことを、進んで行う子、なかなか取りかからない子の差があったものの、一人一人に応じた関わりを心がけた。後者には、早めに声をかけていくことでじっくりと対応ができ、次第に友達の姿を見て自分もやろうとするようになった。適切な援助が行えたと思う。
- 必要に応じて遊びに入っていくことで、友達と一緒に一つの遊びを継続して楽しむようになった。成長を感じて嬉しく思う。引き続き、より多く友達と関わるようにしていきたい。

2月 月案

2月月案
あひる組

😊 前月末の子どもの姿

● 身の回りのことを自分でしようとする。また、友達の姿を見て、やろうとする気持ちがもてる。
● 友達と一緒の遊びを楽しむようになった。室内では、ごっこ遊びを継続して楽しんでいる。

		★ 内　容
養護	生命の保持・情緒の安定	● 外気温との温度差に適応し、健康で快適に過ごす。 ● 気持ちに共感してもらい、進級に向けて意欲をもつ。
教育	健康・人間関係・環境・言葉・表現	● 全身を使う遊びや、集団での簡単な遊びを楽しむ。健康 人間 ● 生活の見通しをもち、できることは自分でしようとする。健康 ● 友達と積極的に関わりながら、相手にも思いがあることを知る。人間 ● 冬の自然に親しむ。環境 ● 絵本などの再現遊びをする中で、言葉のやり取りを楽しむ。言葉 ● 身近な素材や用具を使い、かいたり、切ったり、つくったりすることを楽しむ。環境 表現

2月の月案 ここがポイント！

友達との関わりを大切に育てる

クラスの友達とのつながりも深くなり、それぞれの子どもの育ちを感じられる時期です。一つ一つのことに自信がもてるように関わることが大切です。

霜柱や氷などの冬の自然に触れ、息が白くなることや、冬ならではの事象を楽しみましょう。

🍚 食　育

〈ねらい〉● 食事のマナーを知り、保育者や友達と楽しく食べる。
〈環境構成〉● 食事のマナーについて、分かりやすい本を取り入れる。
〈予想される子どもの姿〉● 食事のマナーを知り、やり取りしながら食べる。
〈保育者の援助〉● 保育者も一緒に会話を楽しみ、状況に合わせて必要なマナーを知らせる。

◆ ねらい

- 身の回りのことなど、自分でできた満足感を味わう。
- 自分から友達と関わりをもち、楽しく遊ぶ。

📋 月間予定

- 節分
- 避難訓練
- おもしろホール遊び
- 3歳未満児集会
- 身体測定

2月 月案

🪑 環境構成	😊 予想される子どもの姿	👕 保育者の援助
●加湿空気清浄機を定期的に清掃し、適切な湿度を保つ。 ●大きくなる喜びが味わえるような話を取り入れる。	●進級への期待をもつ。	●エアコンの設定温度に気を付け、適宜、換気を行う。 ●思いを受け止め、楽しみを伝え、期待がもてるようにする。
●遊びに必要な物やスペースを用意する。ルールのある遊びは事前にやり方を説明する。 ●次の活動が何か、視覚的に分かるように場づくりする。 ●遊びなどを通して、友達とのやり取りを楽しんだり、相手の思いに気付いたりする場面をつくる。 ●散歩に出かけるなど、自然に触れられる機会を多くつくる。 ●くり返しのやり取りがある絵本を取り入れる。 ●いつでも製作を楽しめるように素材や用具を準備し、コーナーを設ける。	●かくれんぼ、ボール蹴り、なわとび電車、宝探し、椅子取りゲーム、豆まきごっこを楽しむ。 ●生活の流れが分かり、身の回りのことをしようとする。 ●友達との関わりの中で、相手の思いを知る。 ●霜柱を踏んだり、触ったりする。 ●「ハァー」と息を吐く。 ●せりふや動きをまねる（「三匹のこぶた」「大きなカブ」「すうじの歌」）。 ●やりたい思いを伝え、かいたり、切ったり、はったり、折ったりする（クレヨン、はさみ、のり、シール、折り紙）。	●必要に応じてルールを知らせ、体を動かす楽しさ、集団で遊ぶ楽しさが味わえるようにする。 ●自分でしようとする姿を見守り、できたことを大いにほめ、満足感が味わえるようにする。 ●子どもが互いに思いを出し合っているときは共感し、相手の思いを意識できるようにする。 ●子どもの気付きに共感し、興味が広がるように声をかけたり、遊びに誘ったりする。 ●共に遊びながら、イメージしやすい動きや言葉を投げかける。 ●やりたいという思いを受け止め、そばに付いたり、くり返し楽しめるようにしたりする。

⇄ 職員との連携

- 進級に向けての取り組みについて学年間で確認し、共通理解の下、段階を経て進める。

🏠 家庭との連携

- 進級に向けての取り組みをお便りなどで知らせ、必要な物（カバン、コップ袋、上履き、教材など）を準備してもらう。

🏷 評価・反省

- 身の回りのことにおいては、次の活動を事前に知らせ、見通しをもって生活できるようにした。自分でしようとする姿を見守り、できたことを大いにほめることで、満足感を味わい、また、進級に向けた言葉が意欲にもつながり、頑張ろうとする姿が見られた。引き続き、関わりを大切にしていきたい。
- 遊びの面では、子どもの姿を見守り、必要に応じて遊びに加わるなどして盛り上げた。自分の思いだけで遊ぼうとしてトラブルになることもあるが、子どもの様子を見極め、タイミングよく遊びから抜けたことで、次第に子ども同士で声をかけて遊べるようになった。引き続き、状況に合わせて対応したい。

3月 月案

3月月案 あひる組

前月末の子どもの姿
- 進級に向けた言葉をかけられると、身の回りのことなど、頑張ろうとする姿が見られる。
- 自分の思いだけで遊ぼうとすることもあるが、子ども同士でも声をかけ合い遊んでいる。

★ 内容

	内容
養護 生命の保持・情緒の安定	●春に向かう季節の変化に応じた生活を送り、健康で快適に過ごす。 ●進級に向けての意欲をもつ。
教育 健康・人間関係・環境・言葉・表現	●生活の見通しをもち、できることは自分でしようとする。【健康】 ●友達と積極的に関わりながら、相手にも思いがあることに気付く。【人間】 ●散歩に出かけ、春を感じる。【環境】 ●絵本や劇遊びの中で、言葉のやり取りを楽しむ。【言葉】 ●経験したことや興味のあることを遊びの中に取り入れて楽しむ。【表現】

3月の月案 ここがポイント！

自信をもって、進級を迎えられるように

進級を目の前に、大きくなったことを実感できる季節です。努力している姿を認め、相手の気持ちをくんだ言動はほめていきましょう。

木の芽やつぼみなど、春のきざしがあちこちにあります。子どもと共に発見し、春が来る喜びを共有しましょう。

また、このクラスで過ごした一年が楽しかったと感じられるように、歌や体操を振り返ってやってみるのもいいでしょう。

食育

〈ねらい〉●食事のマナーを知り、保育者や友達と楽しく食べる。
〈環境構成〉●席の場所を替えてみるなどして、いろいろな友達との会話を楽しめるようにする。
〈予想される子どもの姿〉●食事のマナーを知り、やり取りしながら食べる。
〈保育者の援助〉●楽しく会話しながらも食事が進むように声をかけ、満足してごちそうさまができるようにする。

3月 月案

◆ ねらい
- 自分でできる喜びを感じながら、身の回りのことをしようとする。
- 自分から友達に関わりをもち、楽しく遊ぶ。

📋 月間予定
- ひな祭り
- お別れ会
- 避難訓練
- 懇談会
- 身体測定

🪑 環境構成	👧 予想される子どもの姿	👕 保育者の援助
●ロッカーの衣服を確認し、必要に応じて、適する衣服を保護者に知らせる。 ●3歳児保育室で遊んだり、生活したりする機会を設ける。	●着替えをする。 ●進級への期待をもって過ごす。また、できることは進んでしようとする。	●風通しをよくし、気温や気候、体調に合わせた衣服に着替えられるよう声をかける。 ●進級の話をする中で、子どもの期待に共感し、頑張ろうとする姿を大切に受け止める。
●次の活動を事前に知らせ、期待や見通しがもてるようにする。 ●遊びなどを通して、友達と関われる場面をつくる。 ●日ざしが暖かい日や春風を感じられる日を逃さず、散歩に出かける時間を取る。 ●イメージしやすい内容の絵本を取り入れる。 ●再現遊びにつながる用具や、面などを準備する。	●生活の流れが分かり、身の回りのことをする。 ●友達との関わりの中で、相手の思いに気付く。 ●木の芽やつぼみ、タンポポやチューリップを見付けて喜ぶ。 ●絵本のせりふや動きをまねて遊ぶ（「三匹のこぶた」「大きなカブ」「森のおふろ」「にんじんごぼうだいこん」）。 ●お店屋さんごっこ、病院ごっこをする。	●一人一人のできたことを認めて、大いにほめ、自分でできる喜びや自信がもてるようにする。 ●必要に応じて保育者も遊びに加わりながら、友達の気持ちや関わり方を丁寧に伝える。 ●子どもの気付きに丁寧に応じ、自然の変化に気付けるように声をかける。 ●イメージを共有して楽しめるよう、分かりやすい言葉で投げかけ、遊びをゆっくり展開する。 ●子どもの話をよく聞き、経験したことを再現して楽しめるよう、場面づくりを行う。

⇄ 職員との連携
- 現3歳児担任との話し合いの場を設け、4月の様子や生活の流れなどを確認する。
- 一人一人の子どもの状況を担任間で共通理解し、新担任へ引き継ぐ。

🏠 家庭との連携
- 懇談会を通じて子どもの一年の成長を共に喜び、3歳児の保育者の体制や生活、保育室の使い方を知らせ、安心して進級を迎えられるようにする。

🏷 評価・反省
- 一人一人に合わせて声かけや援助を行うことで、自分でできることが増え、また、やってみようとする意欲が見られるようになった。進級に向けての話を生活の中で随時取り入れたことが、子どもの期待や意欲につながり、よかったと思う。ねらいの「自分でできる喜び」より、「進級への期待を感じながら」生活に必要な活動を促すほうが、子どもの姿に合っていたと思う。
- 友達の気持ちや関わり方を丁寧に伝えた。次第に子ども同士でやり取りしながら遊びを展開するようになり、友達と十分に関わりを楽しみながら遊ぶことができたと思う。

4月 月案 文例

新しい環境に慣れて安定して過ごせるよう、一人一人に丁寧にゆったりと関わることを心がけましょう。

今月初めの子どもの姿

- 新しい環境に戸惑い、登園時から泣いてしまう子もいるが、しばらくすると泣きやみ、少しずつ落ち着いて遊べる。
- 新しい担任の声かけに「嫌」と言って、持ち上がりの担任を求めることが多い。
- 汚れ物の片付けに、戸惑いや入れ間違いが見られる。

ねらい

- 保育者に不安や欲求を受け止めてもらいながら、安心して生活する。
- 新しい環境や保育者、友達に慣れて、安心して生活する。
- 保育者に見守られながら、自分の好きな遊びを楽しむ。
- 保育者と一緒に好きな遊びを楽しむ。

内容

【養護】
- 新しい環境での不安な気持ちを受け止められ、安心して過ごす。
- 保育者との信頼関係を築き、安心して過ごす。

【教育】
- 新しい生活の場所や園生活のリズムに慣れる。 健康
- 自分の好きな遊びを見付け、保育者や友達と一緒に楽しむ。 人間
- 春の自然に触れながら、戸外で伸び伸びと体を動かして遊ぶ。 環境
- 落ち着いた雰囲気の中で安心して眠る。 健康
- してほしいことを、言葉で伝えようとする。 言葉
- リズミカルな音楽に合わせ、手をたたいたり、体を揺らしたりして楽しむ。 表現

環境構成

【養護】
- 安心して生活できるよう、ゆったりとした生活リズムをつくり、雰囲気づくりをする。
- 一人になれる空間をつくる。

【教育】
- 個人のロッカーや靴箱、テーブルの席などに個人マークをはり、自分の場所が分かるようにしておく。
- 一人一人が好きな遊びを見付けられるように、ままごと、絵本、ブロックなどのコーナーを設定する。
- 子どもの興味や発達に見合った玩具を用意する。
- 戸外で遊ぶ際には、シャベルやボールなどを用意しておく。
- 一人一人のリズムに合わせ、休息できる場所を確保する。

予想される子どもの姿

【養護】
- 安心して過ごせる子、新しい環境に戸惑い不安になる子がいる。
- 不安になり泣いてしまう。
- できることもやってもらいたがったり、持ち上がりの担任を求めたりする。

【教育】
- 自分のマークに興味を示し、身支度をしようとする。
- 室内や園庭で好きな遊びを楽しむ(ままごと、絵本、ブロック、砂遊び、滑り台、三輪車)。
- 保育者の子守歌を聞きながら、安心して眠る。
- 花(タンポポ、チューリップ)を見たり、虫(アリ、ダンゴムシ)を捕まえたりする。
- 追いかけっこを楽しむ。

保育者の援助

【養　護】
●一人一人の不安や欲求を受け止め、スキンシップを十分に図りながら、信頼関係が築けるようにする。
●甘えも受け止めながら、一人一人に丁寧に援助や声かけを行い、安心して過ごせるようにする。
●一人一人の気持ちを優しく受け止め、安心感がもてるようにする。

【教　育】
●子どもが見通しをもって行動できるように、分かりやすい言葉でくり返し伝える。
●保育者も一緒に遊びを楽しみ、安心して遊べるようにする。
●保育者も一緒に遊びながら、遊び方や楽しさを知らせる。
●遊びが見付けられない子や不安そうにしている子に対しては、声かけをして誘ったり、一緒に遊んだりして楽しめるようにする。
●遊びの行動範囲が広がるので、常に子どもの居場所や姿を確認し、危険がないようにする。
●子どもが興味を示す遊びを保育者も共に楽しみながら、体を動かす楽しさ、心地よさが味わえるようにする。
●子守り歌を歌ったり、背中をさすったりして、一人一人に合わせた関わりを行い、安心して眠りにつけるようにする。

 食育

〈ねらい〉●安心できる環境の中で、楽しく食事をする。
〈環境構成〉●一人一人に口ふきを用意する。
●時間を十分に取り、楽しい雰囲気づくりをする。
〈予想される子どもの姿〉●こぼしながらも、手づかみやフォークを使って食べようとする。
〈保育者の援助〉●安心できる保育者がそばに付き、優しく言葉をかけながら、楽しく食べられるようにする。
●無理強いすることなく進め、満足して終われるようにする。

 職員との連携

●前年度の担任と連絡を取りながら、一人一人に合わせた対応ができるようにする。
●担任間で役割分担について話し合い、クラス運営がスムーズに行えるようにする。
●時間外担当の保育者と連絡を密に取り合い、共通認識をもって保育に当たる。

 家庭との連携

●登園時の声かけや、連絡ノートを通して子どもの様子をくわしく知らせていき、保護者に安心感をもってもらえるようにする。
●懇談会で、子どもの様子や2歳児の発達を知らせ、園と家庭で共に子育てする意識をもてるようにする。

評価・反省

●前担任と連携を図り、子どもの様子を聞きながら関わっていったことで、子どもも新しい環境に慣れ、安心して過ごせるようになった。また、担任間で一人一人の対応の仕方や、生活の流れをそのつど細かく話し合ってきたことで、落ち着いて過ごせていると感じる。
●子どもの姿に合わせ、環境設定を変えたことで、一人一人が好きな遊びを楽しむ姿が見られた。引き続き、この環境の中で保育を行いたい。
●新しい環境に不安や緊張している姿も見られたが、持ち上がりの担任が主となり、気持ちを受け止め、ゆったりと関わる時間を大切にした。徐々に新しい担任とのやり取りも増え、安心して過ごせるようになってきたと思う。
●子どもが十分に遊びを楽しめるよう、一人一人の興味のある遊びを共に楽しんだ。遊びが見付からない子、不安そうにしている子に対しては、保育者が声をかけ、誘いかけていくことで、次第に自分で遊びを見付け、楽しめるようになった。引き続き、無理強いすることなく誘いかけ、遊びの楽しさが味わえるようにしたい。

5月 月案 文例

新しい環境にも慣れてきて、個々に自分の好きな遊びを見付け始める時期です。
じっくり遊べるように配慮しましょう。

月案文例 → P078-P079
5月の月案文例

前月末の子どもの姿

- 新しい環境に慣れ、保育者と一緒に遊んだり、自分の好きな遊びを見付けたりして、楽しむ姿が見られる。
- 自分の持ち物やロッカーに興味を示し、片付けや身支度を自分でやってみようとする。
- 自分の好きな遊びをくり返し楽しんだり、友達の遊びに興味を示したりする姿が見られる。
- 新しい環境や新担任に慣れ、登園時に泣いたり、不安になったりする様子は見られない。
- 保育室の使い方が分かり、戸惑いが少ない。

ねらい

- 保育者やクラスの友達にも少しずつ慣れて、安心して生活する。
- 簡単な身の回りのことを、保育者と一緒にやろうとする。
- 保育者に見守られながら、好きな遊びを楽しむ。

内容

【養護】
- 様々な気持ちを優しく受け止めてもらい、安心して過ごす。

【教育】
- 自分の持ち物やロッカーが分かり、保育者に手伝ってもらいながら身支度するなど、生活の仕方を知る。 健康
- 保育者に手伝ってもらいながら、帽子、靴下、靴などの外遊びの身支度を自分でしようとする。 健康
- 友達と戸外で十分に体を動かして遊んだり、季節の草花や虫などを見付けたりして遊ぶ。 人間 環境
- 草花や虫に触れたり、体を動かしたりして遊ぶ。 環境
- 保育者と一緒に歌ったり、絵本を見たりすることを楽しむ。 言葉 表現
- 保育者と一緒にトイレに行く。 健康

環境構成

【養護】
- ゆったりとした生活リズムや雰囲気づくりをする。
- 話が聞けるよう、一対一の関わりを十分にもつ。
- 健康観察を丁寧に行う。

【教育】
- 子どもが出し入れしやすいように、ロッカーを整える。
- 着替えのコーナーを設定する。
- トイレは常に清潔に保っておく。
- 体を動かして楽しむ遊びを取り入れる。
- 散歩に行く機会を設ける。
- 散歩時に手をつなぐペアを、事前に考えておく。
- 散歩の経路、道、公園の状況を把握し、安全面の確認を行う。
- 年齢や季節に合った曲を選んだり、子どもの興味に合わせて本棚に出す絵本を入れ替えたり、冊数を調節したりする。

予想される子どもの姿

【養護】
- 保育者のそばで安心して過ごす。
- 新しい環境の疲れから、体調を崩す子がいる。

【教育】
- 自分の持ち物やロッカーが分かるようになり、片付けや身支度をしてみようとする。
- 戸外で体を動かして遊ぶ（三輪車、滑り台、追いかけっこ）。
- 草花や虫を見付け、つんだり、捕まえたりする（タンポポ、アリ、ダンゴムシ）。
- 季節の歌を歌ったり、手遊びをしたりするのを喜ぶ。
- 複数の友達と楽しんで絵本を見る。
- 保育者と一緒にトイレに行く。
- 便座に座り、排尿をする。

保育者の援助

【養護】
- 一人一人の健康状態を把握し、体調の変化が見られたときには適切に対応する。
- 一人一人の気持ちを察し、不安や欲求に丁寧に応じ、スキンシップを十分に図る。

【教育】
- 一人一人に応じて見守ったり、励ましたりしながら、自分でやってみようとする意欲がもてるようにする。
- 自分でしようとする気持ちを大切にし、励ましたり手助けをしたりしながら、一人一人に合わせた援助を行う。
- 散歩に出かける際は、歩くペースや足元の段差などに留意する。
- 身近な草花や虫に興味がもてるよう、子どもの発見や驚きに共感する。
- 戸外では、子どもの興味に応じた活動が安全に行えるよう、保育者の配置に留意する。
- 保育者も一緒に体を動かして遊びながら、興味がもてるような言葉をかけ、誘いかける。
- 歌や手遊びは、ゆっくり丁寧に行い、発達段階に合わせた指先の動きを考えて取り入れていく。
- 無理強いすることなく誘いかけ、トイレに行こうとする気持ちを大切にする。成功したときには大いにほめ、自信がもてるようにする。

 ## 食育

〈ねらい〉●楽しい雰囲気の中で食事をする。
〈環境構成〉●ゆったりとした雰囲気づくりをする。
〈予想される子どもの姿〉●こぼしながらも手づかみやフォークを使って食べようとする。
〈保育者の援助〉●一人一人に応じた援助を行い、自分で食べようとする気持ちがもてるようにする。

 ## 職員との連携

- 散歩に出る際には、クラス間で事前に目的地や経路を確認する。また、遠足の流れなどを話し合う。
- 遊びの行動範囲が広がるので、危険がないよう、職員の配置や遊具の使い方のルールなどを決め、共通理解の下で対応する。

 ## 家庭との連携

- 連休明けは、疲れから体調を崩しやすくなるので、健康状態について十分に連絡を取り合う。
- 天候によって衣服の調節ができるよう、各家庭でロッカーの衣服を確認し、補充をしてもらう。
- 園外保育についてのお知らせ文を掲示し、登園時刻などに留意してもらう。

評価・反省

- 担任間で連携を図って対応していったことで、一人一人が安心して過ごし、クラスも全体的に落ち着いて過ごせたと思う。
- 身の回りのことについての声かけや、保育者の動きについての話し合いをもったので、子どもにも分かりやすく伝えられ、混乱なくできてよかった。中には、興味を示さない子もいるので、無理強いすることなく進めていきたい。
- 散歩の機会を多くもち、子どものペースを考えて歩く経験を重ねた。遠足も無理なく楽しめ、虫探しなどの好きな遊びを十分に楽しむ機会をもてたと思う。
- 連休や気温の変化などで疲れが出たり、体調の崩れが見られたりする子もいるが、保護者と担任間で日々、子どもの様子を伝え合い、ゆったりと過ごせるようにしたことで、大きな体調の崩れがなく過ごすことができてよかった。
- 絵本の入れ替えについては、担任の意識が薄く、よりよい環境設定を行うには至らなかった。翌月からは意識をもって行いたい。

6月 月案 文例

雨も子どもにとっては格好の遊び道具。窓ガラスの雨粒を手で追ったり、水たまりで遊んだり、子どもにとって発見の連続です。

月案文例 → P080-P081
6月の月案文例

前月末の子どもの姿

- 急に暑い日が多くなったが、大きな体調の崩れはなく、元気に過ごす。
- 生活の仕方や流れが少しずつ分かるようになり、スムーズに行える子が多い。
- 身の回りの片付けや身支度など、保育者に手伝ってもらいながら行っているが、興味を示さない子もいる。
- 戸外では虫探しや追いかけっこなどを楽しむ姿が多く見られる。

ねらい

- 梅雨期の保健衛生に留意した環境の中で、快適に過ごす。
- 簡単な身の回りのことに興味をもって、自分からやろうとする。
- 保育者や友達と一緒に好きな遊びを楽しむ。

内容

【養護】
- 健康状態を把握してもらい、水分をとったり衣服の調節を促されたりしながら、健康に過ごす。

【教育】
- 保育者に手伝ってもらったり、促されたりしながら、身の回りのことを自分でしようとする。健康
- 保育者や友達と一緒に、体を動かすことを楽しむ。人間
- 保育者と一緒にトイレに行き、排尿する。健康
- 自分の思いを、簡単な言葉で伝えようとする。言葉
- 用具や遊具を使って、友達と一緒に好きな遊びを楽しむ。人間 環境
- 自然物を見たり、触れたりする。環境 表現

環境構成

【養護】
- 口頭や連絡ノートを通して、健康状態を把握する。
- 休息が取れるスペースを確保する。
- いつでも水分補給が行えるよう準備しておく。

【教育】
- スムーズに身支度に取り組める動線を考え、スペースや時間を確保する。
- 巧技台やマット、体操、机上遊びなど、活動内容に合わせた用具、遊具を十分に用意する。
- 遊びに変化が付くように、保育室を開放する。静と動の遊びの空間を分ける。
- 栽培している野菜に興味がもてるよう、絵本や図鑑を用意する。
- 室内でも十分に体を動かせるようなスペースを確保する。
- 子どもの語彙(い)が増えるような、絵本や紙芝居を取り入れる。

予想される子どもの姿

【養護】
- 保育者に声をかけられ、水分補給や着替えをする。

【教育】
- 保育者に手伝ってもらったり、促されたりしながら、身の回りのことを自分でしようとする。
- 友達と一緒に、巧技台やマットを使って、一本橋、はしご渡りを楽しむ。
- パズル、ひも通し、フェルト遊びを楽しむ。
- ままごと、ブロック遊びをする。

保育者の援助

【養護】
●気温や活動に応じて、衣服の調節や水分補給を行う。また、風通しをよくし、除湿を行い、気持ちよく過ごせるようにする。

【教育】
●自分でしようとする気持ちを大切にし、励ましたり、必要に応じて援助したりする。また、興味を示さない子には無理強いすることなく声をかけ、徐々に進める。
●用具の量や種類を増やしたり、遊び方を変えたりして、もっと遊びたいという気持ちがもてるようにする。
●「貸して」「いいよ」「ありがとう」など、遊びの中で必要な言葉を保育者が使って、見本となる。
●保育者も一緒に水やりしながら、野菜の生長を喜び合う。また、子どもの気付きに共感したり、新たな発見を共に楽しんだりして、より興味がもてるようにする。
●保育者が見本を示し、一緒に遊ぶ中で体を動かす楽しさを伝える。
●排泄の間隔やタイミングを見ながら、トイレに誘いかけ、成功したときには大いにほめ、自信がもてるようにする。
●子どもの気持ちに寄り添いながら、その場に合った言葉をくり返し伝える。

食育

〈ねらい〉●栽培している野菜の生長を知り、喜ぶ。
〈環境構成〉●野菜の絵本や子ども用じょうろを用意し、水やり当番を決める。
〈予想される子どもの姿〉●野菜の生長を見たり、水やりをしたりする。
〈保育者の援助〉●プランターに誘って生長を知らせるなど、興味がもてるようにする。

職員との連携

●天候により室内で過ごすことが増えるので、合同で2クラス分の保育室を使って遊べるようにするなど、活動内容や職員の動きなどを事前に話し合っておく。
●梅雨時期の衛生管理について話し合い、共通理解の下で適切に対応できるようにする。
●保育参観の内容や手順について、それぞれの役割分担をしておく。

家庭との連携

●気温に合わせて調節できるように、半袖と長袖の両方の衣服をロッカーに用意してもらう。
●保育参観を通して園での様子を知ってもらい、その後のやり取りの中から信頼関係を深めていく。
●保育参観を通して園での様子を知ってもらい、連絡ノートや保護者とのやり取りの中で、成長の喜びを共有できるようにする。

評価・反省

●その日の天候や気温や湿度に合わせて、換気や衣服を調節し、水分補給を行うことで、快適に過ごせる環境を整えることができた。
●蒸し暑い日も多かったが、湿度や衣服の調節、水分補給を心がけたことで、体調を崩さずに過ごすことができた。
●次の活動に期待や見通しがもてるような声をかけることで、意欲的な姿が多く見られた。引き続き、適切な言葉かけをしていきたい。
●雨の日だけでなく、室内で過ごす際には2クラスを合同で開放し、静と動の遊びが十分に楽しめるよう、クラス間の連携を図った。様々な用具や遊具に触れ、そばにいる友達や保育者と楽しむことができてよかった。
●野菜の栽培前の準備が十分にできず、一人一人が生長を楽しみにするには至らなかった。戸外では虫探しや苗植えなどの機会を多くもてるようにした。野菜の生長を含め、子どもの興味を広げていけるような投げかけや取り組みを、今後も検討していきたいと思う。

7月 月案 文例

そろそろ水遊びが始まります。水遊びが好きな子もいれば、苦手な子もいます。無理なく楽しめるように配慮しましょう。

前月末の子どもの姿

- 季節の変わり目でも、体調を崩すことなく元気に過ごしている。
- 次の活動に期待をもちながら、身の回りのことに積極的に取り組む姿が多く見られる。
- 友達同士の関わりが見られるようになり、好きな遊びを友達と一緒に楽しんでいる。
- そばにいる友達と、巧技台遊びを楽しみ、気に入った遊具でくり返し遊ぶ。
- 先月に引き続き、戸外では虫探しを楽しむ姿が多く見られる。

ねらい

- 夏季の保健衛生に留意した環境の中で、快適に過ごす。
- 衣服の着脱など身の回りのことを自分でやろうとする。
- 水遊びなどの夏ならではの遊びを十分に楽しむ。

内容

【養護】
- 適宜、水分や休息を取りながら、健康に過ごす。

【教育】
- 保育者に声をかけられて、身の回りのことを自分でしようとする。 健康
- 水、砂、泥などの感触を楽しむ。 環境 表現
- 友達と一緒に遊ぶ中で、自分の思いを伝えようとする。 人間 言葉
- 保育者と一緒にトイレに行き、排尿する。 健康

環境構成

【養護】
- 水分補給がいつでも行えるように準備し、休息が取れるスペースを確保しておく。
- 清拭、シャワーの準備をして、スムーズに行えるようにする。

【教育】
- 次の活動に期待がもてるように声をかける。
- 身の回りのことにスムーズに取り組めるように、場所を固定し、事前に流れを伝えておく。
- シャワー時には足元にマットを敷くなど滑りにくくして、水遊びの玩具を十分に用意しておく。また、タープを張り、紫外線防止に留意する。
- 体調不良などで、水遊びのできない子のための遊びを設定する。
- やり取りの中で、必要な言葉を子どもと確認する機会を設けたり、内容に見合った絵本を取り入れたりする。
- トイレのスリッパをそろえてはきやすくする。
- 戸外遊びが十分できるような時間を確保する。

予想される子どもの姿

【養護】
- 清拭やシャワーをし、水分をとり、休息を取る。
- 疲れてゴロゴロする。早めに眠くなる。

【教育】
- 保育者に手伝ってもらいながら、身の回りのことを自分でしようとする。
- 水や砂、泥に触れて、遊ぶ（水鉄砲、団子づくり、見立て遊びなど）。
- 自分の思いを言葉で伝える。
- 自分から進んで、トイレに行く。
- 便座に座る。
- 自分でズボンをおろして排尿する。

保育者の援助

【養護】
●水遊び後の体調の変化に気を付け、適宜、水分補給や休息が取れるようにする。また、風通しをよくしたり、エアコンを使用したりして室温調節を行う。

【教育】
●身の回りのことを自分でしようとする姿を大切に見守り、できたときには大いにほめ、満足感が味わえるようにする。
●水や泥を嫌がる子には、保育者自身が楽しそうに遊ぶ様子を見せたり、そばに付いたりして無理なく遊びを楽しめるようにする。
●体調不良の子も楽しく過ごせるように他クラスと連携を図り、遊びに幅をもたせるようにする。
●子どもの動きに留意し、安全に楽しく遊べるようにする。
●子どもの気持ちに寄り添いながら、その場に合った言葉を投げかけ、知らせていく。
●排尿の間隔やタイミングを見ながらトイレに誘い、成功したときには大いにほめ、自信につなげる。

食育

〈ねらい〉●食材に興味をもち、喜んで食べる。
〈環境構成〉●野菜の生長を見る機会を多くつくる。
〈予想される子どもの姿〉●知っている食材の名前を言って、喜んで食べる。
〈保育者の援助〉●子どもの興味に合わせて丁寧に声をかけたり、共感したりして、楽しく食べられるようにする。

職員との連携

●夏の遊びの中で気を付けなければいけないことを職員間で確認する。また、職員の配置や役割分担を事前に話し合っておく。
●水遊びのできない子も楽しめるように他クラスと声をかけあって交流し、玩具や保育室の貸し借りを行う。
●夏に多い感染症の早期発見に努め、看護師と連絡を十分に取り合い、適切に対応する。

 家庭との連携

●夏に多い皮膚疾患や感染症について知らせ、肌の状態に留意してもらう。
●夏の遊びが十分に楽しめるよう、体調管理や持ち物の用意などの協力をお願いする。
●汗をかいたり、水や泥遊びで汚れたりするので、着替えを多めに用意してもらう。
●暑さのため疲れやすくなるので、早めに就寝するなど休息が十分に取れるように留意してもらう。また、その日の健康状態を口頭や連絡ノートを通して、細かく伝え合う。

 評価・反省

●蒸し暑い日が続いたが、こまめに水分補給を行い、清拭、シャワーを取り入れたことで、快適に過ごせる環境を整えられた。引き続き、暑い夏を快適に過ごせるように水分補給し、夏の遊びを適宜取り入れたい。
●身の回りのことにおいては、前月に引き続き、期待や見通しがもてる声かけを大切にした。できるところは自分でやろうとする姿が多くなり、適切な関わりがもてたと思う。
●水遊び、シャワーが始まったが、学年間で連携を図り、安全に進めることができた。今後は、水遊びの内容に変化をもたせ、より楽しめるようにしていきたい。
●梅雨の時期で、蒸し暑い日が多く、こまめに水分補給を行ったが、熱が出たり、咳や鼻水の症状が見られたり、体調を崩す子もいた。梅雨は明けたが、これからも暑い日が続くので、引き続き気温や湿度に気を付け、適宜、水分や休息を取るなど、快適に過ごせるようにしたい。

8月 月案 文例

暑い日も元気な子どもたちです。水遊びでは、ペットボトルなどの空き容器やじょうろを使ってジュース屋さん遊びが盛り上がります。

前月末の子どもの姿

- 手足口病にかかる子がいたが、大きく体調を崩すことはなく、みんな元気に過ごす。
- 水遊び後の着替えや後始末など、自分でできることは進んでやってみようとする姿が多く見られる。
- 水がかかるのを嫌がる子も、離れたところで水遊びを楽しむなど、自分のやりたい遊び方で水に触れ、楽しんでいる。
- 保育者の声かけでプールバッグを用意したり、着替えを行おうとしたりする姿が見られる。
- 水遊びでは、意欲的に楽しむ子と、あまり積極的ではないが保育者と一緒なら楽しめる子がいる。

ねらい

- 夏季の気候に慣れ、快適に過ごす。
- 保育者の声かけで、できることは自分でしようとする。
- 水を使うなど、夏ならではの遊びを楽しむ。

内容

【養護】
- 適宜休息を取り、水分補給しながら、健康に過ごす。
- 自分の生活リズムや健康状態に合わせて適宜水分や休息を取り、快適に過ごす。

【教育】
- 自分でできる身の回りのことは進んでやってみようとする。健康
- 水、砂、泥などの感触を味わいながら、夏ならではの遊びを十分に楽しむ。環境 表現
- 友達と遊ぶ中で簡単な言葉のやり取りをする。人間 言葉
- 保育者の声かけで、トイレに行って排尿する。健康
- 夏の日射しや水のきらめきなどを感じる。環境 表現

環境構成

【養護】
- 水分補給や休息ができる場所を設定し、無理なく過ごせるようにする。
- 口頭や連絡ノートを通して、健康状態を把握する。

【教育】
- 着替えのスペースを十分に確保し、ゆったりと取り組めるようにする。
- 遊びが広がるような素材や教材を用意する(布、絵の具、筆、野菜など)。
- シャワー時には足元にマットを敷き、滑らないようにする。また、タープを張り、紫外線を防ぐ。
- 言葉のやり取りが楽しめるような遊びを設定し、必要な玩具を用意する。
- トイレは常に清潔に保っておく。
- 内容に合った絵本を用いるなどして、トイレ使用についての話をする機会を設ける。

予想される子どもの姿

【養護】
- 疲れてゴロゴロしたり、不機嫌になったりする。
- 午睡が終わってもなかなか起きられない。
- 水分や休息を取る。

【教育】
- 自分でできる身の回りのことは、進んでやってみる。
- 野菜スタンプや、ボディーペインティングを楽しむ。
- 洗濯ごっこや、ジュース屋さんごっこを楽しむ。
- 遊びの中で、簡単な言葉のやり取りをする。
- 声をかけられ、トイレへ行く。
- 排尿できたことを保育者に知らせる。
- 砂や泥に触れる。

保育者の援助

【養護】
●水遊び後は着替えると、さっぱりと気持ちよくなることを知らせる。

【教育】
●身の回りのことで、できないところはさり気なく手伝い、自分でしようとする姿やできたことを大いにほめ、自信がもてるようにする。
●保育者も一緒に遊びを楽しみながら、子どものイメージや見立てを大切にし、それぞれの遊びの楽しさを共感する。
●水遊びの約束事をそのつど伝え、保育者も共に楽しむ。
●子ども同士のやり取りを見守り、必要に応じて言葉を添えるなどして仲立ちする。
●自分でトイレで排尿できたことを大いにほめ、自信と共に習慣が身に付くようにする。

 食育

〈ねらい〉●楽しい雰囲気の中で、自分で食べようとする。
〈環境構成〉●食事前に水分をとったり、室温設定に留意したりして、気持ちよく食べられるようにする。
〈予想される子どもの姿〉●フォークを使って自分で食べようとする。
●食欲が落ち、食事が進まない。
〈保育者の援助〉●一人一人の食欲に応じて、量を加減する。

 職員との連携

●一人一人の健康状態や連絡事項を伝え合い、朝夕担当の保育者とも連絡を十分に取りながら、一日を通して安定して過ごせるようにする。
●夏休みで担任不在になることもあるため、他の職員と子どもの状態や動きについて確認し合う。
●夏の生活の流れ、職員の配置、役割分担や子どもへの声のかけ方など、担任間で日々確認や見直しを行う。
●夏に多い感染症の早期発見に努め、看護師と共に適切な対応を行う。

 家庭との連携

●暑さのために疲れやすくなるので、健康状態を細かく伝え合い、家庭でも十分に休息が取れるように留意してもらう。
●夏休みを取る家庭もあるので、休み中の過ごし方や生活リズムについての情報交換をする。

 評価・反省

●暑い日が続き、疲れを見せる子もいたが、十分な休息や水分補給を行ったことで、体調を崩すことなく過ごすことができた。
●身の回りのことにおいては、できたことを大いにほめることが自信につながり、スムーズにできるようになっている。今まで積み重ねてきたことを土台に、新しいことに対してもクラス間で共通理解しながら進めていきたい。
●夏の遊びでは、様々な素材や教材を取り入れたことで遊びも広がり、十分に遊びを楽しむことができた。
●水遊びでは、安全面に留意し、無理強いすることなく進めた。水がかかるのが苦手な子も徐々に水に慣れ、楽しむことができてよかった。
●身の回りのことを自分でやろうとする姿を見守り、意欲につながるような声かけをした。スムーズに行えるようになっているので、今後も一人一人の様子を見ながら進めたい。
●暑さが厳しくなり、体調を崩しやすい時期でもあったので、家庭と連絡を取りながら、一人一人の体調や様子を把握し、ゆったりと過ごせるようにした。体調を崩す子どもも少なくてよかった。引き続き対応をしていきたい。
●登園後、体調不良が見られたときには水遊びを控え、とびひの子は最後にシャワーを使うなど、一人一人の体調に合わせて対応したことで、保健衛生や健康に十分留意することができたと思う。
●水遊びでは、様々な素材や教材を用意したことで、洗濯ごっこやジュース屋さんごっこなどの遊びの楽しさも味わえてよかった。今後も、遊びが広がるような関わりを大切にしていきたい。

9月 月案 文例

厳しい暑さも少しずつ遠のき、涼しい風が心地よい季節です。
運動会に向けての準備も始まります。

前月末の子どもの姿

- 長い休み明けでも園での生活の流れにのり、今までのペースを保ちながら元気に過ごしている。
- 身の回りのことがスムーズにできる。
- 水遊びでは、用意した物を使って洗濯ごっこやジュース屋さんごっこ、野菜スタンプなどをくり返し楽しむ。
- 水遊び前の着脱や、身の回りのことを自分でする。
- 着脱の機会が増え、自分から進んで着脱に取り組む姿が見られる。
- 水遊びでは、少しずつ水に慣れ、友達と水をかけ合って楽しむ。
- 保育者の話を聞き、次の活動に期待をもつ子が多くいる。
- 友達と一緒に遊びを楽しみ、やり取りする姿も見られる。

ねらい

- 夏の疲れを見せず、快適に過ごす。
- 全身を動かして遊ぶことを楽しむ。
- 保育者や友達と好きな遊びを楽しむ。

内容

【養護】
- 休息、水分補給を適宜行い、健康に過ごす。

【教育】
- 食後のブクブクうがいをする。 健康
- 保育者や友達と一緒に散歩に出かけ、自然に触れる。 環境
- 歌やリズムに合わせて、伸び伸びと体を動かす。 表現
- 排泄〜手洗いまでの流れを知る。 健康
- 友達のしていることをまねしようとする。 人間
- 「貸して」という言葉を知り、使ってみる。 言葉

環境構成

【養護】
- 水分補給や休息が取れる場所を設定し、ゆったり過ごせる時間を設ける。

【教育】
- ブクブクうがいのやり方を見せたり、分かりやすく説明したりする。
- 秋の自然に触れられるような公園を選び、木の実などを入れる袋を用意する。
- 子どもの興味に合った曲を用意する。
- 伸び伸びと動けるスペースを確保する。

予想される子どもの姿

【養護】
- 食事の前に手洗いをする。
- 一定時間ぐっすり眠る。
- 好きな衣服を選んで着る。

【教育】
- 食後にブクブクうがいをする。
- 散歩に出かけ、木の実などを拾う。
- 虫の鳴き声に気付き、秋の虫を見付ける。
- 友達と一緒に木の実拾いや虫探しをする。
- 曲に合わせてリトミックを楽しむ。
- 排尿できたことを保育者に知らせる。

保育者の援助

【養護】
●夏の疲れで生活リズムが崩れ、気持ちが落ち着かないときもあるので、ゆったりと関わりをもち、思いを十分に受け止める。
●温度計を確認しながら、エアコンで室温を調節し、気持ちよく過ごせるようにする。
【教育】
●一人一人の様子に合わせて、そばに付いてブクブクうがいのやり方を丁寧に知らせる。
●季節の移り変わりに気付けるような声をかけたり、子どものつぶやきや発見を大切に受け止めて共感したりする。
●友達とのトラブルが多くなるので、保育者が仲立ちしながらお互いの気持ちをくみ取る。

食育

〈ねらい〉●正しい姿勢や食具の持ち方を知り、自分で食べようとする。
〈環境構成〉●実際に保育者が正しい姿勢や食具の持ち方の見本を示す。
〈予想される子どもの姿〉●姿勢や食具の持ち方をまねして、自分で食べようとする。
〈保育者の援助〉●一緒に食事をする中で、声をかけ、保育者が見本になるなどして、興味がもてるようにする。

 職員との連携

●運動会の競技内容や役割分担などをクラス間で確認し、日々の保育の中で取り入れる。
●朝夕の気温の変化により体調を崩しやすいので、一日を通して快適に過ごせるよう、看護師、担任、朝夕担当の保育者間で、子どもの様子をこまめに伝え合う。
●戸外での遊びが増えるので、保育者同士で声をかけ合い、危険のないようにする。
●虫さされからとびひになる子が多いので、看護師と相談しながら、傷の処置や保護を行う。

 家庭との連携

●夏の疲れが出やすい時期なので、健康状態について家庭と連絡を密に取り合う。
●運動会の競技内容や準備する物について、クラス便りなどで事前に知らせ、協力をお願いする。

 評価・反省

●一人一人の体調に留意し、水分補給や休息を取れるようにした。また、残暑が続き、シャワーを延長したことで、心地よさを味わい、快適に過ごすことができたと思う。
●一人一人に合わせ、やり方を知らせたことで、ブクブクうがいを自分からやろうとするようになった。引き続き、丁寧に関わっていきたい。
●日々の保育の中で、運動会の競技を無理なく取り入れていった。自然な形で楽しむことができ、体を動かす楽しさと共に、運動会への期待も高まったと思う。今後も楽しさを十分に味わえるようにしたい。
●散歩の際、虫に刺されることもあったが、はれやすい子は長袖長ズボンを着用するなど、保護者にも声をかけながら対応した。辛い思いをすることなく過ごすことができ、よい配慮ができたと思う。
●まだ暑い日が多く、夏の疲れが出てくる時期でもあったが、子どもの様子を見ながら、ゆったりと生活を進め、室温調整や水分補給、早めに昼寝に入るなどの対応を行った。その結果、大きく体調を崩す子もなく、元気に過ごすことができてよかった。
●着替えの時間にゆとりをもち、一人一人とゆったりと関わったことで、徐々に自分で着脱ができるようになる。個人差はあるものの、自分でやりたい、自分でやろうとする姿が見られた。引き続き、一人一人に合わせた関わりや援助を大切にしたいと思う。

10月 月案 文例

過ごしやすい日が多くなってきます。園庭で子どもと追いかけっこをしたり、曲に合わせて踊ったり、体を思い切り動かして遊びましょう。

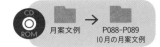
月案文例 → P088-P089 10月の月案文例

前月末の子どもの姿

- 急な気温の変化から鼻水が出る子はいたが、大きな体調の崩れはなく、元気に過ごす。
- 保育者の声かけを聞き、ブクブクうがいや身支度、着替えなどの身の回りのことに自分から取り組む。
- 木の実拾いや虫探しなど、友達と一緒に楽しんでいる。
- 天気のよい日には、戸外に出て、「走る」「追いかける」などの動きを楽しむ。
- 保育者の声かけで、次にすることが分かり、身の回りのことを自分でやってみようとする。

ねらい

- 朝夕の温度差に留意し、快適に過ごす。
- 秋の自然に触れながら、戸外の遊びを楽しむ。
- 戸外で体を動かして遊ぶことを楽しむ。
- 自分の思いを友達や保育者に伝える。

内容

【養護】
- 衣服の調節を行い、健康に過ごす。
- 適切な休息を取りながら、快適に過ごす。

【教育】
- 毎日の生活の仕方が分かり、できることは自分でしようとする。[健康]
- 食器の片付けをする。[健康]
- 散歩に出かけ、自然に触れて遊ぶ。[環境]
- 全身や遊具を使った遊びを楽しむ。[健康][環境]
- 指先を使う遊びや、遊具を使った遊びを楽しむ。[環境]
- 排尿後の後始末や、手洗いをする。[健康]
- 「一緒」と言いながら、友達と同じことを楽しむ。[人間][言葉]
- リズムダンスで思いきり体を動かし表現する。[表現]

環境構成

【養護】
- ゆったりと生活ができるように配慮する。
- ロッカー内に調節のできる衣服があるか確認しておく。

【教育】
- いつも同じ場所に脱いだ衣服などを入れられるようにかごを置く。
- 子どもの高さに合わせて、食器の片付け場所を設定する。
- 自然物に触れられる公園や、広いスペースのある公園を選ぶ。
- 全身を使って遊べるスペースを十分に確保する。
- 運動遊びや体操など、全身や遊具を使った遊びを取り入れる。
- 散歩に行く機会を設ける。
- 子どもの好きな体操の曲を用意する。

予想される子どもの姿

【養護】
- 保育者の声かけを聞き、着替えをする。

【教育】
- 生活の仕方が分かり、身の回りのことを自分でしようとする。
- 食器の片付けを自分でする。
- 木の実を拾ったり、虫探しをしたりする。
- 原っぱで追いかけっこをする。
- 赤や黄色、茶色などの色の違う葉っぱを見付ける。
- 巧技台や三輪車、引き車で遊ぶ。
- 音楽に合わせて踊ったり、体操をしたりして楽しむ。
- 一人でトイレに行き排尿・排便をする。
- 自分でトイレットペーパーを切り取り、排尿後の後始末をする。

保育者の援助

【養護】
●健康状態に気を配り、体調の変化が見られたときには、適切に対応する。
●一人一人の体調や気温に合わせて、衣服の調節を行う。また、窓の開閉を行い、気持ちよく過ごせるようにする。

【教育】
●身の回りのことをする様子を見守り、一人一人に合わせて声かけや援助を行い、できたことは大いにほめ、習慣が身に付くようにする。
●食器の種類を一緒に確認しながら、片付け方を知らせる。
●自然の中で子どもが発見したことに共感し、親しみがもてるようにする。また、過ごしやすい気候の中、かけ回る楽しさや心地よさが味わえるように共に楽しむ。
●季節の移り変わりに気付けるような声かけをしたり、子どものつぶやきや発見を大切に受け止めて共感したりして、自然に対する興味がよりもてるようにする。
●自然に興味が向くような声かけを行い、散歩が楽しめるようにする。
●遊具で遊ぶ際は、子どもの「やりたい」という思いを大切に、危険のないように見守り、遊び方を丁寧に知らせる。
●運動会の余韻を楽しみながら、体操やかけっこなど子どもの興味のある遊びを楽しめるようにする。
●トイレットペーパーの切り取り方の見本を見せたり、そばに付いて丁寧に知らせたりする。上手にできたときには大いにほめ、身に付くようにする。

食育

〈ねらい〉●食具を使って自分で食べる意欲を見せる。
〈環境構成〉●遊びの中でも、食具の持ち方を取り入れる。
〈予想される子どもの姿〉●時間をかけながらも一人で食べる。
〈保育者の援助〉●一人一人食事の様子を見ながら声をかけたり、手を添えたりして無理なく進める。

職員との連携

●運動会の役割分担や当日の流れを学年間で確認し、スムーズに行えるようにする。
●園外保育の流れや目的、目的地までのルートを確認し、役割分担を学年間で話し合っておく。

家庭との連携

●気温差があるので調節しやすい衣服を用意してもらう。また、子どもが自分で取り出しやすいよう、ロッカーの整理整頓をお願いする。
●園外保育、保育参観の日程をお便りを通して早目に知らせ、必要な協力をお願いする。

評価・反省

●一人一人の体調や気温に合わせて、衣服の調整を行った。朝夕と日中の気温差から体調の崩れが見られる。健康面に十分に注意したい。
●食器の片付けを新たに取り入れた。定着するまでじっくり付いて行うことで身に付くのも早く、着替えなどと同じようにスムーズに行えるようになった。適切な関わりがもてたと思う。
●戸外遊びを多く取り入れたことで、秋の自然に触れる機会も多くもつことができた。運動会へも一人一人が楽しく参加でき、昨年より成長した姿を保護者に見てもらうことができたと思う。
●身の回りのことに進んで取り組むようになるが、意欲に差があるので、引き続き個別の援助を丁寧に行っていきたい。
●風が冷たくなり、長袖で過ごすことも多くなったが、気温に応じて衣服の調節を行ったことで快適に過ごせたと思う。
●普段の遊びの中で、かけっこや体操を無理なく取り入れた。保育者も共に楽しんだことで、子どもも興味を示し、体を動かして遊ぶことを楽しんだ。また、運動会については、子どもに分かりやすく話をしたことで、期待をもって過ごし、当日を迎えられたと思う。

11月 月案 文例

秋も深まり、散歩から帰った子どもたちは、赤や黄色に色づいた葉や、ドングリや松ぼっくりなど、お土産をたくさん持ち帰ります。

月案文例 → P090-P091 11月の月案文例

前月末の子どもの姿

- 朝夕と日中の気温差から、鼻水だけでなく微熱の症状も見られる。
- 着替えや食器の片付けなど、できることはスムーズに行う。
- 運動会もあり、音楽に合わせて踊ったり、巧技台や追いかけっこで遊んだり、体を使った遊びを楽しむ。
- 遊びや生活の中で、友達との関わりや言葉のやり取りを楽しむようになる。
- 身の回りのことに自分から進んで取り組むが、やる気により時間がかかることもある。
- 食器の片付けに慣れ、スムーズに行う。

ねらい

- 気温差に留意した環境の中で、健康的に過ごす。
- 簡単な言葉のやり取りを楽しみながら、友達と関わって遊ぶ。
- 秋の自然に触れながら、散歩を楽しむ。

内容

【養護】
- 衣服の調節を行いながら、健康に過ごす。

【教育】
- 外遊び後、手洗い、うがいをする。健康
- 全身を使った遊びを十分に楽しむ。健康
- 友達と言葉のやり取りをしながら、見立てごっこや、つもり遊びを楽しむ。人間 言葉
- 散歩に出かけ、秋の自然の中で活動的に過ごす。環境
- 尿意を感じ、トイレで排尿する。健康
- 鼻水が出たことに気付き、自分でふいたりかんだりする。健康
- 落ち葉の手触りや香りなどを十分に感じる。表現

環境構成

【養護】
- 手に取りやすい場所に加湿のための霧吹きを用意しておく。

【教育】
- ガラガラうがいのやり方を見せたり、分かりやすく説明したりする。
- 子どもが取りやすい場所にコップを用意する。
- 伸び伸びと体を動かせるスペースを確保する。
- 発達に合わせて巧技台を用意する。
- 玩具や素材を人数分用意し、じっくり楽しめるようにする。
- 戸外遊びや散歩に行く機会を設ける。
- 子どもが取りやすい場所にティッシュを置き、近くにゴミ箱を用意する。

予想される子どもの姿

【養護】
- 保育者に見守られながら、着替えをする。
- 上着の着脱をする。

【教育】
- 手洗い、うがいをしようとする。
- 戸外やホールで走ったり、ジャンプしたりする。
- 巧技台で遊ぶ(はしご、平均台、トンネル、跳び箱など)。
- 転がすなど、ボール遊びを楽しむ。
- ドングリを使って、お店屋さんごっこをする。
- 友達と手をつないで散歩に行く。
- 走ったり跳んだり、体を動かして遊ぶ。
- 原っぱで、追いかけっこや、おばけごっこをする。
- 落ち葉で、おばけの面をつくる。
- 保育者に尿意を知らせ、トイレで排尿する。
- トイレに行き、後始末まで自分で行う。
- 鼻水が出たら、ふいたりかんだりする。

保育者の援助

【養 護】
●気温や体調、活動に合わせた衣服の調節を行い、体調の変化が見られたときには適切に対応する。
●エアコン使用時には、室内外の気温差や湿度、換気に留意し、状況に合わせて適宜対応する。

【教 育】
●保育者も一緒に行いながら、手洗い、うがいのやり方を丁寧に知らせる。
●一人一人の様子を見ながら、うがいのやり方を丁寧に知らせる。また、保育者が率先して行い、子どものやる気を誘い出していく。
●保育者が一緒に体を動かして遊ぶ中で、全身を使う楽しさを伝える。また、危険のないよう声をかけたり、見守ったりする。
●保育者も一緒に遊びを楽しみ、子ども同士のやり取りを見守りながら、見立て、つもりの世界が楽しめるようにする。
●安全面に十分に注意し、保育者も率先して遊びを楽しみ、盛り上げていく。
●トイレで排泄ができ、後始末まで自分一人でできたことを大いにほめ、自信につなげる。
●鼻水が出たことに気付いていない子には、気付けるような声かけを行う。また、ふき方やかみ方を知らせ、きれいになった心地よさが味わえるようにする。

食育

〈ねらい〉●姿勢よく食べる。
〈環境構成〉●足元がふらつかないよう台を置く。
〈予想される子どもの姿〉●姿勢よく食べようとする。
〈保育者の援助〉●姿勢よく、こぼさずに食べられたことを大いにほめ、自信がもてるようにする。

職員との連携

●集会での役割や、当日の流れを確認し合い、スムーズに行えるようにする。
●朝夕と日中の気温差が大きいため、時間外担当の保育者とも協力し合いながら、衣服の調節を行う。

家庭との連携

●手洗い、うがいを励行して、風邪予防に努めるよう、家庭にも呼びかける。
●保育参観への参加を通して、子どもの園での様子を知ってもらい、その後の面談や連絡ノートでのやり取りの中で、成長の喜びを共有する。

評価・反省

●エアコンや霧吹きを使用し、室温、湿度の調節を心がけた。衣服の調節も行い、朝夕担当の保育者とも連携を図ることで、元気に過ごすことができてよかった。
●手洗い、うがいは始める時期が遅くなってしまい、十分に取り組むことができなかった。引き続き、やり方を伝えながら、習慣が身に付くようにしたい。
●子どもの遊びに加わり、一緒に楽しんだ。子ども同士でもやり取りしながら遊ぶようになるが、遊びによってはイメージに見合うものが見付からないことがあった。必要な物を十分に用意して、より楽しさが味わえるようにしたい。
●子どもが興味を示す遊びに必要な玩具や素材を用意した。タイミングを逃さず環境を設定したことで、遊びを通しての関わりや、やり取りを楽しむ姿がよく見られるようになり、適切な配慮ができたと思う。
●天気のよい日には散歩に行く機会を多く設けたことで、秋の自然に触れたり、戸外での活動的な遊びへ誘いかけたりすることができ、思い切り体を動かして楽しむことができてよかった。
●戸外に出る際には、その日の気温に合わせて上着を着用するなど衣服の調節を行った。大きく体調を崩す子もなく、元気に過ごすことができてよかった。

12月 月案 文例

本格的な冬の到来です。風邪や感染症を予防するためにも、手洗い、うがいの習慣を徹底し、クリスマスや年末年始を元気に迎えられるようにしましょう。

前月末の子どもの姿

- 大きく体調を崩すことなく、元気に過ごす。
- 身の回りのことに積極的に取り組み、保育者の声かけで行動に移せる。
- 手洗い、うがいの習慣がまだ身に付かず、やり忘れる子がいる。
- 友達との関わりの中で、やり取りしながら遊びを楽しんでいる。
- ドングリや落ち葉を使って、お店屋さんごっこやおばけごっこを楽しんでいる。
- 友達や保育者と追いかけっこやボール遊びなどをくり返し楽しんでいる。
- 秋の自然に触れながら、追いかけっこを楽しむなど活発に過ごす。
- 保育参観では、保護者と一緒に遊んだり、絵本を読んでもらったりして喜んでいた。

ねらい

- 手洗い、うがいなどを適宜行い、快適に過ごす。
- 簡単な言葉のやり取りを楽しみながら、友達と関わって遊ぶ。
- 保育者や友達と関わりながら、造形遊びや表現遊びを楽しむ。

内容

【養護】
- 衣服の調節を行いながら、健康に過ごす。

【教育】
- 外遊びの後には、手洗い、うがいをする。 健康
- 自分で衣服を着脱したり、たたんだりする。 健康
- 友達と言葉のやり取りをしながら、ごっこ遊びを楽しむ。 人間 言葉
- はさみやのりに親しみ、使ってみようとする。 環境 表現

環境構成

【養護】
- 口頭や連絡ノートを通して健康状態を把握しておく。
- 戸外で十分に体を動かす機会を設ける。

【教育】
- 子どもが取りやすい場所にコップを置き、事前に手洗い、うがいの流れを知らせる。
- 時間やスペースを確保し、じっくり取り組めるようにする。
- 子どもの興味に合わせた玩具や素材を用意する。
- 子どもが切りやすい紙を用意する。

予想される子どもの姿

【養護】
- 戸外で体を動かして遊ぶ（かけっこ、鬼ごっこ）。
- 保育者に見守られながら、着替えをする。

【教育】
- 自分から手洗い、うがいをする。
- 自分で衣服の着脱をする。
- 自分で衣服をたたもうとする。
- 友達とやり取りしながら、ごっこ遊びをする（お医者さんごっこ）。
- はさみやのりに興味をもち、紙を切ったり、はったりする。
- 保育者に尿意を知らせ、トイレで排尿する。
- トイレの後始末や、手洗いを自分で行う。

保育者の援助

【養護】
- 一人一人の健康状態に気を配り、衣服の調節を行う。
- 室温、湿度調節を行い、こまめに換気を行う。
- 気温や体調に応じて衣服の調節を行い、体調の変化が見られたときには適切に対応する。
- エアコン使用時には、室内外の気温差や湿度、換気に留意し、状況に合わせて適宜対応する。

【教育】
- 保育者も一緒に行いながら、手洗い、うがいのやり方を丁寧に知らせる。
- そばに付いてたたみ方を丁寧に知らせていき、自分でできたことに喜びや自信がもてるようにする。
- ごっこ遊びのイメージが膨らむような声かけをし、遊びが広がるようにする。
- 落ち着いた中で製作ができるように少人数で行い、はさみやのりの使い方を丁寧に知らせる。また、はさみの危険性についても知らせる。
- トイレでの排泄が、失敗することなく最後まで自分でできたことを大いにほめ、自信につなげる。

食育

〈ねらい〉●背すじを伸ばして姿勢よく食べる。
〈環境構成〉●机と椅子の高さを調整する。
〈予想される子どもの姿〉●正しい姿勢で食べる。
〈保育者の援助〉●姿勢よく食べられたことを十分に認め、習慣が身に付くようにしていく。

職員との連携

- 体調を崩しやすい時期なので、一人一人の健康状態を伝え合い、朝夕担当の保育者とも連絡を取りながら安定して過ごせるようにする。
- 冬の感染症について、看護師の指導の下で共通認識をもち、適切に対応する。

家庭との連携

- 冬の生活習慣について、お便りで知らせ、家庭でも取り入れてもらえるようにする（手洗い、うがい、薄着の習慣）。
- 冬に多い感染症について知らせ、健康状態を互いに伝え合う。
- 風邪をひきやすい時期なので、手洗い、うがいの大切さを伝え、家庭でも取り入れてもらう。

評価・反省

- 天候が不順だったが、衣服の調節をしたり、戸外で十分に体を動かしたりして過ごしたことで、大きく体調を崩すことなく健康で過ごせた。
- 手洗い、うがいは日々、声をかけたことで習慣が身に付いたが、簡単に済ませがちである。そばに付いての対応を心がけたい。
- 遊びの中ではイメージが膨らむような声かけと共に、やり取りを楽しめるようにしていった。継続してごっこ遊びを楽しむなど、友達との関わりは十分にもてたと思う。
- エアコン使用や換気を行って室内環境を整え、気温に応じて上着を着るなど衣服の調節を行ったことで、大きく体調を崩すことなく元気に過ごせた。
- はさみやのりを使う活動では、落ち着いた空間の中で楽しめるようにした。興味を示し、くり返し楽しむ姿が見られた。引き続き、日々の遊びの中で場所を確保し、危険なく楽しめるようにしたい。
- 室内外の気温差に留意しながらエアコンを使用し、こまめに換気を行ったことで、大きな体調の崩れもなく元気に過ごせた。

1月 月案 文例

新たな年のスタートです。伝統的なお正月遊びを取り入れるなどして、新年の気分を味わえるようにしましょう。

月案文例 → P094-P095 1月の月案文例

前月末の子どもの姿

- 気温差が激しかったが、体調を崩す子も少なく、元気に過ごす。
- 手洗い、うがいの習慣は身に付いてきたが、丁寧に行えず、声かけされる子が多い。
- 着脱面では、たたむことにも興味を示し、できるところは自分で行う。
- 言葉のやり取りをしながら、友達や保育者とごっこ遊びを楽しむ姿が多く見られる。
- はさみやのりに興味を示し、くり返し楽しむ姿が見られるが、はさみの開閉がうまくできない子もいる。

ねらい

- 寒さに負けず、健康に過ごす。
- 暖かく、衛生的な環境の中で気持ちよく過ごす。
- 友達と一緒に遊ぶことを楽しむ。
- 正月遊びを楽しむ。

内容

【養護】
- 戸外遊びを楽しみながら、健康に過ごす。

【教育】
- 外遊びの後、手洗い、うがいを進んでする。 健康
- 自分で衣服を着脱したり、たたんだりする。 健康
- 集団でルールのある遊びを楽しむ。 人間
- 正月遊びを楽しむ。 環境
- はさみやのりに親しみ、使ってみようとする。 環境
- 友達と一緒にすごろくやかるたなどの伝承遊びや、ごっこ遊びを楽しむ。 環境 言葉
- 歌を歌ったり、リズムに合わせて体を動かしたりして楽しむ。 表現

環境構成

【養護】
- 戸外で十分に体を動かす機会を設ける。

【教育】
- 手洗い、うがいの仕方について話す機会を設ける。
- 時間やスペースを確保し、じっくり取り組めるようにする。
- 劇ごっこやしっぽ取りなど、集団での遊びを取り入れる。
- すごろくやかるた、羽根つき、福笑いなど、正月ならではの遊びを用意する。
- 子どもが切りやすい紙や罫線の入った紙を用意する。
- 伝承遊びやごっこ遊びを取り入れていく。また、遊びに必要な物を十分に用意する。
- 友達同士で歌や踊りを見せ合う場を設けていく。
- 子どもの好きな曲を取り入れていく。

予想される子どもの姿

【養護】
- 戸外で体を動かして遊ぶ（かけっこ、しっぽ取り、鬼ごっこ）。

【教育】
- 手洗い、うがいを丁寧にする。
- 自分で衣服の着脱をしたり、たたんだりする。
- 裏返しになった衣服を直そうとする。
- 友達と一緒に劇ごっこ、しっぽ取り、椅子取りゲームなどをする。
- すごろく、羽根つき、福笑いなどの正月遊びをする。
- はさみやのりを使って、切ったりはったりすることを楽しむ。
- 羽根つきをする。また、凧をつくって凧あげをする。
- 歌に合わせて手話をしたり、ペープサートを動かしたりする。

「5領域」の 健康：健康 人間：人間関係 環境：環境 言葉：言葉 表現：表現 を表しています。

保育者の援助

【養護】
- 一人一人の健康状態に気を配り、室温、湿度調節を行うと共に、こまめに換気を行う。

【教育】
- 自分で手洗い、うがいをする様子を見守り、必要に応じて声をかけ、丁寧に行えるようにする。
- 着替えの際にはそばに付いて見守り、必要に応じて声をかけたり、手助けをしたりする。
- 保育者も遊びの中に入り、一緒に楽しみながらルールを知らせ、くり返し楽しめるようにする。
- ゆったりとした雰囲気の中、それぞれの遊びの楽しさが十分に味わえるような声をかける。
- はさみの渡し方、しまい方、切り方を少人数で行い、くり返し丁寧に伝えていく。
- それぞれの遊びのルールを分かりやすく知らせる。また、子ども同士のやり取りを見守り、トラブルが起きたときには必要に応じて気持ちを代弁するなど仲立ちし、相手の気持ちにも気付けるようにする。
- 保育者も一緒に歌やリズムを楽しみ、興味がもてるようにする。また、一つ一つの動作を丁寧に行い、子どもに分かりやすく伝える。

食育

〈ねらい〉●友達と一緒に楽しく食事をする。
〈環境構成〉●楽しい雰囲気づくりをする。
〈予想される子どもの姿〉●楽しく食事をする。
〈保育者の援助〉●食事の準備をする子どもの姿を見守り、保育者も会話に加わりながら楽しく食事をする。

職員との連携

- 3歳未満児集会の内容や流れについて話し合う。
- 進級に向けてクラス間で話し合いをもち、無理のないよう生活の流れを少しずつ合わせていく。
- 冬の感染症の流行などを把握し、発生時には適切な対応ができるよう、看護師と連絡を十分に取り合う。

家庭との連携

- 園でのはさみ使用を知らせ、家庭でも取り入れてもらう。
- 年末年始の長い休み明けとなるので、子どもの様子を口頭や連絡ノートを通して、こまめに伝え合い、安定して過ごせるようにする。

評価・反省

- 気温差に配慮しながら、前月同様、戸外で十分に体を動かす機会をつくった。軽い風邪の症状は見られたが、大きな体調の崩れはなく、元気に過ごせたと思う。一人一人の健康状態に十分に留意したい。
- 手洗い、うがいにおいては担任間で話し合い、必ずそばに付いて対応した。水の冷たさから雑になりがちでもあり、引き続き、対応を心がけたい。
- 様々な正月遊びを用意し、一緒に楽しんだことで、遊びを通して友達との関わりが広がり、季節に合った遊びを楽しむことができた。今後は集団での遊びを多く取り入れ、友達と一緒にいろいろな遊びを十分に楽しめるようにしたい。
- 身の回りのことについては、一人一人に合わせて援助した。意欲をもって取り組む姿が見られるので、引き続き対応すると共に、喜びや自信につながるような声かけを大切にしたい。
- 長い休み明けだったが、子どもの様子を家庭とこまめに伝え合ったことで、不安定になったり、大きく体調を崩したりすることもなく過ごせた。
- 気の合う友達とごっこ遊びをする姿が見られたが、保育者が仲立ちとなり、遊びを広げたり、深めたりする部分が少なかった。今後は、子どもの様子に応じて仲立ちしながら、ルールのある遊びも、更に意識して取り入れていきたい。

2月 月案 文例

このクラスで過ごす時間も、残すところ二か月です。友達と関わる姿や、身支度を自分でする姿などに、子どもたちの成長が感じられます。

前月末の子どもの姿

- 咳や鼻水の症状が見られる子もいたが、大きく体調を崩すことなく、元気に過ごす。
- 手洗い、うがいの習慣は身に付いたが、水の冷たさから雑になりがちである。
- 着脱については、手伝いがなくても一人で行える子が多い。
- 正月遊びを楽しみ、遊びを通して、友達との関わりも広がりが見られる。
- 友達と一緒に、ままごとやヒーローごっこをする子が多い。

ねらい

- 冬季の保健衛生に留意した環境の中で、快適に過ごす。
- 友達や保育者と一緒に、いろいろな遊びを楽しむ。
- 友達とやり取りの言葉をかわしながら遊ぶ。

内容

【養護】
- 手洗い、うがいを十分に行い、健康に過ごす。

【教育】
- 手洗い、うがいを丁寧にする。 健康
- トイレのサンダルに慣れる。 健康
- 集団でルールのある遊びを楽しむ。 人間
- ごっこ遊びや簡単なルールのある遊びを楽しむ。 人間
- 雪や氷、霜などの自然事象に興味をもち、見たり、触れたりすることを楽しむ。 環境
- はさみ、のりを使って、つくることを楽しむ。 環境 表現
- 歌を歌ったり、リズムに合わせて体を動かしたりして楽しむ。 表現
- 絵本のくり返しを楽しみ、まねをしながら言葉を発する。 言葉

環境構成

【養護】
- 手洗い、うがいの大切さを改めて知らせる機会をもつ。
- 口頭や連絡ノートを通して、健康状態を十分把握する。

【教育】
- 手の洗い方を子どもと確認する。
- 必要な数のサンダルを用意し、事前に使い方を知らせる。
- サンダルの左右セットが分かりやすいように、マークを付けておく。
- 集団で遊ぶのに安全な場所の確保を行い、事前にルールを知らせる。
- 絵本や図鑑を用意し、自然事象に興味がもてるようにする。
- 歌やダンスを友達同士で見せ合う場を設ける。
- マラカスやペープサートなどは人数分を用意する。

予想される子どもの姿

【養護】
- 外遊びの後、手洗い、うがいを自分からする。

【教育】
- サンダルをはいて排泄しようとする。
- 劇ごっこ、しっぽ取り、椅子取りゲーム、フルーツバスケット、あぶくたったを楽しむ。
- 雪や氷、霜などを見たり、触れたりする。
- 切ったり、はったりした物を使って遊ぶ。
- 「ハァー」と息を吐いて、息が白くなるのを見る。
- 3歳未満児集会やクラスでのグループ発表をする。
- 歌に合わせて手話をしたり、マラカスやペープサートを動かしたりする(「世界中のこどもたちが」「どんな色がすき」)。

「5領域」の 健康：健康 人間：人間関係 環境：環境 言葉：言葉 表現：表現 を表しています。

保育者の援助

【養護】
- 一人一人の健康状態に気を配り、体調に変化が見られたときには適切に対応する。また、室温、湿度調節を行い、こまめに換気する。

【教育】
- 手洗い、うがいを上手に行ったときには大いにほめ、習慣が身に付くようにする。
- 危険のないようそばに付き、サンダルのはき方、脱ぎ方などをそのつど丁寧に知らせる。
- それぞれの遊びのルールをそのつど、分かりやすく伝える。また、子どもの「やりたい」という思いを大切に受け止め、継続して楽しめるようにする。
- 子どもの驚きや発見を受け止めて、自然への興味、関心が深まるようにする。
- 切ったり、はったりした物を遊びに取り入れ、自分でつくった満足感が味わえるようにする。
- 切った紙を遊びに取り入れ、楽しめるようにする。
- 歌やダンスの発表では、一人一人の努力を認め、大いにほめて、自信がもてるようにする。

食育

〈ねらい〉●簡単なマナーを守りながら、友達と一緒に楽しく食事をする。
〈環境構成〉●楽しい雰囲気づくりをする。
〈予想される子どもの姿〉●マナーを守り楽しく食べる。
●フォークやスプーンを自分なりに正しく持とうとする。
〈保育者の援助〉●必要に応じて声をかけながらマナーを知らせ、自分で気付いて直せるようにする。

職員との連携

- 3歳未満児集会の発表に向けて、クラス間で協力し合いながら、準備や練習を進め、当日の流れを確認し合う。
- 冬の感染症の流行などの発生状況を把握し、情報を共有できるようにする。

家庭との連携

- 進級に向けて用意してもらう物を、活動表やお便りで早目に知らせ、子どもが期待をもって取り組めるようにする（カバン、コップ袋、上履き）。
- 感染症が流行しやすい時期でもあり、手洗い、うがいの大切さを伝え、家庭でもしっかり取り組んでもらう。また、発症の情報を伝え、子どもの健康状態に気を配ってもらう。

評価・反省

- 体調や気温の変化に応じて、活動内容や時間を調整していった。体調の変化が見られたときには看護師と連絡を取り合い、迅速に対応することができた。手洗い、うがいの大切さを再確認したことで意識も変わった。引き続きの声かけを大切にしていきたい。
- トイレのサンダルを新しく取り入れた。そばに付いて使用方法を知らせたことで、無理なく使用できた。今後も、使い方が雑にならないよう、様子に応じて声をかけていきたい。
- 子どもの興味に合わせて集団遊びを取り入れた。室内外共に遊べる物を用意したことで、十分に遊びを楽しむことができたと思う。
- 3歳未満児集会をきっかけに発表する機会を増やした。喜んで発表するなど、友達と一緒に楽しみ、自信にもつながったと思う。
- トイレのサンダル使用は、脱ぎはきの仕方を丁寧に伝えることを心がけた。スムーズに使用でき、よい関わりができたと思う。
- 身の回りのことに対し、各自のやり方や活動の流れが身に付いてきているので、自分で行うことを大切にした。一人一人を見ると、できる部分の違いもある。今後も、その子に応じた適切な関わりを行いたい。
- 遊びでは、ルールのある遊びを楽しむ機会を多く取り入れた。同じ遊びをくり返し楽しむことで、ルールも分かり、喜んで参加するようになるが、中には捕まるのが嫌で泣き出す子もいる。そばに付いて共に楽しみながら、ルールがあることでより遊びが楽しくなることを伝えたい。

3月 月案 文例

春の足音も聞こえ、あと一月で進級を迎える子どもたちは、4月から比べてできることも増え、頼もしいお兄ちゃん・お姉ちゃんになってきました。

月案文例 → P098-P099
3月の月案文例

前月末の子どもの姿

- 体調を崩す子が多く、熱や下痢、嘔吐の症状が多く見られる。
- 身の回りのことを意欲的に行っている。また、進級することに期待をもち、2階のトイレを使用したり、3歳児クラスで遊んだりすることを喜ぶ。
- 友達とイメージを共有しながら、ごっこ遊びを楽しんだり、ルールのある遊びをくり返し楽しんだりする。
- 3歳未満児集会を通して、前に出て発表することを喜ぶ姿が見られる。
- 進級することに期待をもち、片付けや着替えなど身の回りのことを意欲的に行う。
- 捕まるのが嫌で泣き出す子もいるが、保育者や友達と一緒にルールのある遊びを楽しんでいる。

ねらい

- 気温差に留意し、快適に過ごす。
- 自分でできた喜びを感じながら、身の回りのことを一人でしようとする。
- 進級することに期待をもつ。
- イメージを共有しながら、友達と一緒に遊ぶことを楽しむ。

内容

【養護】
- 衣服の調節をしてもらい、健康に過ごす。

【教育】
- 見通しをもって、身の回りのことをしようとする。 健康
- 上ばきの使用に慣れる。 健康
- 異年齢児とごっこ遊びを楽しむ。 人間 言葉
- 経験したことを遊びに取り入れて楽しむ。 表現
- 散歩に出かけ、春の自然に触れる。 環境

環境構成

【養護】
- 引き継ぎノートを活用して、子どもの状態が分かるようにしておく。

【教育】
- 見通しがもてるよう、事前に次の活動を知らせる。
- 上ばき入れを用意する。
- 上ばきを使用する機会を多くもつ。
- 異年齢児と一緒に遊ぶ機会を設ける。
- 春を感じられる散歩コース、公園を選ぶ。
- 散歩に行く機会を設ける。
- 視覚的に分かるメダルや、面などを準備する。

予想される子どもの姿

【養護】
- 保育者に見守られながら着替えをする。

【教育】
- 次にすることが分かり、自分で行動する。
- 上ばきの脱ぎはきをする。
- 異年齢児と一緒に遊ぶ。
- 3歳児と一緒に散歩に行ったり、3歳児保育室で共に過ごしたりする。
- お医者さんごっこ、お店屋さんごっこ、美容院ごっこ、電車ごっこを楽しむ。
- 春の草花を見たり、つんだりする。
- アリやダンゴムシを見付ける。
- 異年齢児と追いかけっこをする。
- ブロックや、ままごとをして一緒に遊ぶ。
- 絵本を読んでもらう。

保育者の援助

【養護】
- エアコン使用時には、室内外の気温差や湿度、換気に留意する。また、気温に合わせて窓の開閉を行い、気持ちよく過ごせるようにする。
- 一人一人の健康状態に気を配り、衣服の調節を行う。体調の変化が見られたときには、適切に対応する。

【教育】
- 身の回りのことを自分でできたことを大いにほめ、自信につなげると共に、気付かずにいる子には、自分で気付けるような声をかける。
- 上ばき使用の際には、脱ぎはきの仕方や使用場所について分かりやすく丁寧に伝える。
- 活動の中に上ばきをはく機会をつくり、脱ぎはきの仕方を丁寧に伝える。
- 3歳児クラスで過ごしたり、異年齢児交流をしたりして、安心感や進級への期待感がもてるようにする。
- 子ども同士で遊ぶ様子を見守り、必要に応じて声をかけ、イメージを共有して楽しめるようにする。
- 春の自然を言葉にして伝え、子どもの発見に共感する。

食育

〈ねらい〉●マナーを守りながら、友達と一緒に楽しく食事をする。
〈環境構成〉●保育者が仲立ちしながら、楽しい雰囲気づくりをする。
〈予想される子どもの姿〉●あいさつなどの食事のマナーを知る。
●友達とやり取りしながら楽しく食べる。
〈保育者の援助〉●上手に食べられているときには大いにほめ、気持ちよく食事ができるようにする。

職員との連携

- 他学年と連絡を十分に取り合い、3歳児の保育室使用や異年齢児交流の機会を設ける。
- 進級に向けてクラス間で話し合い、生活の流れや保育室の使い方を確認する。
- 次年度の担任と引き継ぎを行う。

家庭との連携

- 懇談会やお便りで、子どもの成長を伝え、進級に対する不安を取り除くと共に、子どもが安定した生活を送れるよう、保護者と連絡を取り合う。
- カバン、コップ入れについては、登降園の際、保護者と子どもが一緒に片付けるように伝える。

評価・反省

- インフルエンザが流行し、体調を崩す子が多かったが、一人一人の健康状態を把握し、看護師との連携の下で、適切に対応することができた。
- 一人一人のできること、努力していることに目を向け、大いにほめていった。喜びを感じると共に、進級の話をすることで期待をもち、日々の活動に意欲的に取り組むことができてよかった。
- ごっこ遊びでは、子どもの中から出てきた言葉を拾い、盛り上げることで、イメージが他児に伝わり、なりきって遊びを楽しむことができた。
- 進級に期待がもてるような声かけや、3歳児保育室で遊ぶ機会を設けたことで、クラス移動後も子どもが戸惑うことなく過ごせ、適切な関わりができたと思う。
- ごっこ遊びや集団遊びを楽しむ機会を取り入れ、保育者も共に楽しんだことで、役になりきったり、ルールを守って遊びを楽しんだりする姿が多く見られた。友達と一緒に遊ぶ楽しさを十分に味わえたと思う。
- 上ばきをはく機会を徐々に増やしたことで、使用にも慣れ、クラス移動した際もスムーズに脱ぎはきができた。適切な配慮ができたと思う。

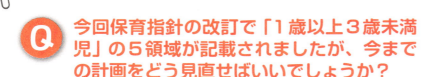

こんなときどうする？ 月案 Q&A

Q 今回保育指針の改訂で「1歳以上3歳未満児」の5領域が記載されましたが、今までの計画をどう見直せばいいでしょうか？

A より育ちがとらえやすくなったことを喜んで

今までも、目の前の子どもの姿に照らして計画を見直してきました。それに変わりはありません。ただ今回の新しく記載された5領域の文言は新たに私たちの味方になります。この年齢の適切な言い表し方を知らせ、領域のバランスに気付かせてくれます。よく読み込んで使いこなしましょう。

Q 4月でまだ子どもの様子も分かりませんが、どう計画を立てていけばよいのでしょうか？

A 4月はまず、保育者との絆（きずな）から

月初めの子どもの様子を見てからでも、立案はOKです。その際、前年度の4月の月案を見て参考にするとよいでしょう。年度の初めにまず求められるのは、特定の保育者との応答的な関係づくりです。子どもが安心できる受け入れから計画しましょう。

Q 「環境構成」を書く際、どうしても「こう整える…」だけになってしまいます。記入のコツは何でしょうか？

A 何のために整えるのか、意図を明確に

「内容」を経験させるための環境構成ですから、「しておくこと」を書くのではなく「何のためにそうするのか」を示すことが大切です。「布団を敷く」ではなく、「眠りたいときに安心してすぐ眠れるように、布団を敷いておく」と書けば、意図が伝わります。

第**4**章

個人案の立て方

この年齢に欠かせない「個人案」を、4月から3月まで掲載。更に、行動別の文例も紹介しています。

2歳児の個人案

おさえたい 3 つのポイント

2歳児の個人案では、その子の自己主張の仕方を具体的に記入し、どうすればかんしゃくを起こさずに、楽しく前へ進めるかを共通理解できるようにします。

1 自分でやりたい気持ちを支える

自分でやりたいけれど思うようにならず、イライラしていることがあります。保育者が少し援助することで達成感が味わえるようにしましょう。自分でやろうとするのはかっこいいことだと認め、自信がもてるようにします。現在、どんなことがどの段階なのかを記します。

2 まねっこで世界を広げる

友達の存在に気付き、まねをしながら自分の世界を広げていきます。この子はだれと仲がよいのか、相手によってどのように行動が違うのかなど、遊びの好みから人との関係まで、必要なことをしっかりと記し、保育に生かせるようにします。

3 排泄の自立への過程を丁寧に

誘われてトイレに行く段階から、便座に座ったり、排泄に成功したり、自分でズボンをはいたりするまで、トイレトレーニングの中にも様々な経験があります。行きつ戻りつしながら経験を重ねるので、その子の段階をしっかり見極め、急かすことなく自立を支えていきましょう。

●4月個人案　あひる組

	Aくん 2歳 1か月（男児）
今月初めの子どもの姿	●新しい環境に戸惑う様子もなく、一日を通して安定して過ごしている。 ●自分の気持ちを「あー」「うー」など積極的に保育者に伝える姿が見られる。 ●三輪車やオオカミごっこに興味を示し、保育者の誘いかけを喜び、遊びを楽しむ。
ねらい	●簡単な言葉で思いを表現する。 ●戸外遊びを楽しむ。
内容	●保育者との関わりの中で安心して思いを表す。[人間][表現] ●戸外で十分に体を動かして遊ぶ。[健康]
保育者の援助	●新しい保育者や環境に慣れ、安心して自分の気持ちを表せるよう、スキンシップを図ったり、ゆっくり丁寧な言葉で代弁したりする。 ●興味がある三輪車や、オオカミごっこなどに誘いかけ、保育者も一緒に楽しむ。
評価・反省	●本児が伝えようとする思いを見逃さず対応した。安心して思いを表すようになるが、思い通りにいかず大声を出すこともある。思いをしっかり受け止めて対応していきたい。 ●興味がある遊びを共に楽しんだ。本児からの誘いかけも多くなり、戸外遊びを十分楽しめた。

内容

「ねらい」を達成するために「経験させたいこと」です。保育所保育指針の「1歳以上3歳未満児」の5領域を意識して記述します。本書では [健康][人間][環境][言葉][表現] で表示します。

前月末(今月初め)の子どもの姿

前月末の、その子の育ちの姿をとらえます。具体的にどのような場面でその育ちが感じられたのか、発達段階のどこにいるのかを記します。
※4月は「今月初めの子どもの姿」となります。

ねらい

この一か月で育みたい資質・能力を子どもの生活する姿からとらえたものです。園生活を通じ、様々な体験を積み重ねる中で相互に関連をもちながら、次第に達成に向かいます。

Bくん 2歳3か月(男児)	Cちゃん 2歳9か月(女児)	Dちゃん 3歳0か月(女児)
●登園時、泣く姿が見られるが、しばらくすると玩具に興味を示し、好きな遊びをじっくり楽しむ。 ●生活の流れに戸惑うことなく、保育者の声かけを聞いて行動しようとする。	●登園時には泣く姿が見られるものの、すぐに落ち着き、自ら好きな遊びに近づき楽しんでいる。 ●保育者とのやり取りの中では、自分の思いを分かりやすく伝えることができる。	●登園時より泣いて過ごすことはないものの、時々不安そうな様子が見られる。好きな遊びが見付かると、じっくり集中して楽しんでいる。 ●食事面では、おやつは食べようとしないが、給食は自ら進んで意欲的に食べる。
●新しい環境に慣れる。	●新しい環境に慣れる。 ●生活や遊びの中で、言葉のやり取りを楽しむ。	●新しい環境に慣れる。
●保育者との関わりの中で、安心して過ごす。[健康][人間]	●保育者との関わりの中で、安心して過ごす。[健康][人間] ●自分の気持ちを言葉で伝えようとする。[言葉]	●保育者との関わりの中で、安心して過ごす。[健康][人間]
●本児の思いを受け止め、抱っこしたり、優しく言葉をかけたりする。 ●興味があることを一緒に楽しむなどして、安心して過ごせるようにする。	●本児の思いを受け止め、優しく話しかけたり、スキンシップを図ったりしながら安心感がもてるようにする。 ●自分から話したいという気持ちを大切にし、楽しんで言葉を使えるようにする。	●本児の思いを見逃すことなく受け止め、スキンシップを図ったり、一緒に遊んだりしながら安心感がもてるようにする。
●その時々の思いを受け止め、優しく言葉をかけることで、笑顔が多く見られ、遊びを十分に楽しめるようになった。安心して過ごすことができたと思う。	●思いをしっかり受け止めていくことで、日中は安心して過ごすが、時間帯によっては不安がる姿も見られる。時間外担当の保育者とも連携を図りながら安心して過ごせるようにしたい。 ●本児の話に耳を傾け、丁寧に対応することで、楽しんで言葉を使い、やり取りを楽しむことができた。	●本児の思いをしっかり受け止め、優しく声をかけるなどして関わりをもった。一緒に過ごすことで、そばにいれば身の回りのことをする姿も見られたが、より安心感がもてるよう、引き続いて関わりを大切にしたい。

保育者の援助

「ねらい」を達成するために「内容」を経験させる際、どのような援助が必要かを書き出します。その子のためだけの援助も書きます。

評価・反省

保育者が自分の保育を振り返り、その子が「ねらい」にどこまで到達できたか、これからどのように対応すべきかを書き、来月の個人案に生かします。

4月 個人案

個人案 → P104-P105 4月の個人案

保育のヒント
まだ園に慣れないので、安心できる場となるように温かい関わりを大切にします。特定の保育者がいつも見守り、心の絆を形成していきましょう。

記入のコツ!!
本児の好きな遊びを具体的に書いておくことで、振り返った際に場面がリアルに浮かんできます。

立案のポイント: 興味のある遊びを保育者も一緒に楽しむことで絆ができます。

立案のポイント: まだ保護者と離れることに不安があります。安心できるように関わります。

●4月個人案　あひる組

	Aくん 2歳1か月（男児）	Bくん 2歳3か月（男児）
今月初めの子どもの姿	●新しい環境に戸惑う様子もなく、一日を通して安定して過ごしている。 ●自分の気持ちを「あー」「うー」など積極的に保育者に伝える姿が見られる。 ●三輪車やオオカミごっこに興味を示し、保育者の誘いかけを喜び、遊びを楽しむ。	●登園時、泣く姿が見られるが、しばらくすると玩具に興味を示し、好きな遊びをじっくり楽しむ。 ●生活の流れに戸惑うことなく、保育者の声かけを聞いて行動しようとする。
ねらい	●簡単な言葉で思いを表現する。 ●戸外遊びを楽しむ。	●新しい環境に慣れる。
内容	●保育者との関わりの中で安心して思いを表す。人間 表現 ●戸外で十分に体を動かして遊ぶ。健康	●保育者との関わりの中で、安心して過ごす。健康 人間
保育者の援助	●新しい保育者や環境に慣れ、安心して自分の気持ちを表せるよう、スキンシップを図ったり、ゆっくり丁寧な言葉で代弁したりする。 ●興味がある三輪車や、オオカミごっこなどに誘いかけ、保育者も一緒に楽しむ。	●本児の思いを受け止め、抱っこしたり、優しく言葉をかけたりする。 ●興味があることを一緒に楽しむなどして、安心して過ごせるようにする。
評価・反省	●本児が伝えようとする思いを見逃さず対応した。安心して思いを表すようになるが、思い通りにいかず大声を出すこともある。思いをしっかり受け止めて対応していきたい。 ●興味がある遊びを共に楽しんだ。本児からの誘いかけも多くなり、戸外遊びを十分楽しめた。	●その時々の思いを受け止め、優しく言葉をかけることで、笑顔が多く見られ、遊びを十分に楽しめるようになった。安心して過ごすことができたと思う。

「5領域」の　健康：健康　人間：人間関係　環境：環境　言葉：言葉　表現：表現　を表しています。

> **立案のポイント**
> 一時的に泣きますが、気持ちの切りかえはできます。楽しい遊びで誘いましょう。

> **立案のポイント**
> いつも安心していられるように、特定の保育者が支える態勢をつくりましょう。

Cちゃん 2歳9か月（女児）	Dちゃん 3歳0か月（女児）
●登園時には泣く姿が見られるものの、すぐに落ち着き、自ら好きな遊びに近づき楽しんでいる。 ●保育者とのやり取りの中では、自分の思いを分かりやすく伝えることができる。	●登園時より泣いて過ごすことはないものの、時々不安そうな様子が見られる。好きな遊びが見付かると、じっくり集中して楽しんでいる。 ●食事面では、おやつは食べようとしないが、給食は自ら進んで意欲的に食べる。
●新しい環境に慣れる。 ●生活や遊びの中で、言葉のやり取りを楽しむ。	●新しい環境に慣れる。
●保育者との関わりの中で、安心して過ごす。 健康 人間 ●自分の気持ちを言葉で伝えようとする。 言葉	●保育者との関わりの中で、安心して過ごす。 健康 人間
●本児の思いを受け止め、優しく話しかけたり、スキンシップを図ったりしながら安心感がもてるようにする。 ●自分から話したいという気持ちを大切にし、楽しんで言葉を使えるようにする。	●**本児の思いを見逃すことなく受け止め**、スキンシップを図ったり、一緒に遊んだりしながら安心感がもてるようにする。
●思いをしっかり受け止めていくことで、日中は安心して過ごすが、時間帯によっては不安がる姿も見られる。**時間外担当の保育者とも連携を図りながら安心して過ごせるようにしたい。** ●本児の話に耳を傾け、丁寧に対応することで、楽しんで言葉を使い、やり取りを楽しむことができた。	●本児の思いをしっかり受け止め、優しく声をかけるなどして関わりをもった。一緒に過ごすことで、そばにいれば身の回りのことをする姿も見られたが、より安心感がもてるよう、引き続いて関わりを大切にしたい。

保育のヒント
発見したとき、喜んでいるとき、戸惑っているときなど、その気持ちに共感した言葉をかけ、寄り添うことで、子どもは心を開き頼りにしてくれることでしょう。

記入のコツ!!
保育者が交代すると、子どもも不安になりがちです。保育者同士が仲がよいことを見せながら、安心して過ごせるようにし、そのこともしっかり記しておきます。

4月 個人案

5月 個人案

個人案 → P106-P107 5月の個人案

記入のコツ!!
漠然とした内容を書くよりも、このように具体的な言葉を書いておくことで、より力の入れどころが明確になります。

保育のヒント
保育者の言葉を聞きながら、自分の言葉として取り入れていることが分かります。伝わる言葉をゆっくりインプットできるようにすることが重要です。

立案のポイント
保育者に伝えたい思いが届けられるよう、保育者が受け取ろうという姿勢を見せることが大切です。

立案のポイント
ほしい思いを表現することができます。気持ちを受け止めながら、満足できる方法を探します。

●5月個人案　あひる組

	Aくん 2歳2か月（男児）	Bくん 2歳4か月（男児）
前月末の子どもの姿	●新しい環境に慣れ、保育者を「先生」と呼んで自分の思いを伝えようとする。思い通りにならないことがあると、大きな声を出して表現する姿が見られる。 ●園庭では、ジャングルジムや滑り台など好きな遊びを保育者に誘いかけ、楽しんでいる。	●保育者の声かけを聞いてロッカーから必要な物を自分で取ってくるなど、意欲的である。 ●玩具の取り合いになると、大きい声を上げて取られまいとする。 ●特定の友達と過ごすことを楽しむ姿が見られる。
ねらい	●簡単な言葉で思いを表現する。	●身の回りのことに意欲をもつ。 ●生活や遊びに必要な言葉が分かる。
内容	●自分の気持ちを伝えようとする。[表現]	●自分でできる身の回りのことは、やってみようとする。[健康] ●自分の思いを「貸して」「ちょうだい」などの言葉で表現しようとする。[言葉]
保育者の援助	●自分から話そう、伝えようとする気持ちを受け止め、優しく、ゆっくり、はっきりと答えたり、代弁をしたりする。また、大きな声を上げて思いを表現しているときには、その思いをしっかり受け止め、代弁するなどして丁寧に対応する。	●自分でやろうとしているときには見守り、必要に応じて手伝う。また、できたときには大いにほめ、自信がもてるようにする。 ●本児の思いを受け止めると共に、その時々に合った言葉を知らせ、代弁しながら言葉を引き出す。
評価・反省	●本児が言おうとする気持ちを大切に受け止めた。また、本児の様子に応じて代弁した。徐々に保育者の言葉を聞いてまねる姿が見られた。引き続き、思いを受け止めながら代弁するなどして、本児が自分で言おうとする気持ちを大切にしたい。	●必要に応じて援助することで、本児なりに努力し、できることが増えて自信にもつながったと思う。 ●思いを受け止めつつ関わったが、感情の起伏が激しいため、気分によっては本児の言葉を引き出せないこともあった。落ち着いた気持ちで思いを伝えられるようにしたい。

「5領域」の [健康]：健康　[人間]：人間関係　[環境]：環境　[言葉]：言葉　[表現]：表現　を表しています。

立案のポイント	立案のポイント
活動の節目に不安を感じやすいので、丁寧に関わって支えていきましょう。	友達に関心をもち始めています。一緒に遊ぶ楽しさを感じられるように配慮します。

Cちゃん 2歳10か月（女児）	Dちゃん 3歳1か月（女児）
●登園時や時間外での保育室の移動では、まだ不安がる姿が見られる。 ●次の活動に移らず、生活の流れについていけないことが多い。 ●保育者とのやり取りだけでなく、友達に対しても気付いたことを伝えるようになる。	●身の回りのことは一人でできるが、保育者がそばに来てくれるのを待って行動している。園ではトイレに行きたがらず、オムツで排尿する。 ●室内では、保育者とのやり取りだけでなく、友達とも遊びを通して関わるようになる。
●次の活動に期待をもって過ごす。 ●友達と一緒に過ごす楽しさを味わう。	●身の回りのことに意欲をもつ。 ●友達と一緒に過ごす楽しさを味わう。
●保育者の声かけを聞き、行動する。言葉 ●保育者を仲立ちとして、友達との関わりを楽しむ。人間	●安心できる保育者の下で、身の回りの簡単なことをしようとする。健康 ●保育者を仲立ちとして、友達との関わりを楽しむ。人間
●次の活動への見通しがもてるような声かけを行い、期待をもって行動できるようする。できたときにはほめ、習慣が身に付くようにする。 ●本児を遊びに誘い入れたり、他児を誘ったりして、友達と一緒に過ごす楽しさが味わえるようにする。	●安心して生活できるよう優しく話しかけ、身の回りのことをできたことを大いにほめ、自信につなげる。 ●友達と一緒に過ごす機会を多くつくり、友達の存在に気付けるような声かけをしたり、楽しさを共感したりする。
●共に行動する中で、丁寧に声をかけたが、気にとめず遊んでいることが多い。本児が意欲をもって行動できるような関わりを大切にしたい。 ●友達と過ごす機会を無理なくつくったことで、共に過ごす様子も見られた。今後はより友達を意識できるような機会をつくっていきたい。	●本児が機嫌よく過ごす中でも声をかけることで安心し、身の回りのことをやってみようとする姿が見られた。引き続き、関わりを大切にしたい。 ●共に過ごす中で、友達の存在に気付けるような声をかけた。友達の様子をよく見るようになったのが嬉しい。より楽しさが味わえるよう関わりたい。

 記入のコツ!!

保育者が来るのを待つということは、全面的に信頼されていることが分かります。具体的な姿をくわしく書いておくと、心持ちを読み取ることができます。

 保育のヒント

保育室を移動する際には、本児が気に入っている玩具などを持っていってもよいことにすると、安定する場合があります。

5月 個人案

6月 個人案

> **立案のポイント**
> 保育者が関わってくれると嬉しいのでしょう。温かく見守ります。

> **立案のポイント**
> 不安になりそうな気持ちを温かく受け止め、友達と共にいる楽しさが味わえるようにします。

個人案 → P108-P109 6月の個人案

記入のコツ!!
このように具体的に書いておくと、他の保育者が読んでも分かりやすくてよいでしょう。

記入のコツ!!
保育者に甘え、気持ちを受け止めてもらうことで、気分を切りかえています。子どもの安心感が伝わる、よい記述です。

●6月個人案　あひる組

	Aくん 2歳3か月（男児）	Bくん 2歳5か月（男児）
前月末の子どもの姿	●保育者の言葉をまねて、「り（おかわり）」「しゃ（電車）」と単語の語尾を発音し、したいことやほしい物を表現する。 ●保育者の声かけで、トイレに行ってみようとする。 ●友達の遊びに興味を示し、まねる。	●できることには自信をもち、自分でやろうとする。 ●保育者に甘えてくることが多くなるが、安心すると自ら遊びに戻る。 ●友達のまねをして楽しむが、ちょっとした接触でイライラし、大声を出す。
ねらい	●トイレでの排尿に慣れる。 ●友達と一緒に過ごす楽しさを味わう。	●生活や遊びに必要な言葉が分かり、思いを表現する。 ●友達と一緒に過ごす楽しさを味わう。
内容	●保育者の声かけでトイレに行き、見守られながら排泄をする。健康 ●友達のしている遊びに興味をもち、同じことをしようとする。人間	●保育者と一緒に、自分の気持ちを相手に伝える。言葉 表現 ●友達のしていることに興味をもち、一緒に遊びを楽しむ。人間
保育者の援助	●本児の間隔に合わせ、無理強いすることなくトイレに誘い、排泄できたときには十分にほめて、次の意欲につなげる。 ●興味を示す姿を見逃すことなく誘いかけ、場の共有や同じ玩具を用意するなどして楽しめるようにする。	●本児の思いを受け止め、必要に応じて保育者が代弁し、そばに付いて自分の思いを伝える。 ●楽しんでいる姿を見守り、保育者も一緒に遊びを楽しみながら友達と場を共有し、興味ある遊びを楽しめるようにする。
評価・反省	●排尿できたときに十分にほめることで、トイレに進んで行くようになる。引き続き無理なく進めたい。 ●保育者の仲立ちを通して、友達をまねるだけでなく、一緒に遊ぶ姿も見られた。引き続き、状況に応じて関わりたい。	●思いを受け止め、どう伝えたらよいかを知らせた。思いを言えることもあるが、泣いて思いを通すこともある。引き続き関わっていきたい。 ●保育者が共に過ごすことで安心して自分から友達にかけ寄る姿も見られる。今後も友達との関わりを楽しめる場をつくりたい。

「5領域」の 健康：健康　人間：人間関係　環境：環境　言葉：言葉　表現：表現　を表しています。

> **立案のポイント**
> 次の活動をさせるのではなく、やりたくなるように誘っていきましょう。

> **立案のポイント**
> トイレが心地よい場所になるように工夫し、成功したことではなく、行って座れたことを認めます。

Cちゃん 2歳11か月（女児）	Dちゃん 3歳2か月（女児）
●GW明けは一日を通して不安がる様子が見られたが、中旬頃より落ち着き、友達と一緒に過ごす姿も見られる。 ●安定して過ごせるようになっても生活の流れにのれず、気ままに遊んでいることが多い。	●トイレに行かないことが多いが、行くと排尿できることもある。身の回りのことをやってみようとする姿も見られる。 ●友達や保育者の名前を声に出したり、好きな遊びを通して友達と同じことをしたりする姿も見られる。
●友達と一緒に過ごす楽しさを味わう。 ●次の活動に期待をもって過ごす。	●身の回りのことに意欲をもつ。 ●友達と一緒に過ごす楽しさを味わう。
●保育者を仲立ちとして、友達との関わりを楽しむ。 人間 ●保育者の声かけを聞き、行動する。 言葉	●簡単な身の回りのことをしようとする。 健康 ●保育者を仲立ちとして、友達との関わりを楽しむ。 人間
●友達の存在に気付けるような声かけを行い、保育者も共に遊び、友達に話しかけられる場面をつくる。 ●様子を見守りながら、次のことをしてみようと思えるような言葉をかけ、行動できたときには大いにほめ、次につながるようにする。	●意欲がもてるような声をかけ、できたときには大いにほめ、自信につなげる。また、無理強いせず、間隔を見ながらトイレに誘う。 ●友達の遊びに興味を示す姿を見逃さず誘いかけ、共に過ごす機会を多くつくる。
●身近な友達に興味がもてるよう声をかけた。遊びを通して友達に声をかける姿も見られた。友達との関わりを今後も楽しめるようにしたい。 ●次の活動に期待がもてるように関わったが、本児のやりたいことが優先する。一対一で関わり一緒に行動するなど、対応の仕方を工夫したい。	●意欲がもてるよう声をかけたが、トイレも含め、気分によって全く行動に移さないときもある。本児の思いを受け止め、安定した気持ちで過ごせるようにしたい。 ●本児の様子を見逃さず、遊びに誘った。友達との距離も縮まり、笑い合う姿も見られてよかった。

 保育のヒント

次の行動をしなければならないという思いがないのでしょう。強制することなく、楽しく誘いかけていくとよいでしょう。

保育のヒント

仲のよい友達と一緒にトイレに行くようにすると、喜んで行くこともあります。楽しい気持ちで行けるように、方法を考えてみましょう。

6月 個人案

7月 個人案

個人案 → P110-P111 7月の個人案

記入のコツ!!
タイミングを見計らい、適切な援助がなされたことが伝わります。充実できる遊びが展開されました。

保育のヒント
自分の思いを強く表現するのは大切なことです。相手のけがにつながらないようにするのはもちろんですが、気持ちの表現を我慢させることのないようにします。

立案のポイント
第一反抗期の始まりです。十分に受け止めながら明るく誘いましょう。

立案のポイント
身の回りのことを少し手伝い、最後は自分でできた達成感を味わえるようにしましょう。

●7月個人案　あひる組

	Aくん 2歳4か月（男児）	Bくん 2歳6か月（男児）
前月末の子どもの姿	●保育者の声かけを理解し、行動することができるが、トイレなどは、わざと「嫌だ」と言い、相手の反応を楽しむ。 ●友達の遊びをまねるだけでなく、一緒に楽しむ姿も見られる。	●泣いて思いを通そうとするが、そばに付くことで友達に自分の思いを伝えるようになった。また、自分から友達に関わる姿も見られる。 ●身の回りのことが自分でできるようになるが、靴はきや蛇口の開閉はやってみようとしない。
ねらい	●身の回りのことに意欲をもつ。 ●友達と一緒に過ごす楽しさを味わう。	●友達と一緒に過ごす楽しさを味わう。 ●身の回りのことに意欲をもつ。
内容	●甘えを受け止めてもらいながら、身の回りのことをしようとする。 健康 人間 ●保育者が仲立ちとなり、友達との関わりを楽しむ。 人間	●保育者を仲立ちとして、友達との関わりを楽しむ。 人間 ●簡単な身の回りのことをしようとする。 健康
保育者の援助	●甘えてきたときは、十分に受け止めて、やり取りを楽しみながら、満足感と共に身の回りのことに取り組めるようにする。 ●本児の興味のある遊びを把握し、共通の遊びを通して友達と関わりがもてるよう、場を設定する。	●友達と過ごす機会をつくり、遊ぶ様子を見守ったり、楽しさを共有したりする。また、先月に続き、思いを代弁したり、そばに付いたりして安心感がもてるようにする。 ●自らやってみようとする意欲がもてるような声をかける。
評価・反省	●本児の甘えを受け止めたことで、気持ちが満たされ、やる気へとつながった。適切な関わりがもてた。 ●友達と同じ遊びに興味をもった瞬間を見逃さず、保育者が仲立ちとなり関わりの場をもった。戦いごっこなどを共に楽しむ姿が見られた。引き続き適切に関わりたい。	●友達と過ごす様子を見守り、必要に応じて仲立ちした。思いが強く、手が出やすいので、思いを十分に受け止め、気持ちが落ち着いたら丁寧に対応したい。 ●自分でやろうとしたことを大いにほめ、自信につなげた。次もやってみようとする気持ちがもててよかった。

「5領域」の 健康：健康　人間：人間関係　環境：環境　言葉：言葉　表現：表現　を表しています。

> **立案のポイント**
> 自分で食べられる量を決められることが、本児の励みになっていることを意識します。

> **立案のポイント**
> 気分に波があるのは自然なことなので、気分がのらない日には優しくそっとしておきます。

	Cちゃん 3歳0か月（女児）	Dちゃん 3歳3か月（女児）
	●やりたいことへの気持ちが強く、声をかけても気持ちが向かない。 ●遊びを通して友達に声をかけることが多くなる。 ●食事面では、苦手な物が多いが、自分で食べられる量を考え、答えることができる。	●身の回りのことは、気分によって意欲的に行動するときもあれば、全く動こうとせず、声も発しないときがある。 ●遊びの中で感じたことを相手に分かるように話す。また、そのやり取りを楽しむことができる。
	●身の回りのことに意欲をもつ。 ●楽しんで食事をする。	●一日を安定した気持ちで過ごす。 ●自分の思いを言葉で表現する。
	●保育者と一緒に行動しながら、次の活動に移る。健康 人間 ●自分の食べられる量を意欲的に食べようとする。健康	●保育者との関わりの中で、安心して生活する。健康 人間 ●保育者との関わりの中で、いろいろなやり取りを楽しむ。人間
	●一対一の関わりを大切にして、今は何をするときか気付けるように声をかける。 ●負担なく食べられるように、本児に合った量に調節する。また、意欲的に食べているときには大いにほめ、自信につなげる。	●安心感がもてるよう声をかけたり、行動を共にしたりする。また、できることは大いにほめ、自信をもって取り組めるようにする。 ●一緒に過ごす中で好きなキャラクターのことなど興味のあることを話しかけ、やり取りが楽しめるようにする。
	●一対一で関わるが、遊びに満足しきれず、すぐに行動できずにいた。本児の思いを受け止め、自分で遊びが終えられるまで見守るなど、満足できるような環境もつくりたい。 ●本児の意向を聞き、量を調節したことで、負担なく自分で食べるようになった。引き続き対応していきたい。	●登園時に抱っこや話しかけをたくさんするよう心がけたことで、安心して一日をスタートすることができた。その後も安定して過ごせるようになり、よかった。 ●保育者からも積極的に関わったことで、楽しみを共有しながらやり取りを楽しむことができた。

 記入のコツ!!
本児の興味があることについて具体的に書いておくと、後から読んだ際にも役に立ちます。

記入のコツ!!
なぜ次の行動に移れないのか原因を探り、対策を立てる必要があります。どういう環境なら満足できるのかを具体的に書いておきます。

7月 個人案

8月 個人案

個人案 → P112-P113 8月の個人案

> **立案のポイント**
> 友達の存在に気付き、関わりを楽しめるように援助しましょう。

> **立案のポイント**
> つくることや、かくことが楽しくなっているので、十分に欲求にこたえられる環境を用意します。

●8月個人案　あひる組

	Aくん 2歳5か月（男児）	Bくん 2歳7か月（男児）
前月末の子どもの姿	●身の回りのことを進んで行い、ほとんど一人でできる。 ●友達との関わりが増え、一緒に戦いごっこを楽しんでいる。 ●はっきりした言葉が増え、自分の気持ちを表現できる。	●友達と一緒に過ごす姿が多く見られるが、手が出やすい。 ●すべての身の回りのことを、自分でやってみようとする。 ●製作に興味を示し、保育者と一緒にやってみようとする。 ●苦手な物でも自ら食べようとする。
ねらい	●生活や遊びに必要な言葉が分かり、思いを表現する。	●生活や遊びの中で、言葉のやり取りをする。 ●手指を使った遊びを楽しむ。
内容	●自分のしたいこと、してほしいことを言葉やしぐさで伝える。 言葉 表現	●友達との関わりの中で、自分の思いを伝えようとする。 言葉 表現 ●かいたり、つくったりすることを楽しむ。 表現
保育者の援助	●やり取りの機会を多くもち、自分で伝えようとする気持ちをしっかりと受け止め、最後まで言えるように焦らせることなくゆったりと関わる。また、言えたときには大いにほめて自信につなげる。	●友達と一緒に遊ぶ様子を見守り、トラブルになったときには気持ちを受け止め、関わり方を知らせるなどして仲立ちする。 ●自ら製作に取り組む気持ちを大切にし、ゆったりとした雰囲気の中で楽しめるようにする。
評価・反省	●最後まで言えるように、焦らせずゆったり関わった。また、思いを言えたときには大いにほめることで自信になり、自分から話す機会も増えた。文章になるとうまく表現できないこともあり、引き続きゆったりと対応し、言葉を返していきたい。	●本児の気持ちを受け止め、どうしたらよいかを伝えた。気持ちを切りかえられるようになった。引き続き、関わりを大切にしたい。 ●興味を示す姿を見逃さずに声をかけ、楽しめるようにした。自らやりたい気持ちを伝えてくれるようになり、楽しさを味わえたと思う。

> **記入のコツ!!**
> 自信をもっていろいろなことにチャレンジしています。いつも頑張らせるのではなく、楽しめるようにするのは大切なことですね。

> **保育のヒント**
> 言いたいことを最後まで聞いてもらったことは、話してよかったという満足感につながります。大切な援助です。

「5領域」の 健康：健康　人間：人間関係　環境：環境　言葉：言葉　表現：表現　を表しています。

	立案のポイント パンツでいることは涼しく心地よいので、言葉で伝えて意識できるようにします。	**立案のポイント** 食事が楽しい時間になるように、笑顔で食べられるように工夫しましょう。	
	😊 **Cちゃん** 3歳1か月（女児）	😊 **Dちゃん** 3歳4か月（女児）	
	●みんなが次の活動に向かっても、気にせずに遊び続けている。 ●苦手な食べ物も量を減らしたり、励まされたりしながら、頑張って食べるようになる。 ●日中、パンツで過ごす時間が増え、尿意を伝えられることもある。	●身の回りのことを意欲的に行い、パンツで過ごすことを喜び、張り切ってトイレに行く。また、一日を安定して過ごせる。 ●受け答えをし、やり取りを楽しむ。 ●口の中に食べ物をため込み、なかなか飲み込めないときがある。	**保育のヒント** 口の中にため込んでいる場合は、「カミカミ、ゴックン」と言葉をかけて、飲み込めるようにします。その際、口に詰め込みすぎていないか注意します。
	●生活の流れを身に付ける。 ●午睡以外はパンツで過ごす。	●午睡以外はパンツで過ごす。 ●楽しんで食事をする。	
	●満足感を味わい、次の活動に移る。健康 ●保育者の声かけで、トイレに行き排尿をする。健康	●保育者の声かけでトイレに行き、排尿する。健康 ●自分の食べられる量を意欲的に食べようとする。健康	
	●本人が満足するまで遊べる環境をつくる。また、事前に次の活動を知らせ、見通しがもてるようにする。 ●朝夕担当の保育者と連携して、無理なくトイレに誘う。自分から尿意を伝えられたときは大いにほめ、自信につなげる。	●朝夕担当の保育者にも本児の排尿間隔を伝え、連携しながら、無理強いすることなくトイレに誘う。また、濡らさず過ごせたときには大いにほめ、自信につなげる。 ●無理なく食べられるように、本児の摂取量に合わせて量を加減する。	
	●満足するまで遊べるよう心がけた。次の活動を知らせても遊び続ける一方で、友達が先に進むのを嫌がる。本児の思いを受け止め、対応したい。 ●時間外担当の保育者と連携して進めた。排尿はトイレでできるようになるが、オムツをはきたがることが多い。無理なく対応していきたい。	●やり取りを大切にし、無理なくトイレに行く機会を設けた。尿意を感じて、トイレで排尿ができる。午睡も含めパンツで過ごせるようにしたい。 ●本児が無理なく食べられるように加減した。自分で量を決めて、その分はしっかり食べられる。引き続き、対応をしていきたい。	**保育のヒント** 友達の行動も目に入るようになったのは成長です。一緒にできるように、友達に少し待っていてもらうことで、行動が促されるかもしれません。

8月 個人案

9月 個人案

個人案 → P114-P115 9月の個人案

立案のポイント
言いたいことがうまく表せないのはもどかしいものです。ゆっくり言葉を待ちましょう。

立案のポイント
トラブルになりそうな場面を察知して、保育者が介入する必要があります。

●9月個人案　あひる組

	Aくん 2歳6か月（男児）	Bくん 2歳8か月（男児）
前月末の子どもの姿	●言葉が増え、二語文、三語文も話すが、発音がはっきりしなかったり、気持ちが先走ってしまったりして、うまく表現できないことがある。 ●体操には興味を示すことはなく、声をかけても「やりたくない」と言うことが多い。	●カッとなると手が出やすかったが、声をかけると自ら気持ちを切りかえられるようになる。 ●他児の様子を見て、自ら製作を楽しむ姿が見られる。 ●生活の流れがしっかり身に付き、進んで身の回りのことを行う。
ねらい	●生活や遊びの中で、言葉のやり取りをする。 ●体を動かす楽しさを味わう。	●生活や遊びの中で、言葉のやり取りをする。
内容	●自分の思いを言葉で伝える。[言葉] ●リズムに合わせて、体を動かすことを楽しむ。[表現]	●友達との関わりの中で、自分の思いを伝えようとする。[人間][言葉]
保育者の援助	●本児の言葉をゆったりと受け止める雰囲気を大切にし、うまく言えないときにはゆっくり返すようにする。 ●無理強いすることなく踊りに誘い、保育者が楽しく踊る様子を見せるなどして興味がもてるようにする。	●友達と一緒に遊ぶ様子を見守りながら、トラブルになりそうなときには、「どうしたらいいかな」「何て言えばいいかな」と声をかけ、自分の思いが伝えられるようにする。また、自分で言えたときには大いにほめ、自信につなげる。
評価・反省	●保育者がゆったりと聞き、言葉を返すことで、自分の気付きや要求を上手に伝えられるようになった。引き続き、関わりたい。 ●保育者が踊って興味がもてるようにした。次第に保育者や友達が踊る様子に興味を示し、仲間に入ってくるなど、無理なく楽しめたと思う。	●友達と遊ぶ様子を見守り、必要に応じて仲立ちした。大きな声を上げることで嫌な思いを伝えようとするが、相手にはその思いが伝わらずトラブルになりがちである。双方の思いを代弁すると共に、言葉で自分の思いを伝えられるように関わりたい。

保育のヒント
「〜かな？」と気持ちに沿った言葉を返すことで、子どもが選べるようにするとよいでしょう。

記入のコツ!!
気持ちを抑え込むのではなく、言葉で伝えるのを支えます。具体的な保育者の言葉が記してあるので、分かりやすいです。

「5領域」の [健康]：健康　[人間]：人間関係　[環境]：環境　[言葉]：言葉　[表現]：表現　を表しています。

	Cちゃん 3歳2か月（女児）	**Dちゃん** 3歳5か月（女児）
	立案のポイント：パンツを強制せず、本児が自分で選べるようにしているところがポイントです。	**立案のポイント**：自分からやろうとする姿を認め、成功体験を重ねていきましょう。
	●活動が進んでも興味を示すことなく遊び続けるが、友達が先に進んでしまうのを嫌がる姿も見られる。 ●トイレで排尿できるが、オムツをはきたがることがある。 ●集中してお絵かきを楽しむ。	●パンツで過ごすことを喜び、尿意を知らせ、保育者の声かけでトイレに行って排尿できるようになる。 ●保育者の声かけがなくても、自分でやってみようとするなど、身の回りのことに興味をもって取り組む。 ●自分で決めた量をしっかり食べる。
	●生活の流れを身に付ける。 ●排泄に自信をもつ。	●一日を通し、パンツで過ごす。 ●身の回りのことに意欲をもつ。
	●周りの友達の姿を見たり、声かけを聞いたりして、少しずつ行動に移す。 言葉 ●パンツで過ごすことに慣れる。 健康	●自分からトイレに行き、排尿する。 健康 ●身の回りのことを進んで行い、自分でできた満足感を味わう。 健康
	●見通しがもてるような声かけをすると共に、周りの友達が今、何をしているのかを具体的に知らせ、自ら行動に移せるように見守る。 ●本児の気持ちを受け止め、無理強いすることなく進め、自信となるような声をかける。	●午睡前に再度声をかけ、トイレに誘う。また、自分からトイレに行き、失敗せずに過ごせたことを大いにほめ、自信につなげる。 ●身の回りのことをする姿を見守り、必要に応じて援助し、できたことをほめて、満足感が味わえるようにする。
	●すべきことをやらずにいることが多い。本児が満足して次のことに取り組めるよう、声かけのタイミングに注意していきたい。 ●無理なくパンツ使用を進めたことで、次第に慣れた。できたことを大いにほめたことも自信となり、よかった。	●布団に入る前にトイレに誘い、習慣になるようにした。無理なく、自らトイレに行く習慣が身に付いた。 ●自分でしようとする気持ちを大切にして、様子を見てさり気なく援助した。できたことをほめると嬉しそうにパンツを見せてくれた。満足感と共に意欲につながる関わりができた。

保育のヒント
慣れた感触への回帰がうかがえます。パンツは頼りなく感じるのでしょう。でも、パンツのほうがかっこいいことをしっかり伝え、ほめていきます。

保育のヒント
活動の節目にトイレに誘うことは大切です。特に、布団に入る前には必ず誘い、習慣にしたことが成功しています。

9月 個人案

10月 個人案

> **立案のポイント**
> 全身を使って遊ぶことで体が躍動し、心が解放されるでしょう。

> **立案のポイント**
> 好きな遊びが十分にできるように環境を整え、不満をため込まないようにします。

個人案 → P116-P117 10月の個人案

●10月個人案　あひる組

	Aくん 2歳7か月（男児）	Bくん 2歳9か月（男児）
前月末の子どもの姿	●言葉が増え、自分の気持ちをうまく伝えられる。 ●体操に興味を示し、楽しむ。また、追いかけっこに自ら参加する。 ●パンツで過ごせるようになり、尿意、便意ともに知らせ、トイレで排泄できる。	●気に入らないと大きな声を上げ、嫌な思いを表現する。 ●トイレでの排尿はないが、嫌がらずに行く。 ●ブロック遊びが好きで、イメージしたものをつくり、楽しんでいる。気分がいいと歌を口ずさむ。
ねらい	●体を動かす楽しさを味わう。	●生活や遊びの中で、言葉のやり取りをする。
内容	●保育者と一緒に、全身を使った遊びを楽しむ。健康 人間	●友達との関わりの中で、自分の思いを伝えようとする。人間 言葉
保育者の援助	●活動的な遊びに誘いかけたり、本児のやりたい遊びを快く受け入れたりして、保育者も一緒に楽しんでいく。 ●保育者に伝えた言葉を温かく受け止め、更に楽しく返すことで、やり取りする楽しさを味わわせる。	●友達と一緒に遊ぶ様子を見守り、トラブルになったときには、本児の思いをしっかり受け止め、言葉にする。また、相手にどう言えばよいのか、状況に合った言葉を知らせ、相手の思いを丁寧に知らせる。
評価・反省	●追いかけっこなど活動的な遊びを保育者と一緒に楽しむことで、体を動かす楽しさを味わえた。半面、友達と一緒に遊ぶ姿があまりみられなくなったので、好きな遊びを通して、友達と関わりがもてるよう仲立ちしていきたい。	●友達との関わりの中で、時にカッとなることもあるが、保育者の言葉にはしっかり耳を傾け、小声ながらも思いを伝えようとしている。母親の妊娠が分かり、気持ちが不安定な面も見られるので、本児の思いに寄り添いながら安心して過ごせるようにしていきたい。

> **記入のコツ!!**
> Bくんが実際にどんな遊びをしていて、どんな様子なのかが具体的に分かる、よい記述です。頭の中に姿が浮かぶように事実をとらえて書き留めましょう。

> **記入のコツ!!**
> ねらいと内容に照らして、それがどのくらい経験され近づいたかということを評価するのが基本です。また次の課題となることも明記しておきます。

116　「5領域」の 健康：健康 人間：人間関係 環境：環境 言葉：言葉 表現：表現 を表しています。

立案のポイント	立案のポイント
次の活動に楽しく誘いながら、ほめて励ましていきます。	運動的な遊びに興味をもっているので、一緒に遊びながら心地よさを味わいます。

Cちゃん 3歳3か月（女児）	Dちゃん 3歳6か月（女児）
●まだ次の活動に移るまでに時間がかかり、身の回りのことをやりたがらない。 ●尿意を知らせ、トイレに行く。日中は失敗することはほとんどなく、パンツで過ごすことに慣れてきた。	●排泄面では、一日を通して失敗することはなく、大便もトイレでできる。 ●自分でできることが増え、身の回りのことに意欲的である。 ●園庭では、追いかけっこやボール遊びを楽しむ姿が見られる。 ●フォークが握り持ちになる。
●次の活動に期待をもって過ごす。	●体を動かす楽しさを味わう。 ●食具の持ち方を身に付ける。
●次の活動を促す保育者の声かけを聞き、少しずつ行動に移す。健康 言葉	●保育者と一緒に全身を使った遊びを楽しむ。健康 人間 ●フォークを上手に持って食べる。健康
●次の活動に期待や興味がもてるような声かけを行い、行動に移せたときには大いにほめ、自信につなげる。また、満足して遊びが終えられるよう、声かけのタイミングに注意する。	●興味がもてるように誘いかけ、共に楽しみながら体を動かす楽しさが味わえるようにする。 ●フォークが上手に持てたときには大いにほめ、正しい持ち方が身に付くようにする。
●早めに次の活動を伝え、期待がもてるようにすると共に、次の活動に移るときには最後に声をかけるなど、満足して遊びを終えるようにした。以前ほど取り組みに時間がかかることもなくなった。引き続き、満足感が味わえるように関わっていきたい。	●本児の興味あることを共に楽しんだ。「三輪車しよう」と本児から誘いかけてくるほど、よく遊ぶようになる。体を使った遊びを楽しむことができたと思う。 ●できたときには大いにほめたことが自信につながり、フォークの正しい持ち方が身に付いたと思う。

記入のコツ!!

片付けの時間だからと遊びを切り上げさせるのではなく、満足感を味わわせてからという配慮が大切です。

保育のヒント

親指と人差し指をL字の形にして、人差し指の上にフォークをのせると、正しい持ち方になります。

10月 個人案

11月 個人案

個人案 → P118-P119 11月の個人案

立案のポイント
一人でじっくり遊ぶ経験も大切にしつつ、友達と同じ場にいるときは相手を意識できるよう関わります。

立案のポイント
保育者の話がしっかり聞けることを認めながら、温かく関わります。

●11月個人案　あひる組

	Aくん 2歳8か月（男児）	Bくん 2歳10か月（男児）
前月末の子どもの姿	●保育者と一緒に遊ぶ中で、追いかけっこや固定遊具遊びなど、全身を使った遊びをすることが多い。 ●友達と一緒に遊ぶより、一人でじっくり集中して一つの遊びを行う。	●カッとなり瞬間的に物を投げることもあるが、保育者の言葉にはしっかり耳を傾け、小声ながらも思いを伝えようとする。 ●一日を通して、イライラして過ごす姿が多く見られる。
ねらい	●友達と一緒に過ごす楽しさを味わう。	●一日を通して、落ち着いて過ごす。
内容	●好きな遊びを通して、友達との関わりを楽しむ。 人間	●保育者との関わりの中で、安心して過ごす。 健康 人間
保育者の援助	●友達と同じ遊びをしているときは、場を共有できるよう仲立ちをしながら、一緒に楽しめるようにする。また、友達と一緒に遊んでいるときには見守り、時々声をかけるなどして楽しさを共感する。	●本児の思いを受け止め、スキンシップを十分に図るなど一対一での関わりを大切にし、安心感や満足感が味わえるようにする。
評価・反省	●無理せず、さり気なく誘いかけ、友達と場を共有して同じ遊びが楽しめるようにした。園庭では友達をまねて、鉄棒や三輪車で追いかけっこをして遊ぶことが少しずつ増えてきている。引き続き、一緒に遊んでいるときには見守り、友達と遊ぶ楽しさが味わえるようにしていきたい。	●スキンシップや一対一での関わりを大切にしていった。甘えられることを喜び、笑顔で一日を過ごせるようになり、適切な関わりがもてたと思う。引き続き、大切に対応していきたい。

保育のヒント
Bくんの気持ちを受け止めて、思い切りやりたいことができるような特別な一日をつくってみましょう。

記入のコツ!!
具体的にどのような遊びをして、友達と関わっているのかを記してあります。

「5領域」の 健康：健康　人間：人間関係　環境：環境　言葉：言葉　表現：表現　を表しています。

> **立案のポイント**
> 気持ちが上手に切りかえられるように、明るく関わり、楽しいことに誘いましょう。

> **立案のポイント**
> 友達とのやり取りが楽しくなっているので、心が通う場面を大切にします。

	Cちゃん 3歳4か月（女児）	Dちゃん 3歳7か月（女児）
	● 以前ほど、次の活動への取り組みに時間はかからないが、自分の思い通りにいかないと泣いて思いを通そうとすることもある。 ● トイレで排便ができるようになる。 ● 好きな遊びを友達と一緒に楽しむ。	● かくれんぼやお出かけごっこ（三輪車、なわとび電車）に興味を示し、友達との関わりが見られる。 ● ズボンを下ろした状態で排泄ができるようになる。 ● フォークの持ち方は身に付くが、おしゃべりが楽しく、食事が進まない。
	● 次の活動に期待をもって過ごす。 ● 友達と一緒に過ごす楽しさを味わう。	● 友達と一緒に過ごす楽しさを味わう。 ● 楽しい雰囲気の中で意欲的に食べる。
	● 保育者の声かけを聞き、行動に移す。 言葉 ● 好きな遊びの中で、友達との関わりを楽しむ。 人間	● 好きな遊びを通して友達との関わりを楽しむ。 人間 ● やり取りを楽しみながら、食事をとる。 健康 人間
	● 早めに次の活動を知らせて、期待がもてるようにする。また、思いを通そうとするときは、一対一で関わり、思いを受け止め、じっくり話をする。 ● 友達と遊ぶ様子を見守り、イメージを共有できるよう仲立ちし、一緒に遊ぶ楽しさが味わえるようにする。	● 友達と楽しんでいるときには見守り、時々声かけをして楽しさを共感し、友達と遊ぶ楽しさが味わえるようにする。 ● 楽しい雰囲気を大切にし、食事が進まないときには「次はどれを食べる？」と声をかけ、食べることへの意欲がもてるようにする。
	● 早めに活動を知らせ、行動を共にすることで、スムーズに行動に移れるようになった。自分でできることも増え、適切な関わりがもてた。 ● ごっこ遊びの中では、役になりきる姿も見られた。引き続き、他児と同じイメージの中で楽しめるよう、遊びを展開していきたい。	● 友達と遊ぶ楽しさが味わえるように関わった。自分から仲間に入ることも多くなる。今後は、友達とやり取りを楽しめるように関わりたい。 ● 一緒に会話を楽しみながら、進み具合に合わせて声をかけた。次第に食事が進むようになり、食べることへの意欲がもてたと思う。

保育のヒント

「お口が空っぽだよ」と声をかけるより、「次はどれを食べる？」と尋ねたほうが、Dちゃんは意欲的に食べることができるでしょう。

記入のコツ!!

促したり見守ったりするだけでなく、「共に行動すること」がCちゃんの支えになりました。何がよかったのかを分かるように記します。

11月 個人案

12月 個人案

個人案 → P120-P121 12月の個人案

立案のポイント
お姉さんと共にいることも心の支えになっています。友達との出会いが喜びになるようにします。

立案のポイント
保育者が心のよりどころであることを踏まえ、変わらぬ愛情で包み込むようにします。

●12月個人案　あひる組

	Aくん 2歳9か月（男児）	Bくん 2歳11か月（男児）
前月末の子どもの姿	●友達との関わりが少しずつ増えてきているが、保育者や、姉と一緒に遊ぶ場面が多い。 ●言葉で思いや考えを伝えようとすることが増え、やり取りを楽しんでいる。	●イライラすることがなくなり、落ち着いて過ごせる。 ●保育者と友達が遊んでいる姿に興味を示し、そばに近づくが、自分から中には入れず、誘いかけを待つ姿が多い。
ねらい	●友達と一緒に過ごす楽しさを味わう。	●友達と一緒に過ごす楽しさを味わう。
内容	●好きな遊びを通して、友達との関わりを楽しむ。 人間	●保育者を仲立ちとして友達との関わりを楽しむ。 人間
保育者の援助	●本児と保育者との関わりの中へ、友達を誘い、遊びを共有しながら楽しさを味わえるようにする。また、友達との遊びが継続できるような声かけや、手助けをしていく。	●本児が興味を示す姿を見逃さず、遊びに誘いかけ、友達と一緒に過ごす楽しさが味わえるようにする。また、遊びに保育者が入ることで安心感がもてるようにし、共に遊びを楽しむ。
評価・反省	●保育者が仲立ちして友達を遊びに誘うことで、保育者とだけべったり遊ぶ時間が少しずつ減り、友達と三輪車やなわとびを使ったヘビごっこなど同じ遊びをする姿が見られるようになった。平行遊びが多いので、引き続き保育者が仲立ちして、友達との関わりの楽しさが味わえるように援助したい。	●保育者が共に遊ぶなど、友達と遊ぶように仲立ちした。次第に保育者の仲立ちを必要とせず、自ら友達に関わる姿も多くなった。友達と一緒に過ごす楽しさを十分に味わえたと思う。

保育のヒント
保育者と共にいることが安心のポイントとなっています。保育者が仲立ちとなって、友達とつなぐ役割が求められます。

記入のコツ!!
どのような様子で平行遊びをしているのかが具体的に目に浮かぶように書きましょう。

「5領域」の 健康：健康　人間：人間関係　環境：環境　言葉：言葉　表現：表現 ・を表しています。

立案のポイント	立案のポイント
ごっこ遊びが十分に楽しめるよう、遊具や用具をそろえて支えます。	友達との関わりが増えています。友達と遊ぶ楽しさが十分に味わえるようにします。

Cちゃん 3歳5か月（女児）	Dちゃん 3歳8か月（女児）
●次の活動にスムーズに移れるようになり、気持ちの切りかえも早い。 ●ズボンやパンツを足首まで下げた状態で排泄ができるようになる。 ●ごっこ遊びで、お母さん役になりきり口調もまねて楽しんでいる。	●三輪車でのお出かけごっこやかくれんぼなど興味ある遊びに、「（名前）も入れて」と自分から仲間に入れる。 ●食事がスムーズに進むようになった。 ●排泄の仕方が身に付き、排便後の始末以外は、すべて一人でスムーズに行える。
●好きな物になりきり、表現する楽しさを味わう。	●言葉のやり取りを楽しむ。
●保育者や友達と一緒にごっこ遊びを楽しむ。 人間 言葉	●保育者や友達と一緒にやり取りしながら、ごっこ遊びを楽しむ。 人間 言葉
●本児のせりふから出るイメージを壊さず言葉を返し、そのイメージを他児とも共有できるように遊び（お母さんごっこ）を展開する。また、くり返し楽しむ機会や時間を十分に取り、満足できるようにする。	●遊びの中で出てきた「こうしたらいい」などの本児の思いを他児にも分かるように伝え、イメージを共有して楽しめるようにする。また、その中で、友達とのやり取りも楽しめるような機会をつくる。
●本児がイメージする遊びを壊すことなく言葉を返した。また、他児にも本児のイメージを分かりやすく伝えたことで、次第に友達とのやり取りも多くなった。自ら遊びに加わることも多くなり、ごっこ遊びを十分に楽しめたと思う。	●本児の思いを他児にも伝えるものの、やり取りになると対保育者で終わってしまい、友達とのやり取りにはつながらなかった。友達に自ら声をかけて遊ぶ姿は見られるので、楽しさを味わう中で言葉を引き出し、やり取りにつなげていきたい。

保育のヒント

自分から友達に声をかけているので、友達から言葉を返してもらう喜びを味わえるようサポートしましょう。

保育のヒント

お母さんごっこを楽しむために、エプロンやスカーフなどのなりきりグッズを用意するとよいでしょう。料理のアイテムも少しずつ増やしていきましょう。

12月 個人案

1月 個人案

立案のポイント
ガラガラうがいでつまずいています。しようとする姿を認め、丁寧にやり方を伝えましょう。

立案のポイント
新しいことにもチャレンジして、世界を広げていけるように後押しします。

●1月個人案　あひる組

	Aくん 2歳10か月（男児）	Bくん 3歳0か月（男児）
前月末の子どもの姿	●友達と同じ遊びを楽しむ姿が見られるが、平行遊びが多い。 ●身の回りのことなどは進んで自分から積極的に行えるが、「ガラガラうがいができない」と言って、水道の前で戸惑っている。	●友達の遊びに興味を示し、自らそばに近づき過ごす姿が多い。 ●保育者の声かけで苦手な食材（ニンジン）を食べてみようとする。 ●自分から着脱を行おうとする姿が見られるが、うまくできないと手伝いを求めるより先に怒り出す。
ねらい	●友達と一緒に過ごす楽しさを味わう。 ●ガラガラうがいが身に付く。	●楽しい雰囲気の中で、意欲的に食べる。 ●身の回りのことに意欲をもつ。
内容	●保育者を仲立ちとして、友達との関わりを楽しむ。人間 ●ガラガラうがいの仕方が分かり、しようとする。健康	●いろいろな食材を食べてみる。健康 ●身の回りのことに落ち着いて取り組む。健康
保育者の援助	●友達の存在に気付けるような声かけを行い、共に過ごす楽しさを共感する。 ●自信をもって行えるよう、そばに付いて見守ったり、一緒に行ったりして、やり方を伝える。また、できたときにはほめ、自信につなげる。	●「食べてみようかな」という本児の気持ちを大切にし、無理強いせずに進める。 ●着脱では本児の頑張る姿を大いにほめ、意欲がもてるようにする。また、さり気なく援助をし、やり方を丁寧に知らせる。
評価・反省	●友達と一緒に遊びを楽しめるよう声をかけた。遊びを通して、友達と笑い合う姿が見られた。引き続き、様子を見ながら仲立ちしたい。 ●本児の様子を見逃さず、声をかけてやり方を見せ、一緒に行った。次第にうがいができるようになったので、大いにほめて自信につなげたい。	●無理強いすることなく進めた。自ら食べられたことを大いにほめたことが自信になり、意欲をもって食べられるようになった。 ●焦らせることなくさり気なく援助し、やり方を知らせた。イライラせずに、自分でやろうとするようになった。引き続き対応していきたい。

記入のコツ!!
Bくんの苦手な食材を具体的に書いておくと、複数の保育者で書いているうちに、よい言葉かけのアイデアが出てくるかもしれません。

保育のヒント
まずは水なしで上を向いて「ガー」と声を出す経験をさせ、それから少量の水を口に含ませるとよいでしょう。

立案のポイント

行動に見通しがもてるように知らせたり、誘ったりして導きます。

立案のポイント

言葉づかいは友達にも影響を与えるので、禁止ではなく、よりよい言い方を伝えます。

Cちゃん 3歳6か月（女児）	Dちゃん 3歳9か月（女児）
●自然と仲間に入り、友達とやり取りしながらごっこ遊びを楽しむ。 ●特定の保育者を求めたり、すぐにやらなかったりするが、声かけで行動できることも多くなる。 ●午睡以外は、便意、尿意を知らせ、トイレで排泄できる。	●友達に「○○しよう」と声をかけて遊ぶが、やり取りまではいかない。 ●保育者とのやり取りで不意に「○○じゃねぇよ」などと、言葉づかいが悪くなることがある。
●身の回りのことに意欲をもつ。	●言葉のやり取りを楽しむ。
●保育者の声かけで、身の回りのことを自分でしようとする。 健康 言葉	●保育者や友達と一緒にやり取りしながら、好きな遊びを楽しむ。 人間 言葉
●不安な様子が見られたときには、そばに付いて話しかけ、共に行動するなどして安心できるようにする。また、やらなければいけないこともあると伝え、期待をもって取り組めるよう「○○したら××しようね」と声をかける。	●友達と遊ぶ姿を見守りながら、時々中に入って、互いの言葉を引き出し、やり取りが楽しめるようにする。また、言葉が乱暴になったときには「○○って言おうね」と、正しい言葉の使い方を知らせる。
●共に行動したり、声をかけたりしたが、なかなか気分がのらず、身の回りのことに取りかかれずにいた。今後は、より期待がもてるような声かけを工夫し、保育者の援助を増やすなどして負担なくできるようにしたい。	●言葉づかいについては、そのつど知らせていくことで、次第に自分で気付けるようになり、乱暴な言葉がなくなった。また、遊びの中で「お買い物に行って何買おうか？」などと、イメージが共有できるような投げかけを行うことで、友達とのやり取りも楽しむようになった。適切な関わりがもてた。

保育のヒント
やらないとこんな困ったことになる、ということを話し、する必要性を認識できるようにしましょう。

記入のコツ!!
以降の保育にも役立つように、具体的に投げかけた言葉を書いておきましょう。

1月 個人案

2月 個人案

個人案 → P124-P125 2月の個人案

立案のポイント
少しずつ世界が広がっています。友達と楽しむ経験が豊かにできるような遊びを準備します。

立案のポイント
友達との関わりが楽しめるよう、具体的な言葉を伝えながら、関わり方を知らせます。

●2月個人案　あひる組

	Aくん 2歳11か月（男児）	Bくん 3歳1か月（男児）
前月末の子どもの姿	●友達と笑い合いながら、絵合わせなどルールのある遊びを楽しんでいる。 ●「ガラガラうがいできない」と言ってブクブクうがいをすることが多かったが、少しずつやってみようとし、上手にできるようになる。	●苦手な食材も食べ、おかわりするほどになった。 ●着脱では怒り出すことがなくなり、自分で頑張ったり、「手伝って」と言ったりする。 ●友達のすることをまね、一緒に楽しむ姿が見られる。
ねらい	●集団で遊ぶ楽しさを味わう。	●友達と関わりをもち、自分の思いを伝える。
内容	●保育者や友達と一緒に、ごっこ遊びや簡単なルールのある遊びを楽しむ。人間 言葉	●友達との関わりの中で、やり取りを楽しむ。人間
保育者の援助	●保育者も一緒に遊びを楽しみながらルールを知らせていく。また、遊びを通して友達との関わりを楽しめるよう、一緒に楽しんでいるときには見守り、必要なときには声をかけて遊びを盛り上げる。	●友達と一緒に遊ぶ様子を見守ったり、保育者もいろいろな言葉をかけたり、やり取りの楽しさが味わえるようにする。
評価・反省	●必要に応じてルールを丁寧に知らせた。椅子取りゲームやかくれんぼなど、やり方をすぐに覚え、積極的に参加して楽しむ姿が見られる。遊びを通して友達との関わりも増えた。今後も遊びを楽しみながら、友達と関わる楽しさが十分味わえるようにしたい。	●いろいろな言葉をかけ、やり取りの楽しさが味わえるようにした。友達との関わりは増えるが、言葉のやり取りになると保育者に対してのみになってしまう。引き続きいろいろな言葉をかけ、友達も交えて、やり取りが楽しめるようにしたい。

保育のヒント
「Bくんと○ちゃん、同じだね」と友達との共通点を見付けて言葉にすることで、その友達に親しみをもてることがあります。

保育のヒント
集団遊びに誘うことにより、今まで知らなかった楽しさを味わうことができます。いろいろな集団遊びを、様子を見ながら取り入れていきましょう。

「5領域」の 健康：健康　人間：人間関係　環境：環境　言葉：言葉　表現：表現　を表しています。

	Cちゃん 3歳7か月（女児）	**Dちゃん 3歳10か月（女児）**
	●身の回りのことになかなか取りかかれず、最後になってしまうと慌てる。 ●いろいろな言葉を使い、自分の思いを表現することができるが、友達を攻撃するような言葉を使い、相手に嫌な思いをさせてしまう。	●自分が経験したことを遊びの中で再現し、友達とやり取りしながら楽しむようになる。また、乱暴な言葉づかいがなくなる。 ●手伝いを喜び、テーブルふきや椅子出しなどを進んで行う。
	●身の回りのことに意欲をもつ。 ●生活や遊びの中で言葉のやり取りを楽しむ。	●イメージした物を表現する楽しさを味わう。 ●進級することに期待をもつ。
	●保育者の声かけで、身の回りのことを自分でしようとする。健康 言葉 ●友達に関わりながら、相手にも思いがあることに気付く。人間	●経験したことを遊びの中に取り入れて楽しむ。表現 ●自分でできる喜びを感じ、自信をもって過ごす。健康 表現
	●様子を見ながら声をかけたり、そばに付いたりして身の回りのことを行えるようにする。 ●そのつど相手の子が嫌な思いをしていることを伝え、「Cちゃんが言われたらどうかな」と問いかけ、気付けるようにする。	●共に遊びを楽しむ中で、本児のイメージを壊さず遊びの提案をし、より楽しさが味わえるようにする。 ●「手伝いたい」という思いを受け止め、無理なく行えることを用意する。手伝ってくれたときには感謝の気持ちを伝え、満足感が味わえるようにする。
	●そばに付き、できたことを大いにほめた。取りかかるまでに時間はかかるが、一人で行えるようになった。引き続き、関わりを大切にしたい。 ●相手の思いを考える問いかけをすることで、次第に相手の表情を見ながら言葉を選ぶようになり、相手にも思いがあることに気付けたようだ。	●共に遊びながら、声をかけ、遊びを広げていった。本児のイメージを大切にすることで、混乱なく再現遊びを楽しむことができた。 ●手伝ってくれたときはそのつど感謝の気持ちを伝えた。喜びと共に本児の自信を引き出すことができてよかった。今後も感謝を言葉にして伝えたい。

立案のポイント
言われたら嬉しい言葉をたくさん聞かせ、自分でも使えるように導きます。

立案のポイント
手伝うことに喜びを感じているので、感謝の気持ちを伝えながら活躍させます。

記入のコツ!!
友達を攻撃する言葉を発した際に、どう援助するかの手立てを講じていることが伝わります。このような手立てをたくさん書いておくことが、役に立つ指導案となります。

保育のヒント
感謝の気持ちを言葉にして伝えることは、本児の自信につながると共に、第三者に対して自分が感謝を伝える際のモデルとしてインプットされます。

2月 個人案

3月 個人案

立案のポイント
満3歳になることが嬉しいので、いろいろなことに挑戦する意欲につなげます。

立案のポイント
衣服の着脱への意欲を認めながら、様々なチャレンジを温かく見守ります。

●3月個人案　あひる組

	Aくん　3歳0か月（男児）	Bくん　3歳2か月（男児）
前月末の子どもの姿	●椅子取りゲームやかくれんぼに積極的に参加して楽しむ。 ●生活の流れが分かり、身の回りのことをスムーズに行う。 ●フォークを使って食べるが、反対の手を使ったり、姿勢が崩れたりすることがある。	●友達との関わりが多くなるが、話しかける姿は見られない。保育者には自分の思いを上手に話すことができる。 ●上着のファスナーの開閉や衣服の裏返しを直すのを自分でやってみようとする。
ねらい	●進級することに期待をもつ。 ●食事中の姿勢や食具の持ち方が身に付く。	●自分の思いを伝え、満足感を味わう。 ●身の回りのことに意欲をもつ。
内容	●自分でできる喜びを感じ、自信をもって過ごす。健康 表現 ●食事中の姿勢に気を付けながら、正しく食具を持って食べる。健康	●友達との関わりの中で、やり取りを楽しむ。人間 言葉 ●衣服の仕組みが分かり、自分でしようとする。健康
保育者の援助	●「できた」場面を見逃さず、「上手にできたね」と声をかける。また、誕生日を迎えることもあるので、「3歳」ということにつなげながら、自信をもって進級できるようにする。 ●正しい姿勢を知らせながら、最後まで楽しく食べられるようにする。	●保育者も遊びに加わり、友達とのやり取りが楽しめるような場を設ける。本児の話に共感し、相手に伝わる満足感を味わえるようにする。 ●自分でやってみようとする姿を見守り、励ましながら、自分でできた満足感が味わえるようにする。
評価・反省	●自信につなげられるように関わる。「A、できるよ」と洋服を着るなどの身の回りのことに意欲的に取り組む。進級を楽しみにする言葉も聞かれ、自信をもって過ごすことができてよかった。 ●正しい姿勢を知らせながら、様子を見て量を加減した。飽きることなく最後まで食べ、姿勢も身に付いた。	●友達とのやり取りを楽しめるように関わった。友達とも安心して話せるようになり、よかったと思う。 ●本児の意欲を見守ると共に、さり気なく援助した。まずは自分でやってみようとする気持ちが強くなった。引き続いて関わりがもてるよう、次の保育者に引き継ぎたい。

記入のコツ!!
Bくんの努力している姿が目に浮かぶ記述です。一つ一つの経験が自信になっていることが伝わります。

記入のコツ!!
具体的に何ができたことが嬉しかったのかを記しておくことで、引き継ぐ際にも役立ちます。

「5領域」の 健康：健康　人間：人間関係　環境：環境　言葉：言葉　表現：表現　を表しています。

> **立案のポイント**
> 好きな遊びが続くようになったので、更にプラスワンアイデアを加え、遊びを魅力的にします。

> **立案のポイント**
> 思いを我慢してしまわないように、行動で表していいことも伝えて支えます。

	Cちゃん 3歳8か月（女児）	Dちゃん 3歳11か月（女児）
	●まだ身の回りのことに取りかかるまでに時間はかかるが、一人で行えるようになる。 ●保育者の手伝いを喜んでする。 ●かくれんぼや電車ごっこなど、友達と継続して楽しむようになる。	●友達のしているごっこ遊びに加わったり、再現遊びを楽しんだりする。 ●友達の様子に左右されることなく、生活全般において意欲的に過ごす。 ●嫌な気持ちを言葉にできず、我慢してしまうことがある。
	●進級することに期待をもつ。 ●体を動かす楽しさを味わう。	●生活や遊びの中で、自分の思いを表現する。
	●自分でできる喜びを感じ、自信をもって過ごす。 健康 表現 ●友達と一緒に全身を使った遊びを楽しむ。 健康 人間	●自分の思いを言葉にして伝える。 言葉 表現
	●本児の手伝いたいという思いを受け止め、無理なく行えることを用意する。保育者から感謝の気持ちを伝え、満足感が味わえるようにする。 ●必要に応じてルールを知らせ、体を使う楽しさ、集団で遊ぶ楽しさが味わえるようにする。	●本児の表情を見逃すことなく嫌だった気持ちを代弁し、また、自分で思いを伝えられるような場を設け、そばに付くなどして安心感がもてるようにする。
	●無理なく手伝ってもらった。自分がしたいことだけでなく、身の回りのことにも意欲的になる。満足感が大きな自信となり、よかった。 ●本児の様子に合わせ、ルールを知らせたり楽しさを共感したりした。体を動かす遊びに喜んで参加し、全身を使った遊びを十分に楽しんだ。	●そのつど本児の思いを言葉にし、受け止めた。また、「○○って言ってみようか」と声をかけることで、次第に自分の思いを言葉にできるようになり、適切な関わりがもてたと思う。

 保育のヒント

思いを表すことは大切なことだと伝え、「泣いてもいいのよ」と話します。それから言葉にしても遅くないのです。

保育のヒント

いつも手伝ってもらっている保育者のために何かをして「ありがとう」と言われることは、子どもにとって大きな喜びです。役に立つ喜びと満足感が子どもを成長させます。

3月 個人案

4月 個人案

月齢・行動の違いによる子どもの文例

玩具に興味を示さない 女児（2歳3か月）

今月初めの子どもの姿
- 一日を通して父親を恋しがる姿が見られるが、気持ちの切りかえは早く、すぐに興味あることを見付けて楽しんでいる。
- 遊びのコーナーから離れて狭い場所に入ろうとしたり、水遊びをしたりすることが多く、玩具に興味を示す姿は見られない。
- 歌が好きで、保育者が歌っているとそばに来て聞いたり、口ずさんだりする姿が見られる。窓に映った自分の姿を見ながら、歌うことを楽しむこともある。

ねらい
- 新しい環境に慣れる。

内容
- 保育者との関わりの中で、安心して過ごす。 健康 人間

保育者の援助
- 興味をもてるような誘いかけを行ったり、共に楽しんだりして、それぞれの遊びの楽しさが味わえるようにする。
- 不安がる様子が見られたときには気持ちを受け止め、優しく声をかける。

評価・反省
- 不安がる気持ちをしっかり受け止めたことで、安定した気持ちで一日を過ごせるようになった。
- 遊びにおいては、玩具への興味は見られないものの共に過ごす時間を十分につくったことで、保育者との関わりを喜ぶ姿が多く見られた。引き続き一緒に過ごしたり、好きなことを共に楽しんだりしながら、安定して過ごせるようにしたい。

立案のポイント
無理に人と関わらせようとするのではなく、まず保育者との関係をつくることが大切です。本児の興味あることを温かく受け止めます。

転園児 男児（2歳4か月）

今月初めの子どもの姿
- 緊張している様子はうかがえるが、新しい環境に戸惑うことなく、自分の好きな遊びを見付け、じっくり集中して楽しんでいる。
- 食事は、好き嫌いが多いが、保育者とのやり取りの中で、食べてみようとする姿も見られる。
- 保育者の声かけで、次の行動にスムーズに移ることができる。

ねらい
- 新しい環境に慣れる。
- 食べることを楽しむ。

内容
- 保育者との関わりの中で、安心して過ごす。 健康 人間
- 楽しい雰囲気の中で食事をする。 健康

保育者の援助
- 共に過ごす時間を多くもち、楽しさを共感したり、スキンシップを図ったり、安心感がもてるようにする。
- 摂取量に合わせて量を加減し、無理強いすることなく進める。また、食べてみようとする気持ちを大いにほめ、意欲につなげる。

評価・反省
- スキンシップを十分に図り、安心感がもてるよう心がけたことで、クラスにもすぐに慣れ、安心して過ごせたと思う。
- 食事の量を加減したことで、負担なく食事をとることができた。量は、少量であるが、食べられたときは大いにほめ、引き続き意欲へとつなげたい。

立案のポイント
食事を不安に思わないことが、園生活全体への安心感につながります。量を減らす援助と温かい関わりを柱にしています。

苦手な食材がある 女児（2歳5か月）

今月初めの子どもの姿
- 新しい環境に戸惑うことなく、保育者に声をかけて、興味ある遊びを楽しんでいる。
- 食事は苦手な食材もあるが「(名前)頑張るよ」と自ら食べられる。
- 生活面では、保育者の声かけを理解し、行動しようとする姿が見られる。

ねらい
- 新しい環境に慣れる。
- 楽しんで食事をする。

内容
- 保育者との関わりの中で、安心して過ごす。 健康 人間
- 楽しい雰囲気の中で、意欲的に食べる。 健康

保育者の援助
- 機嫌よく過ごせるよう、笑顔で話しかけて楽しさを共感し、安心感がもてるようにする。
- 自分で食べようとする姿を大いにほめ、無理強いすることなく進める。また、やり取りしながら楽しく食べられるようにする。

評価・反省
- 楽しく過ごしている様子を見守り、また、時々声をかけるなどして楽しさを共感していった。一日を通して落ち着いて過ごし、笑顔もたくさん見られ、安心して過ごせたと思う。
- やり取りを楽しみながら食事ができるようにした。やり取りの中で食材の話をしたり、「おいしいね」と声をかけたりしたことで、意欲をもって食べようとする姿が見られてよかった。

立案のポイント　苦手な食材に取り組もうとする意欲が見られます。楽しい雰囲気の中で食事をし、味に慣れていけるようにします。

不安な様子が見られる 男児（2歳8か月）

今月初めの子どもの姿
- 登園時に母親の姿が見えなくなると寂しがり、落ち着くまでに時間がかかり、室内にいられず、不意に廊下やテラスに出ていってしまうことがある。
- 待つことは苦手だが、絵本や食事など、興味のあることには最後まで席について座っていることができる。
- 午睡時は、特定の保育者を求めてくる。
- 色に興味をもち、並べて遊ぶ姿も見られる。

ねらい
- 新しい環境に慣れる。

内容
- 保育者との関わりの中で安心して過ごす。 健康 人間

保育者の援助
- 保育者と一緒に過ごす中で、興味のあることを共に楽しみながら、分かりやすい言葉で声をかけたり、スキンシップを図ったりして、安心感がもてるようにする。
- 特定の保育者との一対一の関わりの中で、本児の思いを十分に受け止め、落ち着いて過ごせるようにする。

評価・反省
- 思いをしっかり受け止め、興味があることを共に楽しむなどして関わった。特定の保育者との一対一のゆったりとした関わりを大切にしたことで、登園時の不安定さは見られなくなる。本児から近づいて、物の名前を言ってくることも多くなった。本児の表現を受け止め、やり取りが楽しめるようにしていきたい。

立案のポイント　いつも保育者がそばにいることを実感させ、楽しく過ごせるように配慮します。スキンシップも有効でしょう。

4月 個人案文例

5月 個人案

月齢・行動の違いによる子どもの文例

食べるのが好き　女児（2歳5か月）

前月末の子どもの姿
- 食べることは好きだが、横を向いたり、隣の椅子に足をのせたりして食べていることが多い。
- 友達と一緒に過ごすことを楽しんでいるが、自分の思いが通らないときには、手が出ることもある。
- ボタンのつけ外しが一人でできるようになり、指先を使った遊びをくり返し楽しんでいる。

ねらい
- 食事中の姿勢が身に付く。
- 生活や遊びに必要な言葉が分かる。

内容
- 食事中の体の向きに気付ける。 健康
- 自分の思いを言葉にする。 言葉

保育者の援助
- そのつど声をかけながら正しい姿勢（向き）で食事がとれるようにする。また、座り方によっては、けがをしたり、友達も嫌な思いをしたりすることを伝える。
- 気持ちを受け止めると共に、状況に合った言葉を知らせる。また、自分で言えたときには大いにほめ、嬉しさが感じられるようにする。

評価・反省
- 食事中の姿勢については、くり返し声をかけた。少しずつ前を向いて食べられるようになるが、定着までには至らない。引き続き、声かけを行いたい。
- 言葉で思いを伝えられるように話したことで、手を出すことは減ったが、思いを言葉にするのはまだ難しい。保育者が時には代弁するなどして、無理なく対応したい。

立案のポイント　食事中の姿勢を正しくという願いのもと、タイムリーな言葉かけが望まれます。思いを言葉で伝える経験も重ねていけるようにします。

絵本が好き　男児（2歳9か月）

前月末の子どもの姿
- 歌ったり、手遊びしたりすることはないが、見ることを楽しんでいる。
- 食べ物や動物の名前などの語彙が増え、「大きい」「痛い」などの形容詞を使った表現もする。
- 気に入った絵本をくり返し見て楽しんでいる。
- 不意に部屋から出ていくことが続いているものの、入園時より落ち着いて過ごせるようになる。

ねらい
- 簡単な言葉で思いを表現する。

内容
- 発語や保育者とのやり取りを楽しむ。 人間 言葉

保育者の援助
- 表現したことを受け止め、優しくゆっくり、はっきりと答えたり話しかけたりする。
- 興味をもったことを共に楽しみ、言葉をかけながらくり返し楽しめるようにする。

評価・反省
- 興味をもったことや言葉に丁寧に答え、やり取りを楽しめるようにした。また、同じことをくり返し楽しめるようにすると、更に興味を示し、もう一度やりたいという表情やしぐさを見せるようになった。十分にやり取りを楽しむことができたと思う。本児の思いを言葉にして返すことで、まねて言おうとする姿も見られた。引き続き、対応を大切にしたい。

立案のポイント　言葉に興味をもち、語彙を増やしているところです。表現を丁寧に受け止めることで、喜びながら更に発語を楽しめるでしょう。

友達に手が出てしまう 男児（2歳10か月）

前月末の子どもの姿
- 外遊びでは、前クラスの友達との遊びを楽しみ、室内では一人で遊んでいることが多い。
- 貸し借りがうまくできず、手が出てしまいがちだが、保育者の声かけで、思いを言葉で伝えようとする。
- 次の活動にすぐに移らず、後で「〇〇したかった」と伝えてくるが、やるべきことも分かっている。

ねらい
- いろいろな友達と過ごす楽しさを味わう。
- 身の回りのことに意欲をもつ。

内容
- 保育者を仲立ちとして、友達と関わって遊ぶ。人間
- 保育者の声かけを聞き、行動する。健康 言葉

保育者の援助
- 新しいクラスの友達との関わりも楽しめるよう、友達と一緒に遊ぶ機会をつくる。また、友達の存在にも気付けるように声をかける。
- 次の活動への見通しがもてるような声かけと共に、今やらなければならないこともあると丁寧に伝え、意欲をもって行動できるようにする。

評価・反省
- 好きな遊びを通して、そばにいる友達の存在に気付けるように声をかけた。友達の遊びに興味を示すが、手が出やすく遊びが中断しがちである。状況に応じた仲立ちをしていきたい。
- 意欲をもって行動できるように声をかけた。すぐにやろうとしないこともあるが、期待をもって行動することも多くなる。引き続き、声をかけていきたい。

立案のポイント
新しいクラスの友達とはまだ親しんでいないので、距離を縮める援助が必要です。気持ちの切りかえがうまくできるよう配慮します。

1か月欠席していた 男児（3歳0か月）

前月末の子どもの姿
- 3月末より1か月間欠席し、4月末より登園。登園時、不安がる姿も見られるが、保育者との関わりの中、その後は落ち着いて過ごしている。
- 食事面では、手づかみで食べたり、苦手な物を床に落としたりする姿が見られる。

ねらい
- 新しい環境に慣れる。
- フォークの使用を身に付ける。

内容
- 保育者との関わりの中で安心して過ごす。健康 人間
- フォークを使って、食べようとする。健康

保育者の援助
- 気持ちを受け止め、優しく言葉をかけたり、一緒に遊んだりしながら、安心して過ごせるようにする。
- 本児の摂取量に合わせて量を加減する。また、手づかみのときには、そのつど「フォークを使おうね」と声をかけ、フォークを使っているときには大いにほめ、自信と共に習慣として身に付くようにする。

評価・反省
- 不安な様子が見られたときには、特定の保育者が関わりをもつことで気持ちも落ち着き、安心して過ごすことができた。
- 本児の摂取量に合わせて量を加減していったことで、苦手な物以外は無理なく食べることができた。また、できたことを大いにほめるにつれ、手づかみ食べも減り、フォークの使用が身に付いたと思う。

立案のポイント
以前に好きだった遊びが再現できるよう、環境を整えます。フォークを使うことにポイントを置き、取り組みます。

5月 個人案文例

6月 個人案

月齢・行動の違いによる子どもの文例

今月より入園　男児（2歳5か月）

入園前の子どもの姿
- 面接時には、昼寝せずに来たこともあってか時々ぐずる様子が見られた。また、初めての場所ということもあるのか、一定の場所にいられず、室外へ飛び出してしまう。
- はっきりしている言葉と聞き取りづらい言葉がある。保育者や母親の声かけに答えることもあるが、保育者と目を合わせようとはしない。
- お絵かきでは、クレヨンを落としたり投げたりして楽しんでいる。

ねらい
- 新しい環境に慣れる。

内容
- 保育者との関わりの中で、安心して過ごす。 健康 人間

保育者の援助
- 家庭とのやり取りを十分に行い、様子をしっかり把握する。また、好きなことを共に楽しんだり、スキンシップを図ったりして、一対一の関わりを大切にし、安心して過ごせるようにする。

評価・反省
- 園での様子を連絡ノートだけでなく口頭でも伝え、家での様子も尋ねるなどして、家庭とのやり取りが十分に行えるようにした。また、スキンシップを図りながら、好きなことを共に楽しんだことで、新しい環境にもすぐに慣れた。友達との関わりにおいては、嫌がることをしがちなので、そのつど状況に合わせて丁寧に対応したい。

立案のポイント
園に慣れて安心して過ごせることを中心に考えます。家庭との連携により、本児の状況を理解し、これからの保育に役立てます。

友達との関わりが増えた　女児（2歳7か月）

前月末の子どもの姿
- 食事中の横向きがなくなり、最後まで前を向いて食べられる。
- 身の回りのことを自分でやってみる。
- 友達と一緒に遊ぶ姿が見られるが、自分の思いを通そうと大声を出すことが多い。

ねらい
- 身支度や後片付けなど、できることが増える。
- 友達と過ごす楽しさを味わう。

内容
- 簡単な身の回りのことをしようとする。 健康
- 保育者を仲立ちとして、友達と関わって遊ぶ。 人間

保育者の援助
- 自分でやろうとする気持ちを大切にし、見守ったり、励ましたりしながら、できたときには大いにほめ、自信につなげる。
- 友達と一緒に遊ぶ様子を見守り、トラブルになったときには思いを受け止めて代弁し、関わり方を知らせるなどして、仲立ちをする。

評価・反省
- 意欲がもてるような声かけを行った。自分でできたことが自信となり、身の回りのことを意欲的に行う姿が見られた。よい関わりがもてたと思う。
- 友達との関わりが増え、自分の思いを言葉でも言えるようになるが、友達が嫌がることをしがちである。相手の思いもしっかり伝えていきたい。

立案のポイント
自分の強い思いを通そうとしがちなので、していることを認めながら、相手の思いにも気付けるような援助が必要になります。

排尿が上手になった 男児（2歳10か月）

前月末の子どもの姿
- 名前を呼ばれて返事をしたり、自分の名前を答えたりすることができるようになる。また、保育者の言葉をまねて、言おうとする姿が見られる。
- 午睡時、保育者と一緒にスムーズに布団に入って、眠りにつける。
- 間隔は短いがタイミングが合い、トイレでの排尿が多くなる。
- 水道の水を大量に出して遊んだり、トイレの水を何度も流したりする。止めても、やめようとしない。

ねらい
- 好きなことを楽しみ、満足感を味わう。

内容
- 好きな場所や遊びを見付けて楽しむ。 環境 表現

保育者の援助
- 安心できるようなゆったりとした雰囲気や関わりを大切にし、本児の遊ぶ様子に合わせて見守り、共に楽しむ。
- いけないことはそのつど、しぐさや表情、言葉で伝え、本児が興味をもちそうな遊びに誘いかける。

評価・反省
- 危険を伴うときや注意するとき以外は、できるだけやりたい気持ちを尊重するように心がけた。好きな場所へ行き、好きな遊びを楽しむ経験がくり返しでき、また、共に楽しむことで満足感を味わえたと思う。いろいろなことに興味を示すが、してはいけないことをくり返しがちである。してはいけないことを感じられるよう、接し方に留意したい。

立案のポイント
善悪の判断ができず、興味の赴くままに行動するので、そのつど注意するのとは違う対応で方向付けすることが望まれます。

思い通りにならないと泣く 男児（3歳1か月）

前月末の子どもの姿
- 特定の保育者との関わりの中で、安心して過ごすが、生活の流れにのって行動できない。また、順番が待てずに泣き出し、保育者の話に耳を傾けることが難しい。
- 食事の際に苦手な物を混ぜて遊び出すことはあるが、量を加減するとよく食べ、手づかみ食べも減った。

ねらい
- 次の活動に期待をもって過ごす。
- 待つことができる。

内容
- 保育者の言葉を聞き、行動できるようになる。 健康 言葉
- 生活や遊びの中で、順番などの決まりがあることを知る。 健康 人間

保育者の援助
- 次の活動への見通しがもてるような声をかけ、期待をもって行動できるようにする。また、できたときには大いにほめ、習慣が身に付くようにする。
- 落ち着いて話が聞けるよう本児の気持ちをしっかり受け止め、言葉にすると共に、どうしたらよいのかを分かりやすく丁寧に伝える。

評価・反省
- 次の活動への見通しがもてるように声かけを行ったが、なかなか行動に移せない。今後は、今のタイミングで保育者の声かけを受け入れられるか様子を見極め、必要に応じて一対一の関わりをもつなど、援助の仕方を工夫していきたい。
- 保育者の言葉が耳に入らないときには、気持ちを受け止め、落ち着くのを十分に待ち、対応したい。

立案のポイント
順番が待てなかったり、生活の流れにのれなかったりと、個別の関わりが多い本児ですが、根気強く、次の楽しみへと導きたいです。

6月 個人案文例

7月 個人案

月齢・行動の違いによる子どもの文例

友達をたたいてしまう 男児（2歳6か月）

前月末の子どもの姿
- すぐに新しい環境に慣れ、登園時から自分の好きな遊びを見付けて楽しんでいるが、友達のつくった物を壊したり、玩具でたたいたりすることが多い。
- ズボンをはいてみようとする姿が見られない。
- 食事は苦手な物もあるが、一定量は食べられる。

ねらい
- 約束事が分かる。
- 簡単な衣服の着脱を保育者と一緒にやろうとする。

内容
- 生活や遊びの中で、やっていいこと、いけないことがあるのを知る。　人間
- 保育者に手伝ってもらいながら、ズボンをはいてみようとする。　健康

保育者の援助
- そのつど分かりやすい言葉やしぐさを使って丁寧に伝え、関わり方を知らせる。
- 意欲がもてるような言葉をかけると共に、さり気なく援助し、自分でできた喜びが味わえるようにする。

評価・反省
- 場面をとらえ、本児に分かりやすく伝えたが、話を聞こうとする姿は見られず、すぐに同じことをくり返しがちである。話をするときの場の設定に留意したい。
- 友達と一緒に衣服の着脱をする場を設けたことで、楽しみながらズボンをはこうとする姿も見られてよかった。他のことにも意欲がもてるような関わりを大切にしていきたい。

立案のポイント
自分からやろうという気持ちがもてるような環境づくりと援助が望まれます。楽しんでできるように働きかけることが大切です。

お手伝いが嬉しい 女児（2歳6か月）

前月末の子どもの姿
- 父親との別れを寂しがる姿が見られるが、声をかけるとお手伝いすることを喜び、楽しんで行う。
- いけないことを注意すると「やだ」と言って、聞こうとしなかったり、くり返し同じことをしたりする。
- ままごと遊びの中で「何がいいですか」「○○ください」などの、やり取りを楽しむ。

ねらい
- 約束事が分かるようになる。
- 簡単なやり取りや見立て、つもり遊びをする。

内容
- 生活や遊びの中で、やっていいこと、いけないことがあることを知る。　人間
- 保育者と関わる中で、言葉のやり取りを楽しむ。　言葉

保育者の援助
- やりたい気持ちを大切にしつつも、いけないことはそのつど伝え、伝える際には目を見て、分かりやすい言葉を選ぶ。
- 一対一での関わりを大切にし、ゆったりとした雰囲気の中で興味のあることを共に楽しみ、分かりやすい言葉でのやり取りを楽しめるようにする。

評価・反省
- いけないことは、言葉では理解を得られないことが多い。身振りや表情も加えるなどして、視覚からも伝え、迷わないように同じ言葉を使って知らせたい。
- 興味あることでやり取りを楽しんだ。投げかけた言葉に、全く内容の違う返答も多いが、本児の言葉を受け入れ、つなげ、やり取りを楽しむことができたと思う。

立案のポイント
なぜしたらいけないのかの理由が分かるように伝えなければなりません。表情や身振りも交えて、心に届く援助にします。

日中はパンツで過ごす
男児（2歳7か月）

前月末の子どもの姿
- 気持ちが盛り上がると激しい関わり方も見られたが、声をかけるとやめる。
- タイミングが合い、トイレで排尿できるようになる。日中はパンツで過ごしている。
- 身の回りのことなど自分でできることも多いが、取りかかるまでに時間がかかり、遊んでしまいがちである。

ねらい
- 一日を通して、パンツで過ごす。
- 身の回りのことに意欲をもつ。

内　容
- 保育者の声かけでトイレに行き、排尿する。健康
- 簡単な身の回りのことをしようとする。健康

保育者の援助
- 朝夕担当の保育者と連携しながら、本児の排尿間隔に合わせてトイレに誘うなど、無理なく進める。
- 自分でやろうとする気持ちを大切にし、見守ったり、励ましたりしながら、できたときには大いにほめ、自信につなげる。

評価・反省
- 時間外担当の保育者とも連携しながら、無理強いすることなく進めたことで、負担なくパンツで過ごすことに慣れたと思う。
- 自分でやろうとする気持ちを見守っていったが、他のことが気になり進まずにいた。じっくり取りかかれる場所を設け、すぐに遊べることを伝えながら意欲につなげていきたい。

立案のポイント　パンツで過ごすことは、本児にとって大きな自信となります。失敗させないように連携しながら見守ることが大切です。

 遊びが日々変わる
男児（2歳9か月）

前月末の子どもの姿
- 絵本が好きでよく見ているが、苦手な場面になると横を向いたり手で顔を覆ったりする。
- 外に出ると花の水やりを楽しんでいるが、そのまま水遊びになることがある。
- 電気を消す、インターフォンの受話器を取る、トイレットペーパーを大量に引き出す、水道の水を出すなど、日替わりでやりたいことが変わる。
- 休み明けは、ゴロゴロしていることが多い。
- 机上遊びに興味を示し、シールはりやお絵かきを楽しむ姿が見られる。

ねらい
- 約束事が分かる。

内　容
- 自分のやりたいことを楽しみながら、その中でやってはいけないことがあるのをゆっくり感じる。人間 表現

保育者の援助
- やりたい気持ちを最大限に尊重するように心がけ、その中でいけないことをしているときはしっかり目を合わせて、声に大小をつけながら「いつもと何か違う」と感じられるような接し方をする。

評価・反省
- いけないことは、目を合わせてくり返し伝えていくことで、思いのままに行動するのではなく、一瞬待つ（止まる）姿が見られるようになる。ゆっくりではあるが、保育者側の思いが伝わっているように感じられる。引き続きの関わりを大切にしたい。

立案のポイント　好奇心が旺盛で行動力がありますが、困った行動も見られます。声に抑揚をつけて、叱らずにこちらの願いが伝わるようにします。

7月　個人案文例

8月 個人案
月齢・行動の違いによる子どもの文例

遊びが続かない
女児（2歳7か月）

前月末の子どもの姿
- まだ、いけないことをくり返しがちであり、話をしても理解を得られないことが多い。
- 室内では、玩具を使った遊びを自ら楽しむようになった。好きな遊びを通して保育者とのやり取りを楽しんでいるが、遊びが続かずウロウロすることも多い。

ねらい
- 約束事が分かる。
- 保育者に見守られ、自分のしたい遊びを楽しむ。

内容
- 生活や遊びの中で、やっていいこと、いけないことがあることを知る。 人間
- 好きな遊びを見付け、じっくり楽しむ。 環境 表現

保育者の援助
- 話をするときは、言い回しを変えず、同じ言葉を使ってくり返し伝える。また、身振りや表情も加えるなどして、視覚からも入れるようにする。
- 遊ぶ様子を見守り、遊びが見付からないときには、興味を示しそうな遊びに誘う。

評価・反省
- 視覚・聴覚から、戸惑うことなく言葉が入るよう心がけた。まだ自分の思いばかりで、話を聞く姿勢がなかなかつくれないが、落ち着いて話を聞ける環境を整えていきたい。
- 本児の遊ぶ様子に合わせて共に遊んだり、見守ったりした。好きな遊びをくり返し楽しむようになるが、他児とのトラブルも見られる。状況に合わせた対応をしていきたい。

立案のポイント
興味のもてる遊びを投げかけたり、プラスアルファのアイデアで遊びをより楽しくしたりすることが望まれます。

ズボンをはくことが課題
男児（2歳8か月）

前月末の子どもの姿
- 登園時よりパンツで過ごしている。尿意を知らせることはないが、保育者の声かけでトイレに行って排尿できる。
- 友達の使っている物を取ってしまうことが多い。
- ズボンをはくまでに時間がかかる。その間に友達にちょっかいを出し、トラブルになることもある。

ねらい
- 生活や遊びに必要な言葉が分かり、思いを表現する。
- 身の回りのことに意欲をもつ。

内容
- 自分の思いを言葉で伝えようとする。 言葉
- 簡単な身の回りのことをしようとする。 健康

保育者の援助
- 思いを受け止め、言葉にしながら状況に合った関わり方を知らせる。また、上手に言えたときにはたくさんほめ、自信につなげる。
- じっくり取りかかれる場所を用意し、すぐに遊べることを伝えながら意欲につなげる。

評価・反省
- そのつど、状況に合わせた声かけを行った。まだ友達の物を取ってしまうことは多いが、いけないことも分かっているので、引き続きの関わりを大切にしていきたい。
- 意欲がもてるような声かけを行うことで、身の回りのことをやろうとするが、声がかかるまで待っていることが多い。今後は、自信をもって行動に移せるようにしたい。

立案のポイント
しなければならないことに取りかかるまでに時間がかかってしまいます。環境を工夫し、集中できるようにするとよいでしょう。

自己主張が強い 男児（2歳8か月）

前月末の子どもの姿
- 遊びの中へ入っていく姿が見られるが、自分の思いを通そうとして、トラブルになることがある。
- 食事では、自分から「減らして」と言えるようになる。また、お皿がきれいになることを喜び、自分で食べられたことを嬉しそうに知らせる。
- 製作に興味はあるが、席についてすぐ「もうやらない」と言ってくることも多い。

ねらい
- 友達と一緒に過ごす楽しさを味わう。
- 手指を使った遊びを楽しむ。

内容
- 保育者を仲立ちとして友達との関わりを楽しむ。 人間
- かいたり、つくったりすることを楽しむ。 表現

保育者の援助
- 友達への興味、関心を大切に見守りながら状況に合わせた関わり方を知らせ、友達と一緒に過ごす楽しさが味わえるようにする。
- 自らやってみようとする気持ちを大切にし、ゆったりとした雰囲気の中で楽しめるようにする。

評価・反省
- そのつど場面をとらえて仲立ちした。トラブルも減り、一緒に過ごすことを楽しむようになった。友達と関わる楽しさは十分に味わえたと思う。
- 本児の気持ちを大切に、製作を行えるようにした。やりたい気持ちはあるが、飽きるのも早い。本児の興味に合った物を用意するなどして、楽しめるようにしたい。

立案のポイント　製作を楽しみ、できあがった喜びが味わえるように、楽しい雰囲気をつくります。トラブルも学びのチャンスととらえます。

友達の玩具を取る 男児（3歳0か月）

前月末の子どもの姿
- テラスの窓が開いていてもすぐに飛び出していかず、立ち止まるようになる。
- 自分の思い通りにいかないと、大きな声で泣き、涙が出ていることを保育者に伝えにくる。
- はっきり歌うことはできないが、一対一の中で一緒に歌うことを楽しむようになる。
- 友達の使っている物を取ってしまうことが多い。

ねらい
- 約束事が分かる。

内容
- 自分のやりたいことを楽しみながら、その中でやってはいけないことがあるとゆっくり感じる。 人間 表現

保育者の援助
- やりたい気持ちを尊重しながらも、やっていいこと、いけないことを本児の分かりやすい言葉や身振りで伝える。
- 話をするときは、顔をのぞき込み、目を合わせながら話を始めるなど、保育者に注目できるようにする。

評価・反省
- 本児の興味のあることを共に楽しみ、やりたい気持ちを大切にし、楽しめる場を設けるなどした。物事のよし悪しが身に付きにくく、分かりやすい言葉や身振りで伝えていくが、同じことをくり返してしまいがちである。本児が戸惑うことなく話を聞き入れていけるよう、担任間で伝え方を統一し、「○○はいいよ」と、してもよい行動も併せて伝えたい。

立案のポイント　禁止するだけでなく、「ここでならいいよ」「これを使えばいいよ」と、代わりにできるやり方を伝えます。

8月 個人案文例

9月 個人案

月齢・行動の違いによる子どもの文例

個人案文例 → P138-P139 9月の個人案文例

保育者の指示を待つ　男児（2歳9か月）

前月末の子どもの姿
- 友達の使っている玩具に手を出しがちだが、他児がいけないことをしていると注意する姿も見られる。
- 友達のしていることを見ても行動に移せず、次に何をすればよいのか尋ねたり、待っていたりすることが多い。声がかかると意欲的に行う。

ねらい
- 友達と一緒に過ごす楽しさを味わう。
- 生活の流れが身に付く。

内容
- 保育者を仲立ちとして、友達との関わりを楽しむ。[人間]
- 生活の仕方が分かり、自ら行動に移す。[健康]

保育者の援助
- 友達への関わりを見守りながら、そのつど声をかけて関わり方を知らせ、友達と一緒に過ごす楽しさが味わえるようにする。
- 自分で次の行動に気付けるような声かけを行い、行動に移せたときには大いにほめ、自信につなげる。

評価・反省
- 本児の様子に合わせ、必要に応じて仲立ちした。友達への関心はあるが、嫌がることをしがちなので、自分がされたときの気持ちや相手の気持ちをくり返し丁寧に伝えたい。
- 焦らせることなく、自分で気付けるような関わりをもった。自分でできたときには大いにほめたことで、自信にもつながった。生活の仕方が身に付いたと思う。

立案のポイント
自分の判断でなく、保育者の判断を信用して生活しています。「今、何をしたらいいと思う？」と問いかけ、ほめる機会を増やします。

食欲がない　女児（2歳9か月）

前月末の子どもの姿
- 食事が目の前に来ても手を出さず、食べようとする意欲が全く見られない。また、食事中に後ろを向いたり、友達の足を蹴ったりと落ち着きがない。
- パズルや製作では、じっくり集中して行い、くり返し楽しんでいる。
- いけないことを注意されると、笑って話を聞こうとしない。

ねらい
- 食事中の姿勢が身に付く。
- 約束事が分かる。

内容
- 落ち着いて食事をとる。[健康]
- 保育者の話に耳を傾ける。[言葉]

保育者の援助
- 本児の摂取量に合わせて量を加減し、食べることに意欲がもてるような声をかける。また、姿勢が崩れてしまうときには、「前を向いて食べようね」などと声をかけて知らせる。
- しっかりと目を合わせ、一つ一つ丁寧に語りかけ、話す側の思いが伝わるようにする。

評価・反省
- 摂取量に合わせて量を加減し、意欲がもてるような声かけをしていった。自ら器を持ち、食べるようになるが、落ち着きなく食べる様子が続く。そばに付き楽しく会話しながら、必要に応じて声をかけて知らせたい。
- 話が聞ける環境を整えた。一対一でじっくり話をしたことが聞く姿勢にもつながり、よかったと思う。

立案のポイント
食べることを楽しめない様子です。満たされない思いを抱えているのかもしれません。行動を注意する前に心の中を理解しましょう。

「5領域」の [健康]：健康　[人間]：人間関係　[環境]：環境　[言葉]：言葉　[表現]：表現　を表しています。

友達に手が出てしまう
男児（3歳1か月）

前月末の子どもの姿
- ひも通しをくり返し楽しむようになるが、飽きてしまうと玉を投げたり箱ごと床にひっくり返したりする。
- 思いが通らないと、近くにいる友達を不意にたたこうとする。
- 場面に合った言葉を使い、自分の思いを表現できるようになる。
- 鳥の鳴き声のような奇声を発することが多い。また、声を上げることを楽しんでいる。

ねらい
- 約束事が分かる。

内容
- 生活や遊びの中で、やっていいこと、いけないことがあるとゆっくり感じる。 人間

保育者の援助
- 同じ状況で対応するときは、保育者間で伝え方を統一し、戸惑わないようにする。
- 話をする際は、身振りを加え、「○○はダメ」だけではなく、してよいことを併せて伝える。

評価・反省
- してはいけないことをしたときには、しっかり目を見て分かりやすく伝えた。保育者間で関わり方を変えずに対応しているが、理解は難しいようで、すぐに同じことをくり返してしまう。本児のやりたい気持ちを受け止めつつも、いけないことを感じられるようにしたい。今後も話をする際は簡潔に伝えると共に、できたことを大いにほめ、身に付けられるようにしたい。

立案のポイント
不満を友達をたたくことで表現しています。「やめて」「○○したい」など、思いを言葉で表せるように導きます。

気持ちの切りかえが苦手
男児（3歳4か月）

前月末の子どもの姿
- 友達に自ら関わっていこうとする姿が見られるが、友達が自分の遊びに入るのは嫌がることが多い。
- 苦手な食べ物を一口食べてみようとする姿が見られる。
- 気持ちの切りかえが苦手で、次の活動にスムーズに移れないことが多い。

ねらい
- 友達と一緒に過ごす楽しさを味わう。
- 身の回りのことに意欲をもつ。

内容
- 保育者を仲立ちとして、友達との関わりを楽しむ。 人間
- 保育者に見守られながら、次の活動に移る。 健康 人間

保育者の援助
- 自ら友達に関わっていこうとする姿を見守り、必要に応じて保育者も遊びに加わる。友達の思いを伝えて友達と関わる楽しさを味わえるようにする。
- 次の活動に期待がもてるような声かけをして、自ら周りの様子に目を向けて行動できるよう、じっくり待つ。

評価・反省
- 保育者が遊びに加わることで自分の遊びを安心して楽しみ、友達も受け入れられるようになった。引き続き安心感をもって友達との遊びを楽しめるように仲立ちしていきたい。
- 声をかけると共に、自分で行動に移せるよう、じっくりと待った。次第に周りの様子を見て気持ちを切りかえ、次の活動に移れるようになる。適切な関わりがもてたと思う。

立案のポイント
友達が遊びに入ってくると守りの姿勢になり、うまく関わりがもてません。保育者が間に入り、邪魔はしないことを伝えます。

9月 個人案文例

10月 個人案

月齢・行動の違いによる子どもの文例

体を動かすのが好き 男児（2歳10か月）

前月末の子どもの姿
- 尿意を知らせることはないが、タイミングが合い、トイレで排尿できている。失敗は見られない。
- 体を動かすことを好み、保育者に誘いかけ、追いかけっこや、かくれんぼなどを楽しむ。

ねらい
- 保育者に見守られながら排泄する。
- 全身を使った活動的な遊びを楽しむ。

内容
- 尿意を感じ、しぐさや言葉で知らせる。 健康 言葉
- 戸外で体を動かすことを楽しむ。 健康 環境

保育者の援助
- 尿意を感じている様子を見逃すことなく声をかけ、自分から尿意を知らせたときには大いにほめ、自信につなげる。
- 本児の誘いかけに十分にこたえ、体を動かす機会を多くもてるようにする。また、保育者も率先して遊びを楽しみ、体を動かす楽しさが味わえるようにする。

評価・反省
- トイレで排尿できたことを、そのつど共に喜んだ。タイミングが合い、トイレで排尿することが多いが、少しずつ尿意を知らせる姿も見られた。今後もできたことを大いにほめ、身に付くようにしていきたい。
- 遊びたい気持ちをしっかり受け止め、共に遊びを楽しみ盛り上げた。くり返し遊びを楽しむようになり、体を動かす楽しさは十分に味わうことができたと思う。

立案のポイント　トイレで排尿できることが自信となり、積極的に行動しています。尿意を感じた瞬間を見逃さず、知らせるチャンスをつくります。

友達と楽しく関わる 女児（2歳10か月）

前月末の子どもの姿
- 自ら器を持って食べるようになるが、横を向いたり周りの子にちょっかいを出したり、落ち着かない姿が続いている。保育者の話は聞こうとする。
- ままごと遊びが好きで、お母さん役になり、人形の世話を楽しむ。また、友達に「(名前)ちゃんも入れて」「○○しよう」などと声をかけて遊ぶ姿も見られる。

ねらい
- 食事中の姿勢が身に付く。
- 友達と一緒に過ごす楽しさを味わう。

内容
- 落ち着いて食事をとる。 健康
- 好きな遊びの中で、友達との関わりを楽しむ。 人間

保育者の援助
- 食べる前に姿勢を整え、どのように食べたらよいのかを話し、意識がもてるようにする。また、食事中は必要に応じて声をかけ、姿勢が戻せるように見守る。
- 友達に自ら関わって遊ぶ様子を見守り、「(名前)ちゃんたち楽しそうだね」と時々声をかけるなどして、一緒に遊ぶ楽しさが味わえるようにする。

評価・反省
- くり返し話をしていくものの、意識付けや定着までには至らなかった。引き続き、対応していきたい。
- 友達と遊ぶ様子を見守り、遊びを中断することなく自然に声をかけて楽しさを共有した。決まった友達に声をかけ、よく遊ぶようになるが、カッとなると手が出やすい。言葉でも思いを伝えられるように知らせていきたい。

立案のポイント　自分から声をかけて友達と関わることができます。食事の姿勢が持続しませんが、注意ばかりにならないよう楽しい雰囲気を大切に。

生活習慣に消極的 女児（2歳11か月）

前月末の子どもの姿
- 手づかみで食べることも多いが、声をかけると自ら直す姿も見られる。ひざを立てて食べることも多い。
- 気に入った歌をくり返し歌って楽しむ。
- 生活の流れは分かっているものの、やろうとしない。

ねらい
- 食事中の姿勢やフォークの使用が身に付く。
- 保育者に見守られながら、身の回りのことをしようとする。

内容
- 食事中の姿勢に気を付けながら、フォークを使って食べる。健康
- 身の回りのことを意欲的に行う。健康

保育者の援助
- 自分で気付けるような声をかけ、できたときには大いにほめ、習慣が身に付くようにする。
- 意欲がもてるような声かけを行い、自分から行動に移せるように待ち、できたときには大いにほめて、満足感が味わえるようにする。

評価・反省
- 食べる前の姿勢を整えることに自分で気付けるように声をかけた。また、そばに付き、上手に食べられているときには大いにほめることで、自信になった。引き続き対応していきたい。
- 非泄時は自分の身の回りのことをしたがらず、甘えも見られる。本児の思いを受け止めつつも、できることを増やし、意欲をもって次の活動に取り組めるようにしたい。

立案のポイント　身の回りのことをしたがらない様子。きっと家庭では大人にしてもらっているのでしょう。自分でする喜びを味わわせたいです。

玩具を投げる 男児（3歳2か月）

前月末の子どもの姿
- 苦手な物事に対して「バイバイ」と表現する。
- 食事中、手づかみや器を持たないで食べることが多い。
- 座って遊ぶことができず、立ったまま机上遊びをしていることが多い。また、玩具を投げることがある。
- 園庭では友達の遊びに興味を示し、まねようとする。

ねらい
- 約束事が分かる。

内容
- 興味のあることを楽しみながら、やっていいこと、いけないことを感じる。人間 表現

保育者の援助
- 興味を示す姿を見逃すことなく、一緒に遊んだり見守ったりして、楽しさが味わえるようにする。
- 話をする際は、「これはダメ」「これはいい」の両方を簡潔に伝え、できたときには大いにほめ、していいことや状況に合った行動が身に付くようにする。

評価・反省
- 本児が興味を示すことを見守ったり、共に楽しんだりした。新しい遊びにも興味を示すようになった。引き続き興味のあることを楽しめる機会をつくっていきたい。また、依然として物を投げることがある。物を投げたときには、そのときの思いを受け止めると共に、していいことと、いけないことをくり返し丁寧に伝えたい。

立案のポイント　なぜ投げたくなったのか、その思いを受け止める必要があります。そして投げて表現する他に、どんな表現があるのか伝えます。

10月 個人案文例

11月 個人案

月齢・行動の違いによる子どもの文例

「自分で」したくなった 女児（3歳0か月）

前月末の子どもの姿
- 身の回りのことに対し「自分で」という気持ちが出てくるが、排泄時はズボンの着脱もやりたがらず、「やって」と言うことが多い。また、トイレに行くまでに時間がかかる。
- 気に入った体操があり、「見て見て」とみんなの前で踊ることを楽しんでいる。

ねらい
- 身の回りのことに意欲をもつ。
- 全身を使って遊ぶ楽しさを味わう。

内容
- 保育者に見守られ、排泄したり、着脱したりする。 健康
- リズムに合わせて体を動かすことを楽しむ。 表現

保育者の援助
- 思いを受け止めつつも、自分でやってみる範囲を少しずつ広げ、できたときは共に喜び、大いにほめるなどして次への意欲につなげる。また、次の活動への期待がもてるような声かけを行い、スムーズに行動に移せるようにする。
- 体を動かす心地よさ、楽しさが味わえるよう、一緒に踊りを楽しみながら盛り上げる。

評価・反省
- トイレに行くのに時間がかからなくなった。できたことを共に喜び、焦らせずにじっくり待つことで、やろうとする気持ちにつながったと思う。
- 保育者も共に踊り、好きな曲を取り入れて盛り上げた。「もっとやりたい」とくり返し踊りたがるなど、体を動かす楽しさが十分に味わえたと思う。

立案のポイント：やりたい気持ちが出てきましたが、トイレには気が進まないなど、ムラがあります。認める言葉をかけることで意欲につながります。

興味が広がった 男児（3歳3か月）

前月末の子どもの姿
- はさみやかくれんぼなど新しい遊びに興味を示し、自分もやると仲間に入り、保育者と共に楽しむ。
- 母親の出産前後は、不意に玩具を投げることが続き、落ち着きなく過ごす姿がある。
- 気分がよいと、楽しそうに独り言を言って歩き回る。
- タイミングが合い、トイレで排尿ができる。

ねらい
- 保育者や友達と関わり、遊びの楽しさを味わう。
- 一日を通して、落ち着いて過ごす。

内容
- 興味がある遊びを友達と一緒に楽しむ。 人間 環境
- 保育者との関わりの中で、安心して過ごす。 健康 人間

保育者の援助
- 本児が興味を示す遊びを共に楽しみながら、楽しさが伝わるように声をかけたり、必要に応じてそばに付いたりして、分かりやすく遊び方を伝える。また、友達との関わりがもてる場をつくる。
- 不安定な様子が見られたときには気持ちを受け止め、スキンシップを図り、興味があることを共に楽しむなどして安心できるようにする。

評価・反省
- 楽しいと感じたものには参加してくるが、使っていた物はそのままになりがちである。片付けをしてから次の遊びに移ることを知らせたい。
- 一対一の関わりを十分にもつことで落ち着くが、更に目に付く行動も多い。引き続き、しっかり気持ちを受け止めて対応したい。

立案のポイント：母親の出産で不安定な様子もあるので、安心できるように関わる必要があります。楽しい遊びに誘っていきましょう。

ブロック遊びが好き
男児（3歳4か月）

前月末の子どもの姿
- 集中してブロック遊びを楽しみ、イメージした物をつくり上げて楽しんでいる。
- かくれんぼやボール遊びに興味を示すが、別の遊びへと移りやすい。
- 食事中の姿勢は保てるようになるが、手づかみ食べが目立つ。

ねらい
- それぞれの遊びの楽しさや体を動かす楽しさを味わう。
- フォークの使用が身に付く。

内容
- 保育者と一緒に全身を使った遊びを楽しむ。 健康 人間
- フォークを使って最後まで食べる。 健康

保育者の援助
- 興味がもてるような誘いかけを行い、共に楽しみながら、それぞれの遊びの楽しさや、体を動かす楽しさが味わえるようにする。
- 自分で気付けるように声をかけ、フォークが使えたときには大いにほめ、習慣が身に付くようにする。

評価・反省
- 無理強いすることなく遊びに誘いかけた。少しずつ体を使った遊びを自分から楽しむようになる。引き続き、本児の興味のあることを共に楽しみながら、遊びの楽しさを伝えていきたい。
- そのつど声をかけて知らせたことで、手づかみ食べは少なくなったが、かまずに飲み込みがちなので、今後はかんで食べることへの意識をもてるようにしたい。

立案のポイント
運動的な遊びにはまだ気分がのらないようですが、少しずつ体を動かす楽しさが味わえるように働きかけます。

感情の起伏が激しい
男児（3歳6か月）

前月末の子どもの姿
- 色や形へのこだわりが強く、話は聞けるが、使いたい物が使えるまで泣いて怒り続ける。
- すぐに着替えを行わず、遊び始めてしまう。声をかけると「できない」と言って怒り出し、イライラしてやり始めるが、気持ちがのらずスムーズに進めない。

ねらい
- 生活や遊びの中で、順番があることが分かる。
- 身の回りのことを落ち着いて行う。

内容
- 友達と関わる中で、我慢したり待ったりする。 人間
- 保育者に見守られながら、衣服の着脱をする。 健康

保育者の援助
- 本児の思いを受け止め、言葉にすると共に、集団の中でいつも使えるわけではないこと、探してみること、貸し借りがあることをそのつど知らせる。また、一緒に待ったり、探したりするなどして、気持ちが落ち着くようにする。
- 安心して取り組めるよう、一対一でのゆったりとした関わりを大切にする。また、本児の動きに合わせ、やり方を一つ一つ丁寧に知らせる。

評価・反省
- 落ち着かない様子のときには思いを受け止め、どうしたらよいかを丁寧に伝えた。まだ待てないこともあるが、ゆったりできる場を設け、落ち着いてやり取りができるようにしたい。
- 一対一での関わりをもつと、落ち着いて着替えができるようになった。引き続き、ゆったりと関わりたい。

立案のポイント
思いを受け止めることで、まず落ち着かせることが大切です。ゆっくりと一つ一つのことが自分でできた喜びを味わわせましょう。

11月 個人案文例

12月 個人案

月齢・行動の違いによる子どもの文例

個人案文例 → P144-P145 12月の個人案文例

いけないことをくり返す
女児（3歳1か月）

前月末の子どもの姿
- 室内では玩具を持ったまま走り回ることが多く、話をしてもくり返しがちである。また、友達とのやり取りですぐにカッとなり、手が出ることが多い。
- 以前ほど時間がかからずトイレに行けるようになり、身の回りのことがスムーズに行える。
- 曲が終わると「もっとやりたい」とすぐに声をかけてくるなど、音楽に合わせて踊ることをくり返し楽しんでいる。

ねらい
- 約束事が分かる。

内容
- 生活や遊びを通して、やっていいこと、いけないことが分かり、気を付けようとする。 人間

保育者の援助
- そのつど本児に分かりやすく話をし、止めるだけでなくどうやって遊んだらよいのかも知らせていく。また、トラブルになりそうなときには、双方の思いを代弁し、自分の思いを上手に言えたときには大いにほめ、言葉で伝える大切さを知らせる。

評価・反省
- そのつど場面をとらえて、やっていいこと、いけないことを話した。友達との関わりにおいては、言葉で言えるようになるが、保育室を走り回ったり、椅子に座るときに立てひざになったりすることが多い。引き続き声をかけ、どうしたらよいか丁寧に知らせていきたい。また、落ち着いて遊べるように共に遊び、一緒に過ごす機会を多くつくりたいと思う。

立案のポイント
走りたくなる気持ちを受け止め、抱き止めたり、走ってよい場を提供したりするとよいでしょう。

甘える姿が見られる
男児（3歳4か月）

前月末の子どもの姿
- 友達のしていることに興味を示して参加するが、声をかけるだけでは使っていた物を片付けられない。
- 出産後に母親が体調を崩して入院。退院後に奇声をあげ、椅子に立ち上がるなどの行動が多く見られる。また、保育者の衣服の袖口を触りに来たり、背中にくっついたり甘える姿が多くなる。

ねらい
- 約束事が分かる。
- 一日を通して、落ち着いて過ごす。

内容
- 保育者と一緒に片付けてから、次の活動を楽しむ。 人間
- 保育者との関わりの中で安心して過ごす。 健康 人間

保育者の援助
- 遊びが変わるときには、使っていた物を片付けられるよう声をかけて玩具を手渡し、片付けを促す。
- 困った行動が見られたときには止めるだけでなく、していいことも併せて伝える。

評価・反省
- 別の遊びに興味を示したときは、片付けの声をかけて玩具を手渡しても、不適当な場所に置くだけになってしまう。片付けを促すだけでなく、共に行動しながら次の遊びに移れるようにしたい。
- 登園時は甘えてきたり、落ち着かない様子も見られたりしたため、本児が安心できるように一対一の関わりを十分にもった。声かけを聞き、やめようとするようにもなり、効果が表れている。落ち着かない様子が見られたときには、引き続き同様に対応していきたい。

立案のポイント
母親の入院による不安が行動に表れています。温かい関わりで安心できるようにしましょう。

「5領域」の 健康：健康 人間：人間関係 環境：環境 言葉：言葉 表現：表現 を表しています。

かまずに飲み込む 男児（3歳5か月）

前月末の子どもの姿
- ボール遊びや引き車、三輪車を使ったお買い物ごっこなどを保育者や友達に声をかけ、一緒に楽しむ。
- 手づかみ食べは見られないが、かまずに飲み込んでしまうため、食べ終わるのが早い。
- はさみを上手に使い、切ったりはったりする。

ねらい
- 体を動かす楽しさを味わう。
- 食べ方を身に付ける。

内容
- 保育者や友達と全身を使った遊びを楽しむ。 健康 人間
- よくかんで食べる。 健康

保育者の援助
- 本児の誘いにこたえ、保育者も遊びを大いに楽しみ、遊びや体を動かす楽しさが伝わるようにする。
- 食べるペースが速いときには「よくかんで食べようね」「どんな味がするかな」と声をかけ、かむことを意識できるようにする。丸飲みせずに食べられたときは、大いにほめ、かむことを意識できるようにする。

評価・反省
- やりたい気持ちを受け止め、共に遊びを楽しんだ。楽しさを共有し、できたことを大いにほめることで、またやってみようとする気持ちももてた。十分に楽しさを味わえたと思う。
- 食事の様子に合わせて声をかけたが、まだ丸飲みしがちであり、意識がもてるまでには至らなかった。今後はそばで保育者が食べるところを見せ、気付けるようにしたい。

立案のポイント　手のかかる子の援助をしていると、食事が早く済むことを見逃しがちになってしまいます。かむことを意識できるように関わります。

 こだわりが強い 男児（3歳7か月）

前月末の子どもの姿
- 友達と物を貸し借りすることができず、物へのこだわりが見られることがある。
- 着替えをすぐに行わないときもあるが、一対一の関わりの中では落ち着いて着替えができる。
- 男児用トイレで排尿が上手にできる。

ねらい
- 生活や遊びの中で順番があることを知り、身に付ける。
- 自分でできた喜びを味わう。

内容
- 友達と関わる中で、我慢したり待ったりする。 人間
- 保育者に見守られながら、身の回りのことを自分でしようとする。 健康 人間

保育者の援助
- 気持ちが落ち着かない様子が見られたときは、抱っこしたり、一対一でゆったりできる場を設けたりして、できることとできないことを丁寧に伝える。また、待てたときには大いにほめ、自信につなげる。
- 安心して取り組めるよう、そばに付いてさり気なく援助し、自分でできた喜びが味わえるようにする。

評価・反省
- 本児の様子に合わせて関わることで、少しずつ待てるようになるが、気持ちが切りかえられないこともある。どうしたらよいか共に考え、身に付くようにしたい。
- 「一緒にやろうか」と声をかけ、身の回りのことに安心して取り組めるようにした。自分から取りかかることはないが、声をかけるとやろうとするようになった。引き続き安心して取り組めるようにしたい。

立案のポイント　イライラしている際には、無理強いせず、気分を変えられるよう援助します。ほめることで受け入れられたことが伝わります。

12月 個人案文例

1月 個人案

月齢・行動の違いによる子どもの文例

うまくできないと泣く　男児（3歳0か月）

前月末の子どもの姿
- 自分でイメージしながらブロックを組み立てて遊ぶ姿が見られる。しかし、思った通りにできないと泣き出し、気持ちの切りかえに時間がかかる。
- 友達の遊びに興味を示し、まねてみたり、遊びの中に自分から入っていったりする。

ねらい
- 保育者に見守られながら、好きな遊びを楽しむ。
- 友達と一緒に過ごす楽しさを味わう。

内容
- イメージした物をつくって遊ぶ楽しさを味わう。 表現
- 保育者を仲立ちにして、友達との関わりを楽しむ。 人間

保育者の援助
- 困っている様子が見られたときには「○○してみたら」と声をかけ、イメージを壊すことなく、つくれる方法を投げかける。また、できたときには共に喜び、つくる楽しさ、つくれた嬉しさが味わえるようにする。
- 自ら友達の遊びに入れたときには見守り、入りたそうにしているときには誘いかけて保育者も一緒に遊びを楽しみ、友達と過ごす楽しさが味わえるようにする。

評価・反省
- 楽しんでつくっているときは見守り、必要に応じて声をかけた。できたことを喜び、くり返し楽しむ姿が見られた。つくる楽しさが十分に味わえたと思う。
- 本児の様子に合わせ、見守ったり、共に遊んだり、遊びに誘いかけたりした。気になる友達との関わりをくり返し楽しむ姿が見られるようになった。引き続き、様子を見ながら関わっていきたい。

立案のポイント　つくる過程を楽しみながら、できた喜びも共有できるとよいです。失敗しても改良してつくる楽しさを味わえるようにします。

友達をまねて楽しむ　女児（3歳1か月）

前月末の子どもの姿
- 友達に積極的に関わり、言動をまねて楽しんでいる。
- メニューによって、かんで飲み込むまでに時間がかかり、次第に姿勢が崩れて後ろにのけ反ったり、皿を重ねたりして遊びがちである。

ねらい
- 自分から友達と関わりをもち、楽しく遊ぶ。
- 保育者や友達と食べることを楽しむ。

内容
- 友達と関わりながら、やり取りを楽しむ。 人間
- 楽しい雰囲気の中で、意欲的に食べようとする。 健康

保育者の援助
- 楽しそうに遊ぶ様子を見守り、保育者も遊びを一緒に楽しみながら、いろいろな言葉をかけ、やり取りの楽しさが味わえるようにする。
- 本児が負担なく食べられる量に加減すると共に、食べ具合を見て食事を終わらせるなどの対応をする。楽しい雰囲気の中で無理なく食べられるようにする。

評価・反省
- 自分から友達に声をかけ、やり取りを楽しむようになるが、時々手が出てしまうこともある。嫌な思いも言葉で伝えられるように知らせていきたい。
- 量を加減すると共に食べ具合も見ながら、場合によっては終わらせるなどして、負担なく食べられるようにした。次第に遊び食べは減り、意欲的に食べる姿も見られる。適切な関わりがもてたと思う。

立案のポイント　食事の様子が気になります。まず、おなかをすかせてから食事ができるように配慮し、食べる意欲が失せたら片付けましょう。

後片付けができない 男児（3歳5か月）

前月末の子どもの姿
- やりたいことを見付けては遊びを楽しんでいるが、まだ片付けをしないで行ってしまう。声かけだけでは、行動に移すことが難しい。
- 自分の要求を二語文を使って言えるようになる。
- 午睡も含め一日パンツで過ごしている。失敗はない。
- 休み明けは落ち着かず、奇声をあげたりすることも多いが、声をかけると保育者の言葉をまねて言い、やめようとする。

ねらい
- 約束事が分かる。

内容
- 保育者と一緒に片付けをしてから、次の遊びを楽しむ。[人間]

保育者の援助
- 共に遊びを楽しむ中で、本児が別の遊びに興味を示したときには、「これを片付けてからね」と使っていた物を手渡して共に片付けてから、次の遊びが始められるようにする。また、できたときは大いにほめる。

評価・反省
- 本児の興味を大切にしつつも、使っていた物を片付けてから次に移れるように、そのつど声をかけ、物を手渡して共に行動していった。「これを片付けてね」の言葉が耳に入らないことが多いので、目線を同じにして目を合わせて声をかけたり、顔をのぞき込んだり、声のかけ方を工夫していきたい。

立案のポイント
遊びの変わり目に注目し、次のことを始める前に、それまでの遊びを充実感と共に終了させることを伝えます。

一番でないと怒る 男児（3歳6か月）

前月末の子どもの姿
- 食べるのが早く、声をかけても飲み込みがちである。
- 「○○したい」と保育者に声をかけ、追いかけっこやかくれんぼをしたり、友達と一緒にタイヤや引き車を使った遊びをくり返したりする。
- 一番でないと「できない」と怒り、自分で着替えをしない。

ねらい
- 正しい食べ方を身に付ける。
- 身の回りのことに意欲をもつ。

内容
- よくかんで食べる。[健康]
- 保育者に促され、身の回りのことを自分でしようとする。[健康][言葉]

保育者の援助
- 声かけと共に保育者がよくかんで食べるところを見せ、気付けるようにする。
- 衣服が脱ぎにくそうなときは、さり気なく援助し、進んでしているときには大いにほめ、次もやってみようとする気持ちがもてるようにする。

評価・反省
- 保育者がよくかんで食べて見せたところ、食べ物を飲み込まずに、かんで食べようとする姿も見られるようになる。引き続き、関わりを大切にしていきたい。
- 意欲がもてるように関わったが、一番になりたい気持ちが強く、友達が先に着替えてしまうと怒り出し、やろうとしなくなる。早目に声をかけて、意欲を損ねずに取りかかれるようにしたい。

立案のポイント
競争心が芽生え、勝つことが行動の意欲になっています。今はこれでよいですが、いずれは勝ちにこだわらない指導が必要です。

1月 個人案文例

2月 個人案

月齢・行動の違いによる子どもの文例

物を取ってしまう　女児（3歳1か月）

前月末の子どもの姿
- 園庭では、保育者を独り占めしたくて泣き叫ぶことがあるが、室内では自分の好きな遊びをくり返して楽しむ。
- 友達のしていることを自分もしたくて、何も言わずに取ってしまうことが多い。
- 保育者の声かけでうがいや手洗いなど、身の回りのことを行おうとする。

ねらい
- 生活や遊びの中で順番があることが分かる。
- 身の回りのことに意欲をもつ。

内容
- ほしい物があるとき、どうしたらよいか気付く。 人間
- 保育者の声かけを聞き、行動する。 健康 言葉

保育者の援助
- 本児の思いを受け止めて言葉にすると共に、相手の思いも伝え、一緒に使いたい物を探したり、「貸して」と言えるように声をかけて知らせたりする。
- 事前に声をかけ、見通しがもてるようにすると共に、場合によっては手をつないで共に行動し、できたことを大いにほめ、自信につなげる。

評価・反省
- 互いの思いを代弁し、声をかけていった。「貸して」と言えるようになるが、待つことができない。順番があることを引き続き丁寧に知らせていきたい。
- 次にすることを知らせていくが、共に行動しないとすべきことを忘れて遊び始めてしまう。必要に応じて、次の活動にスムーズに移れるように援助したい。

立案のポイント　自分の要求を表現できることは大切ですが、人の思いにも気付いてほしいものです。言葉で伝える援助をしていきます。

友達関係が良好　男児（3歳2か月）

前月末の子どもの姿
- 戸外遊びでは、率先して追いかけっこなどを楽しむ。また、気の合う友達に「○○しよう」と誘いかけ、ヒーローやオオカミになりきって楽しむ。
- 尿意や便意を感じ、トイレで排泄できるが、ズボンやパンツを脱いでからトイレへ行くことが多い。

ねらい
- 保育者や友達と関わり、言葉のやり取りを楽しむ。
- 排泄の仕方が身に付く。

内容
- 保育者や友達とやり取りしながら遊びを楽しむ。 人間
- ズボン、パンツを下げて排泄する。 健康

保育者の援助
- 友達と遊んでいる様子を見守り、時々中に入って、本児のイメージを他児にも分かりやすく伝えるなど、イメージを共有して楽しめるようにする。
- ズボン、パンツを脱がずにトイレへ行けるように声をかけて知らせ、できたときには大いにほめて習慣が身に付くようにする。

評価・反省
- 本児がイメージする遊びを共に楽しみながら他児にも伝えていくことで、次第に友達同士でやり取りしながら遊べるようにもなる。友達とやり取りして遊ぶ楽しさが十分に味わえたと思う。よい配慮ができた。
- 排泄の仕方を、そのつど声をかけて知らせた。次第に声をかけなくても、トイレでズボン、パンツを下げて排泄できるようなる。立っての排尿はまだ難しいようなので、無理強いせずに進めていきたい。

立案のポイント　意欲的に生活していることが分かります。更に、遊びのイメージを膨らませ、友達と共有できるように働きかけます。

「5領域」の　健康：健康　人間：人間関係　環境：環境　言葉：言葉　表現：表現　を表しています。

遊び食べが減った
女児（3歳2か月）

前月末の子どもの姿
- 友達と一緒に過ごすことが多くなるが、嫌な思いを言葉で伝えられず、手が出てしまう。
- 遊び食べが減り、意欲的に食べようとする。また、食具の持ち方に気を付けるようになる。

ねらい
- 生活や遊びの中で、言葉のやり取りをする。
- 食具の持ち方が身に付く。

内　容
- 友達との関わりの中で、嫌な思いも言葉で伝える。　言葉
- 食具の持ち方に気を付けて、食べようとする。　健康

保育者の援助
- トラブルになりそうなときは「お口で言おうね」と声をかけ、言葉で言えるように導く。また、上手に言えたときには大いにほめ、次につなげる。
- 食具を持つときは、「どうやって持つのかな」と声をかけたり、自分から気を付けようとする姿を大いにほめたりして、身に付くようにする。

評価・反省
- トラブルになりそうなときには、そのつど声をかけて言葉で言えるように知らせた。次第に自分から「やめて」「まだ使っているよ」と言えるようになり、手が出ることも少なくなる。引き続き、言葉にできたときには大いにほめ、身に付くようにしたい。
- 食具の持ち方は、そのつど声をかけたり指に触れたりして、気付けるようにした。食欲が減退すると共に自分で気付くことも減った。今後は、本児が無理なく食べられる量に調節し、ゆったりと進めていきたい。

立案のポイント　手が出る前に気持ちを察し、言葉で伝えられるように導きたいです。食に関しては気分もあるので、ゆったり進めましょう。

片付けが身に付いていない
男児（3歳6か月）

前月末の子どもの姿
- 目についた物を次々に手に取り、使っていた物はそのままである。
- 登園時より、抱っこやおんぶをせがむことが多い。
- 外から室内に入った際の身の回りのことが身に付かず、適当な場所で帽子やジャンパーを脱ぎ捨て、そのまま遊び始めてしまう。

ねらい
- 約束事が分かる。
- 簡単な身の回りのことを保育者と一緒にする。

内　容
- 保育者と一緒に片付けてから、次の遊びを楽しむ。　人間
- 保育者と行動を共にしながら、一つ一つの身の回りのことを行う。　健康　人間

保育者の援助
- 次の遊びに移ろうとしたときは、顔をのぞき込んだり目線を合わせたりして、片付けを促す言葉をかける。また、手をつないで保育者と一緒に片付けを行い、できたときには大いにほめる。
- 次の活動を知らせると共に、声かけだけでなく手をつないで行動し、そばに付いて必要に応じて手伝い、すべてのことが終わるまで見守る。

評価・反省
- 片付けや身の回りのことをする際に保育者が行動を共にするようにしたところ、片付けを含め、一つ一つの身の回りのことをするようになる。声かけだけでは行動することが難しいので、玩具で興味を引くなどして、保育者に目を向けられるようにしたい。

立案のポイント　注意するのではなく、「こうしたほうがいいね」とにこやかに声をかけ、行動を共にし、できたことを認める関わりが重要です。

2月　個人案文例

3月 個人案

月齢・行動の違いによる子どもの文例

個人案文例 → P150-P151 3月の個人案文例

マイペース 男児（3歳2か月）

前月末の子どもの姿
- 周りの友達の様子を気にすることはなく、声かけだけでは身の回りのことをしようとしない。
- スムーズにトイレへ行くことはなく、一人では便器に座らず、出てきてしまう。
- ブクブクうがいは、そばに付くとやってみようとする。ガラガラうがいは、まだできない。
- 給食時、フォークを上手に持って食べられる。

ねらい
- 身の回りのことに意欲をもつ。

内容
- 周りの友達の姿を見て気付いたり、保育者の声かけを聞いたりして、行動する。 人間 言葉

保育者の援助
- 友達のしていることに気付けるよう「みんなは何してる？」と声をかけ、目を向けられるようにする。また、一対一でじっくり関わる時間をもち、次にすることを確認したり、共に行動したりして意欲を高めながら、次の行動に移れるようにする。

評価・反省
- 身の回りのことを行うときには、できるだけ一対一で見守るなど、じっくりと関わりがもてるようにした。共に行動し、友達が何をしているか声をかけることで、時間はかかるがやってみようとするようになる。次年度へつなげていけるよう引き継ぎたい。

立案のポイント
周囲の友達の動きに注目させることで、自分から気付けるようになるといいです。指示するより、誘うようにしましょう。

止めてもくり返す 男児（3歳3か月）

前月末の子どもの姿
- 友達がいけないことをしていると声をかけ、注意する姿が見られるが、自分自身のことになると止められても、すぐに同じことをくり返してしまう。
- 声をかけると男児用トイレを使用してみようとする。

ねらい
- 約束事を身に付ける。
- 排泄の仕方を身に付ける。

内容
- 生活や遊びの中で、やっていいこと、いけないことが分かり、気を付けようとする。 人間
- 男児用トイレでの排尿に慣れる。 健康

保育者の援助
- いけないことをしたときには、そのつど声をかけて知らせる。また、気付けたときには大いにほめ、身に付くようにする。
- トイレに行く際には、無理強いすることなく「立ってできるかな」と声をかけて進める。また、上手にできたときには大いにほめ、習慣が身に付くようにする。

評価・反省
- いけないことをした際に声をかけると、その場ではやめることができるが、くり返しがちである。やっていいこと、いけないことは分かっているので、身に付くように次年度につなげていきたい。
- トイレに行く際は様子を見ながら、必要に応じて声をかけた。また、自ら男児用を使用できたときには大いにほめたことで、男児用トイレの使用にも慣れて、習慣として身に付いた。

立案のポイント
「これはダメ」と強調するより、「こうした方がいいね」と望ましい行動を明るく伝えるようにしましょう。

保育者と一緒にやる 男児（3歳7か月）

前月末の子どもの姿
- 何かしてもらいたいときに、「やって」という言葉を使う。
- 自分から身の回りのことを行うことはないが、保育者と一緒だとやってみようとする。
- ガラガラうがいはできないが、声をかけると顔を上げようとする。

ねらい
- 保育者との関わりの中で、身の回りのことをする。
- 保育者と言葉のやり取りをする。

内容
- 一対一で、保育者の話に耳を傾け、行動しようとする。[言葉]
- 自分の思いを言葉にして表す。[言葉]

保育者の援助
- 声をかける際は、保育者に目を向けられるように玩具を顔の横に持ってくるなどして興味を引く。また、ゆったりと関わりながら、本児に合わせて一つ一つ確認しながら進める。
- 「やって」と言ってきたときには、どんなことをしてもらいたいのか、そのつど聞き返し、言葉を引き出していく。

評価・反省
- 一対一で関わり、目線が合ったところで話すようにした。言われたことを行おうとする姿が見られた。
- 本児の伝えてきた思いをしっかり受け止め、ゆったりやり取りすることを心がけた。聞き返していくことで、自分の思いを文にして返すようになった。表現が豊かになったと思う。

立案のポイント
子どもの求めに応じながら関わり、子どもから言葉を引き出すようにしましょう。言ったことをくり返して言うのも効果的です。

 気分に波がある 男児（3歳8か月）

前月末の子どもの姿
- 一番に対する思いが強く、一番になれないと思った瞬間、急にやる気をなくし、できることもすべて「できない」と言って泣き出す。
- 自分の好きな玩具を独り占めし、友達の「貸して」という言葉に応じることができない。
- 散歩が好きで、様々な物を発見して言葉にする。
- 公園での遊具遊びを積極的に楽しんでいる。

ねらい
- 身の回りのことに意欲をもつ。
- 友達との関わりの中で、相手の思いを知る。

内容
- 保育者の声かけを聞いて、身の回りのことを自分でする。[健康][言葉]
- 玩具の貸し借りができるようになる。[人間][言葉]

保育者の援助
- 一番になりたい本児の思いを大切にしつつも、一つ一つのことをしっかり行うこと、頑張ることが大事ということをくり返し伝える。
- 「こうしたかった」という思いを受け止めると共に、友達の気持ちを代弁し、貸し借りができることで、より遊びが楽しくなることを丁寧に伝える。

評価・反省
- 日によって気分に波があり、次の活動になかなか移れないこともある。本児の思いを十分に受け止め、気持ちが切りかえられるように引き継いでいきたい。
- 保育者の話に耳を傾け、納得して遊べるなど変化が見られるようになる。適切な関わりがもてたと思う。

立案のポイント
そろそろ一番になることはそんなに大事なことではないと、保育者の価値観を伝えなくてはなりません。タイミングが大切です。

こんなときどうする？ 個人案 Q&A

Q 個人面談などで、個人案を保護者に見せてもよいものでしょうか？

A 原則として、見せません

個人案に書いた内容を、口答で伝えることは問題ありません。子どもはどんな発達の状況なのか、何を心がけて保育しているのかを知らせることは大切です。けれども、保護者に見せると、「コピーさせてほしい」、「うちは見せてもらっていない」など、保護者からの要望が噴出してしまうでしょう。

Q よく食べよく遊び、すべてが良好な子どもほど、個人案が書きにくくて困ります。どんな点を見ていけばよいのでしょうか？

A 更によい経験を積み重ねられるように

悪いところを直すことが、保育の本質ではありません。すべてが良好なのは、園の保育が適切だという証拠です。ありのままの姿と、更に経験させたいことを加えながら、「喜んで～することを積み重ねる」という方針で書きましょう。

Q 排泄や食事などは、一つの「ねらい」に近づくため毎月同じになりますが、よいのでしょうか？

A 成長に応じて、変わるはず

子どもは日々成長していますから、その発達に応じた「ねらい」をステップアップしていきたいものです。「食具を使って食べる」だけで毎月同じにせず、今月は「楽しく会話しながら食べる」など、らせん状に「ねらい」を設定すると、保育者も子どももリラックスできるでしょう。

第5章

週案・日案の立て方

週ごとに作成する「週案」と、一日単位の「日案」は、最も書く頻度の高い行事などを中心に紹介しています。

2歳児の週案

おさえたいポイント

一週間のスパンで育ちをとらえる

週案は、各月の指導計画を基に更に具体化して、一週間分の計画を立てたものです。毎週書いている園は少ないかもしれませんが必要に応じて書けるようにしておきましょう。

最近の子どもの姿
前週の子どもの育ちの姿や問題のある姿をありのまま書きます。

今週のねらい
前週の姿を踏まえ、どのような子どもの姿を願って今週の保育をするのかを書きます。

評価・反省
一週間の保育を振り返り、「ねらい」に近づけたか、次週に配慮することは何かを書きます。

4月週案 第2週 あひる組

最近の子どもの姿
- 登園時、別れ際に泣いてしまう子もいるが、すぐに落ち着き、自分の好きな遊びを見付けて楽しんでいる。また、新入園児は母親の姿が見えなくなると不安がるものの、保育者と共に行動しようとする姿が見られる。
- 室内ではブロック遊びを楽しんでいる子が多いが、玩具で遊ぶことはなく、テーブルの下にもぐったり、水道の水を出して遊んだりしている。

今週のねらい
- 新しい環境に慣れる。
- 好きな遊びを楽しむ。

評価・反省
- 新しい環境の中、子ども一人一人の気持ちを受け止め、安心して過ごせるように関わりをもった。また、担任間でも声をかけ合い、連携を図ることで保育者自身も落ち着いて行動し、子どもにも十分に関われたと思う。登園時はまだ泣いてしまう子もいるが、保育者とのやり取りを楽しむ姿も見られた。引き続き時間外担当の保育者とも連携を図り、朝の受け入れをしっかり行いたい。
- 興味をもちそうな遊びに誘い、共に楽しんだ。好きな遊びをじっくり楽しむと共に、友達の遊びに興味を示す姿が見られる。今後は場を共有できるような機会を、多くつくりたい。

		★ 内容	環境構成	予想される子どもの姿	保育者の援助
養護	生命の保持・情緒の安定	●様々な気持ちを受け止めてもらい、安心して過ごす。 ●楽しい雰囲気の中で食事をする。	●保育者がゆとりをもち、ゆったりした生活リズムと雰囲気をつくり、安心して過ごせるようにする。 ●ゆったり過ごせる場所をつくり、いつでも休息が取れるようにする。 ●一対一で関わる時間を十分に取る。 ●一人一人の座る場所を固定し、いつも決まった場所で安心して食事ができるようにする。	●安心して過ごす。 ●不安になり泣いたり、保育者に甘えたりする。 ●自分の席を見付け、座る。 ●フォークを使って食べる。	●不安な気持ちを受け止め、スキンシップを十分に図ったり、笑顔で話しかけたりして、安心感がもてるようにする。 ●共に行動したり、丁寧に声をかけたりしながら、次の活動を知らせていく。 ●共に食事をする中で、「おいしいね」などと声をかけながら、楽しく食べられるようにする。
教育	健康・人間関係・環境・言葉・表現	●好きな玩具や遊具を見付けて遊ぶ。環境 ●新しい友達や保育者に声をかけたり、あいさつをしたりする。人間 言葉 ●しぐさや言葉で、自分の思いを表現する。言葉 表現 ●のびのびと自分から体を動かして遊ぼうとする。健康	●一人一人の好きな遊びや落ち着く空間を把握し、場の設定や玩具、遊具を用意しておく。 ●危険なく遊べるよう遊具の安全確認を行う。 ●「あなたのお名前は」などの歌遊びを取り入れ、友達や保育者の名前が身近に感じられる機会をもち、また一人一人と関わる時間を十分につくる。	●戸外で砂遊びをしたり、滑り台や三輪車で遊んだりする。 ●室内でブロックやままごと、パズルをして遊ぶ。 ●友達や保育者に声をかける。また、あいさつをする。	●好きな遊びをじっくり楽しめるよう見守ったり、また遊んだりしながら楽しさを共有する。また、遊びが見付からない子には興味をもちそうな遊びを投げかけ、満足して遊べるようにする。 ●そばにいる友達に気付けるよう、声をかけたり、あいさつを交わしたりして、やり取りが楽しめるようにする。

内容
「ねらい」を達成するために、どのような経験をさせたいのか、子どもを主語にして書きます。活動よりも充実感や達成感を重視します。

環境構成
「内容」を経験させるために、どのような環境を用意するかを、詳しく書きます。

予想される子どもの姿
用意した環境の中で、子どもはどのように反応したり遊び始めたりするかを予想します。

保育者の援助
保育者がどのような援助をすることで「内容」が経験されるのかを書きます。

2歳児の日案

おさえたいポイント

一日の流れと援助の仕方を明確に

日案は、時間に沿って生活の流れを記入します。そして内容を達成するための環境構成と、保育者の援助を具体的に記入します。デイリープログラムとして作成される場合もあります。

最近の子どもの姿
ここ数日の子どもの様子や興味・関心をとらえ、「本日のねらいと内容」に関連することを記入します。

本日のねらいと内容
その日の「ねらい」と、それに対応した「内容」を関連させて書きます。その日、子どもたちに経験させたいことを明確にする必要があります。

評価・反省
その日の保育を振り返り、「ねらい」に近づいた子どもの姿や、今後への課題を記します。

日案 6月3日 あひる組

😊 最近の子どもの姿
- 生活の仕方が分かり、保育者の言葉かけで、身支度を行おうとするが、遊び出してしまうこともある。
- 自分の気持ちをうまく言葉にできず、トラブルになることもあるが、友達との関わりを楽しめる。

◆ 本日のねらいと内容
- ＜ねらい＞ 好きな遊びを見付けて楽しむ。
- ＜内　容＞ 簡単な身の回りのことを自分でしようとする。
- 好きな遊びで友達と関わろうとする。

🔖 評価・反省
- 保護者にじっくり子どもの様子を見てもらうことができた。アンケートでは、家庭での様子の違いが書かれていることが多く、園でどのように過ごしているかを知ってもらう有意義な時間となったと思う。今後、アンケートをもとに話す機会を設け、保育に生かしたい。

時刻	😊 予想される子どもの生活（活動）	🪑 環境構成	👨‍🏫 保育者の援助
8:30	時間外保育より引き継ぎ～順次登園	●上の小窓を開け、子どもの声が廊下にも聞こえるようにする。 ●保育参観のポイントなどを記した用紙を配る。	●受け入れ時は子どもの表情や顔色を確認し、保護者から体調の変化を聞き健康状態を把握する。
	室内遊び（ブロック、ままごと、パズル、絵本）	●日頃から楽しんでいる遊具や手遊びを取り入れる。 ●玩具はそれぞれのコーナーごとに設置し、遊び方に応じて量を加減する。また、手に取りやすい場所に置き自主的に遊び出せるようにする。	●子どものやりたい気持ちを受け止め、共に楽しんだり必要な物を用意したりして楽しめるようにする。 ●子ども同士で遊ぶ様子を見守り、場を共有して楽しめるようにする。また、トラブルが起きたときは、互いの気持ちを代弁するなど仲立ちし、相手の思いを伝える。
	トイレ・オムツ交換	●トイレは常に清潔な状態を保ち、子どもが安心して排泄できる場にする。	●無理強いすることなくトイレに誘い、排尿できたときは大いにほめ、自信につなげる。
9:30	片付け 手洗い・朝の集まり・おやつ	●遊びが継続して楽しめるよう、一人一人の作品コーナーを用意する。	●一緒に片付けながらやり方を知らせ、上手にできたときには大いにほめて、身に付くようにする。
10:00 10:45	園庭遊び（ジャングルジム、砂遊び、虫探し、三輪車） 片付け・入室 着替え トイレ・オムツ交換・手洗い	●危険なく遊べるよう、遊具の安全確認を行う。 ●着替えのコーナーを設け、じっくり集中して行えるようにする。	●保育者も一緒に遊んだり、そばに付いたりして友達とやり取りできるようにする。 ●自分で着替えようとする気持ちを大切にし、そばに付いて励まして意欲につなげる。
12:00	給食 片付け・順次遊び （参観終了）トイレ・オムツ交換	●参観場所からも食事の様子がよく見える位置に席を移動させる。	●「おいしいね」と声をかけたり食材の名前を知らせたりして、楽しく食べられるようにする。
15:00 16:30	午睡 目覚め 時間外保育へ引き継ぎ～順次降園	●子どもの午睡リズムを把握し、決まった場所で安心して眠りにつけるようにする。	●午睡中の子どもの様子を確認し、小さな変化にもすぐに気付き、対応する。

保育室の設定

園庭の設定

予想される子どもの生活（活動）
時間に沿って、戸外遊び・室内遊びの予想される生活や、食事や午睡などの流れを書きます。

環境構成
予想される生活で、「内容」を経験するために、どのような環境を準備するかを書きます。

保育者の援助
その日、保育者が特に心がけた援助を選んで書きます。

4月 週案
進級・新入園

週案 → P156-P157 4月の週案

4月の進級・新入園の週案 ここがポイント！

安心できる居場所を見付けられるように

まだ園や新しい保育室や保育者に慣れず、泣き顔の子どもがいるかもしれません。その子にとって安心できる居場所、好きな遊び、好きな保育者が見付けられるように、関わっていきましょう。子どもの泣き声は、聞く者をとても不安にします。泣いた子は優しく抱っこして、園庭やテラスなど、外の景色が見えるところに連れ出しましょう。動植物を見ると心がなごむことがあるので、準備するとよいでしょう。

4月週案 第2週 あひる組

最近の子どもの姿

- 登園時、別れ際に泣いてしまう子もいるが、すぐに落ち着き、自分の好きな遊びを見付けて楽しんでいる。また、新入園児は母親の姿が見えなくなると不安がるものの、保育者と共に行動しようとする姿が見られる。
- 室内ではブロック遊びを楽しんでいる子が多いが、玩具で遊ぶことはなく、テーブルの下にもぐったり、水道の水を出して遊んだりしている。

★ 内容

養護	生命の保持・情緒の安定	●様々な気持ちを受け止めてもらい、安心して過ごす。 ●楽しい雰囲気の中で食事をする。
教育	健康・人間関係・環境・言葉・表現	●好きな玩具や遊具を見付けて遊ぶ。 環境 ●新しい友達や保育者に声をかけたり、あいさつをしたりする。 人間 言葉 ●しぐさや言葉で、自分の思いを表現する。 言葉 表現 ●のびのびと自分から体を動かして遊ぼうとする。 健康 

記入のコツ!!

前週末の子どもの姿を書きます。具体的な子どもの様子を書くと、その子のために何をしたらよいか、具体的に考えられるので、目に見えるように書くのがコツです。

今週のねらい
- 新しい環境に慣れる。
- 好きな遊びを楽しむ。

評価・反省
- 新しい環境の中、子ども一人一人の気持ちを受け止め、安心して過ごせるように関わりをもった。また、担任間でも声をかけ合い、連携を図ることで保育者自身も落ち着いて行動し、子どもにも十分に関われたと思う。登園時はまだ泣いてしまう子もいるが、保育者とのやり取りを楽しむ姿も見られた。引き続き時間外担当の保育者とも連携を図り、朝の受け入れをしっかり行いたい。
- 興味をもちそうな遊びに誘い、共に楽しんだ。好きな遊びをじっくり楽しむと共に、友達の遊びに興味を示す姿が見られる。今後は場を共有できるような機会を、多くつくりたい。

環境構成	予想される子どもの姿	保育者の援助
●保育者がゆとりをもち、ゆったりした生活リズムと雰囲気をつくり、安心して過ごせるようにする。 ●ゆったり過ごせる場所をつくり、いつでも休息が取れるようにする。 ●一対一で関わる時間を十分に取る。 ●一人一人の座る場所を固定し、いつも決まった場所で安心して食事ができるようにする。	●安心して過ごす。 ●不安になり泣いたり、保育者に甘えたりする。 ●自分の席を見付け、座る。 ●フォークを使って食べる。	●不安な気持ちを受け止め、スキンシップを十分に図ったり、笑顔で話しかけたりして、安心感がもてるようにする。 ●共に行動したり、丁寧に声をかけたりしながら、次の活動を知らせていく。 ●共に食事をする中で、「おいしいね」などと声をかけながら、楽しく食べられるようにする。
●一人一人の好きな遊びや落ち着く空間を把握し、場の設定や玩具、遊具を用意しておく。 ●危険なく遊べるよう遊具の安全確認を行う。 ●「あなたのお名前は」などの歌遊びを取り入れ、友達や保育者の名前が身近に感じられる機会をもち、また一人一人と関わる時間を十分につくる。	●戸外で砂遊びをしたり、滑り台や三輪車で遊んだりする。 ●室内でブロックやままごと、パズルをして遊ぶ。 ●友達や保育者に声をかける。また、あいさつをする。	●好きな遊びをじっくり楽しめるよう見守ったり、共に遊んだりしながら楽しさを共有する。また、遊びが見付からない子には興味をもちそうな遊びを投げかけ、満足して遊べるようにする。 ●そばにいる友達に気付けるよう、声をかけたり、あいさつを交わしたりして、やり取りが楽しめるようにする。

4月 週案

記入のコツ!!
歌遊びで使おうとする曲名も書いておくことで、園長や主任が読んでも保育の内容が伝わりやすくなります。一人一人の名前を大切にすることも感じられます。

保育のヒント
食事は残さないことだけでなく、楽しく会話しながら食べることも伝えたいものです。温かくユーモアのある言葉をかけることで、子どもも楽しく学びます。

8月 週案 水遊び

8月週案 第1週 あひる組

週案 → P158-P159 8月の週案

最近の子どもの姿
- 生活の流れが身に付き、シャワーや水遊びの準備、片付けを進んで行おうとするが、早く終えたくて「やって」と言ってくることも多い。
- 水遊びを喜び、朝から楽しみにして待つが、友達の思いを気にせず水をかけるなど、友達に嫌な思いをさせてしまうことがある。
- 友達のしていることを見て、自分もやりたいと保育者に声をかけたり、行動に移したりする姿が見られる。

★内容

養護	生命の保持・情緒の安定	●水遊びをするなどして気持ちよく過ごす。 ●食材に興味をもち、楽しんで食事する。 
教育	健康・人間関係・環境・言葉・表現	●水遊びの準備、着替え、片付けを自分でしようとする。[健康] ●友達と水遊びの楽しさを味わう。[人間][環境] ●水の冷たさやタオルのフワフワした肌触りなど、様々な感触を味わう。[表現] ●水遊びができない子は絵本を読んだり、パネルシアターを見せたりしてお話の世界にひたる。[言葉]

8月の水遊びの週案 ここがポイント！

夏の楽しみと暑さ対策

夏ならではの水遊びを十分に楽しむと同時に、体力を消耗しすぎないことや水分を補給すること、紫外線対策など、配慮しなければならないこともたくさんあります。

また、夏はトイレトレーニングに最適な季節。無理をせず一人一人のペースに合わせて、楽しく進めましょう。衣服の着脱の機会も増えるので、上手にできるようになったという自信がもてるよう、認めていきましょう。

記入のコツ!!
子どもを主語にし、どのようなことをこの週に経験させたいかを記します。気持ちよく過ごすためには、どのような環境をつくるかを考え、右ページに続きます。

🔶 今週のねらい

- 保育者に手伝ってもらいながら、身の回りのことをしようとする。
- 夏の遊びを楽しむ。

🏷 評価・反省

- 身の回りのことにおいては、個々の気持ちを受け止めながらも自分で行えるよう丁寧に声をかけ、一人一人に合わせた援助を行った。無理強いすることなく進めていったことで、頑張る姿も見られた。引き続き、関わりを大切にしていきたい。
- 水遊びでは様々な素材や教材を用意し、楽しさが十分に味わえるよう環境を設定した。また、遊び方を子どもと確認することで、気を付けようとする姿も見られた。的当てを用意したので、水をかけて遊ぶ楽しさも味わえてよかったと思う。今後も、子どもが興味を示す遊びを十分に楽しめるような環境設定を行っていきたい。

🪑 環境構成	😊 予想される子どもの姿	👕 保育者の援助
● 水分補給やシャワー、水遊びがスムーズに行えるよう準備する。 ● 健康観察や水遊びカード、連絡ノートの確認を行い、一人一人の健康状態を把握する。 ● プランターで育てている野菜の水やり、収穫を行う。 ● 食事の前に食材、メニューを紹介する。	● シャワー、水遊びをする。 ● 水分補給をする。 ● 休息を取る。 ● 野菜の水やり、収穫をする。 ● 知っている食材を言ったり、探したりする。	● エアコンを使用する際は、室内外の気温差に留意する。 ● 水遊び後は十分な休息と水分をとり、体調の変化に対応をする。 ● 給食時に収穫した野菜と同じ食材が入っていることを知らせ、興味や関心が広がるようにする。 ● 子どもの気付きに共感したり、質問に丁寧に答えたりして楽しく食事ができるようにする。
● 同じ流れ、決まった場所で取り組めるように準備する。 ● 色水、的当て、洗濯ごっこなど、様々な遊びを取り入れ、楽しさが十分に味わえるようにする。また、遊びに必要な素材、教材、用具を取りそろえておく。 ● 水遊びができない子も楽しく過ごせるよう、遊びの設定や場所の確保を行う。	● プールバッグの用意や片付けをしようとする。 ● 衣服の着脱をする。また、しようとする。 ● 色水、的当て、洗濯ごっこをする。 ● 友達に水をかける。	● 一人一人に合わせて声をかけ、ズボンをはきやすいように置くなど、さり気なく援助する。 ● みんなが気持ちよく遊べるよう、必要に応じて、遊び方を知らせる。 ● 子どもの気付きに共感し、イメージを壊さずに遊びを盛り上げる。 ● 水遊びがしたい気持ちを受け止めると共に、興味がもてる遊びを投げかけ、楽しめるようにする。

8月 週案

📖 記入のコツ!!

水遊びといっても、様々な遊びがあります。具体的に書き出していくことで、準備するものがはっきりします。洗濯ごっこに必要なものも書くといいでしょう。

保育のヒント

水を触るのは好きでも、人からかけられるのは嫌な子もいます。一人一人が楽しいと感じ、徐々に水との関わりがダイナミックになるよう働きかけます。

10月 週案 運動会

10月週案 第2週 あひる組

最近の子どもの姿

- 自分のロッカーから必要な物を出して着替えるなど、衣服の仕組みをみんなが分かるようになり、自分でやってみようとする。
- 朝から「○○（の音楽を）かけて」「体操したい」と言って、曲に合わせて踊ることを楽しむ。
- 保育者の「ヨーイドン」のかけ声に合わせてかけっこをしたり、2〜3人でごっこ遊びやボール蹴りをしたりと、運動的な遊びを楽しんでいる。
- 食欲が減退している子がいる。

		★ 内　容
養護	生命の保持・情緒の安定	●朝夕の気温差に留意された環境で、全身を使った遊びを楽しみながら、健康に過ごす。 ●皿やお椀への手の添え方、持ち方を知り、自分で食べようとする。
教育	健康・人間関係・環境・言葉・表現	●ブクブクうがいの仕方が分かり、自分でしようとする。 健康 ●リズムに合わせて踊ることを楽しむ。 表現 ●友達とかけっこ、ボール蹴りなど、全身を使った遊びを楽しむ。 人間 環境

10月の運動会の週案 ここがポイント！

園の行事に楽しんで参加する

にぎやかなダンスの曲が流れ、お兄さんお姉さんが元気に踊ったり走ったり応援したりする姿を見て、子どもは興味をもつことでしょう。家の人も見にくる楽しいことがあるらしい、と期待感がもてるように、自分たちの種目や出番を楽しめるように援助します。

また、動と静のバランスにも気を配り、たくさん運動した後は、水分補給と休息に十分配慮しましょう。

記入のコツ!!

2歳児の種目に選んだ運動が意識できるよう、内容の欄に記しておきます。運動する際は、忍者になったつもりなど、イメージをもてるようにするとよいでしょう。

◆ 今週のねらい
- 運動会に期待をもって過ごす。

評価・反省
- 子どものやりたい気持ちを受け止め、遊びを楽しめるようにした。また、運動会の話をし、競技内容に含まれている遊びについては「今度、運動会でしようね」「お父さん、お母さんと一緒にするんだよ」などと声をかけることで喜んで行い、期待をもって過ごすことができた。
- 健康面に配慮し、天候に応じた活動内容や時間配分を考え、ゆったりと過ごせるようにした。運動会当日は、体調を崩すことなくみんなが喜んで参加することができ、日ごろ行っている遊びを親子で十分に楽しむことができたと思う。

環境構成	予想される子どもの姿	保育者の援助
●気温に応じて調節しやすい衣服を用意してもらい、気持ちよく過ごせるようにする。 ●子どもの好きな遊びを取り入れる。 ●休息や水分補給がいつでもできるスペースを用意する。 ●食器の持ち方の見本を見せる。 ●一人一人の食欲を把握し、無理なく食べられるようにする。	●半袖、または長袖に着替える。 ●休息を取ったり、水分補給をしたりする。 ●体操や追いかけっこ、ボール遊びを楽しむ。 ●皿やお椀に手を添えたり、持ったりして食べる。	●風通しをよくし、体調や気温に応じて衣服を調節する。 ●体を動かす心地よさが味わえるよう、共に遊んで盛り上げる。 ●子どもの様子を見ながら、活動を早めに切り上げたり、休息を十分に取ったりと対応する。 ●手を添えたり、声をかけたりして、こぼさず食べるために必要なことをくり返し丁寧に知らせる。
●生活動線を踏まえて取りやすい場所にコップ置き場を用意する。 ●踊り方を図や絵で分かりやすく示し、見本を見せる。 ●子どもの好きな体操やテンポのよい曲を用意する。 ●広いスペースを確保し、遊びに必要な用具を十分に用意する。 ●運動会の話をする機会をもち、期待がもてるようにする。	●ブクブクうがいをする。また、しようとする。 ●音楽に合わせ、体を動かす。 ●かけっこやサッカー、向かい合ってボールを蹴ることを楽しむ。	●うがいをする際、一人一人に合わせた声かけや援助を行い、できたときは大いにほめ、自信と習慣が付くようにする。 ●子どもの動きに留意しながら、体を動かす楽しさが味わえるよう一緒に踊りを楽しみ、盛り上げる。 ●子どものやりたい気持ちを受け止め、遊びの中で、運動会に期待がもてるよう声をかける。

10月 週案

保育のヒント
子どもが好きな遊びや絵本のストーリーを種目に仕立てていくのもよい方法です。面をつくったり、ストーリーに合った動きをしたりと、楽しめるようにします。

保育のヒント
朝夕は涼しいですが、運動をすると汗をかきます。脱いだり着たりしながら、体温の調節をしましょう。自分で着脱をするよい機会になります。

2月 週案 節分

2月週案 第1週 あひる組

CD-ROM 週案 → P162-P163 2月の週案

最近の子どもの姿
- トイレの使用が上手になり、排泄後の後始末もしっかりと身に付く。
- 朝の集まりでは前に出て発表することを喜び、「オニのパンツ」や「豆まき」の歌を友達と一緒に、振り付きで歌うことを楽しむ。
- 鬼への興味が増し、絵本を喜んで見たり、豆まきごっこを楽しんだりする姿が多く見られる。

2月の節分前後の週案 ここがポイント！

外気に触れて遊ぼう

寒い時期ですが、ずっと保育室に閉じこもることなく、一日に1回は外に出て、風を感じましょう。しっかり身支度をすれば、外遊びも楽しめます。

また、豆まきを園庭ですることもできるでしょう。鬼の出てくるお話にも親しめるといいでしょう。優しい鬼もいることを知らせ、節分が恐怖の日にならないような配慮をしましょう。

		★ 内　容
養護	生命の保持・情緒の安定	●戸外遊びを楽しみながら、健康に過ごす。 ●フォークの持ち方が身に付き、保育者や友達と楽しく食べる。
教育	健康・人間関係・環境・言葉・表現	●次にすることが分かり、できることは自分でしようとする。健康 人間 ●節分の雰囲気を味わいながら、友達と一緒に遊ぶ。人間 環境 ●自分でつくった物を使って遊ぶ。表現

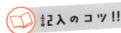

記入のコツ!!
前週に十分、鬼への興味や関心が高まっていることが読み取れます。豆まきも当日だけではなく、ごっこ遊びを通して経験しておくことで、より楽しみになるでしょう。

今週のねらい
- 次の活動に期待をもって過ごす。
- 伝承行事の節分を楽しむ。

評価・反省
- 次の活動を事前に知らせ、期待がもてるようにした。自分でできたことを大いにほめることで満足感を味わい、クラス全体の生活の流れがスムーズになったと感じる。身の回りのことを自分でしようとする意欲が見られない子もいるが、一対一の関わりの中でゆったりと進めたいと思う。
- 節分の雰囲気を楽しめるよう製作やごっこ遊び、歌、絵本など様々な活動を取り入れた。豆まきごっこをしたり、歌を歌ったりして日々楽しむ姿が見られた。子どもの興味や関心が高まり、伝承行事を十分に楽しめたと思う。

環境構成	予想される子どもの姿	保育者の援助
● 適切な湿度が保てるように加湿空気清浄機を定期的に掃除する。 ● 戸外遊びの機会を多く取り入れる。 ● フォークの持ち方を知らせる機会をもち、食べ始める前に手を添え、正しい持ち方ができるようにする。 ● レストランごっこなどに食具を取り入れる。	● 体操や追いかけっこ、ボール蹴り、なわとび電車などを楽しむ。 ● フォークを上手に持って食べる。	● エアコンの設定温度に気を付け、適宜換気を行う。 ● 室内で体操してから外に出たり、追いかけっこをしたりして、戸外でも元気に過ごせるようにする。 ● 食具を正しく持ったときには大いにほめ、持ちにくそうなときには手を添える。 ● 遊びの中でも食具の持ち方を知らせ、身に付くようにする。
● 毎日、同じ流れで生活し、次の活動を事前に知らせるなどして期待がもてるようにする。 ● 節分の雰囲気を楽しめる遊びや歌、絵本を取り入れる（「オニのパンツ」「豆まき」など）。 ● 遊びを通して友達と一緒に過ごす時間をつくる。 ● 見本と共に、作品づくりに必要な教材や素材を十分に用意する。	● 着替え、手洗い、うがい、排泄など、次にすることが分かり、行動に移そうとする。 ● 節分の歌を歌ったり、絵本を見たりする。 ● 友達と豆まきごっこをする。 ● 鬼の面や新聞紙の豆づくりをする。また、それらを使って豆まきごっこをして遊ぶ。	● 自分でしようとする姿を見守り、できたことを大いにほめるなどして満足感が味わえるようにする。 ● 子どもが鬼や豆まきに興味を示す姿を見逃さず誘いかけ、共に遊びを楽しみながら盛り上げる。 ● 節分の由来については言葉を選びながら、分かりやすく伝える。 ● つくった物で楽しめるよう、子どもを待たさず仕上げをする。

保育のヒント
フォークの持ち方を指導するだけでなく、レストランごっこに取り入れるのはよいアイデアです。遊びの中でもかっこよくふるまってほめられる場をつくりましょう。

保育のヒント
集団生活では待たされることが多く、その間にイライラしてトラブルになることもあります。なるべく待たせず、すぐにしてもらえる援助はすてきです。

6月 日案 保育参観

日案 6月3日 あひる組

6月の保育参観の日案 ここがポイント！

あくまでも子どものための日案に

保育参観は、保護者の方々がたくさん来られ、子どもたちもいつもとは違う姿になることがよくあります。また、保育者も見られることに緊張し、ドキドキしてしまいます。けれども、日案は、子どもがよりよく育つための毎日の保育の積み重ねですから、子どもの姿を予想し、必要な援助を書くことに変わりありません。ねらいも内容も、子どもにどんな姿を期待するか、どんな姿を保護者に見てほしいかを意識して、子ども主体で書きましょう。

最近の子どもの姿

- 生活の仕方が分かり、保育者の言葉かけで、身支度を行おうとするが、遊び出してしまうこともある。
- 自分の気持ちをうまく言葉にできず、トラブルになることもあるが、友達との関わりを楽しめる。

時刻	予想される子どもの生活（活動）
8:30	時間外保育より引き継ぎ～順次登園
	室内遊び（ブロック、ままごと、パズル、絵本）
	トイレ・オムツ交換
	片付け
9:30	手洗い・朝の集まり・おやつ
10:00	園庭遊び（ジャングルジム、砂遊び、虫探し、三輪車）
10:45	片付け・入室 着替え
	トイレ・オムツ交換・手洗い
	給食 片付け・順次遊び
12:00	（参観終了）トイレ・オムツ交換 午睡
15:00	目覚め
16:30	時間外保育へ引き継ぎ～順次降園

◆ 本日のねらいと内容

<ねらい>●好きな遊びを見付けて楽しむ。
<内　容>●簡単な身の回りのことを自分でしようとする。
　　　　●好きな遊びで友達と関わろうとする。

評価・反省

●保護者にじっくり子どもの様子を見てもらうことができた。アンケートでは、家庭での様子の違いが書かれていることが多く、園でどのように過ごしているかを知ってもらう有意義な時間となったと思う。今後、アンケートをもとに話す機会を設け、保育に生かしたい。

環境構成	保育者の援助
●上の小窓を開け、子どもの声が廊下にも聞こえるようにする。 ●保育参観のポイントなどを記した用紙を配る。 ●日頃から楽しんでいる遊具や手遊びを取り入れる。 ●玩具はそれぞれのコーナーごとに設置し、遊び方に応じて量を加減する。また、手に取りやすい場所に置き自主的に遊び出せるようにする。 ●トイレは常に清潔な状態を保ち、子どもが安心して排泄できる場にする。 ●遊びが継続して楽しめるよう、一人一人の作品コーナーを用意する。 ●危険なく遊べるよう、遊具の安全確認を行う。 ●着替えのコーナーを設け、じっくり集中して行えるようにする。 ●参観場所からも食事の様子がよく見える位置に席を移動させる。 ●子どもの午睡リズムを把握し、決まった場所で安心して眠りにつけるようにする。	●受け入れ時は子どもの表情や顔色を確認し、保護者から体調の変化を聞き健康状態を把握する。 ●子どものやりたい気持ちを受け止め、共に楽しんだり必要な物を用意したりして楽しめるようにする。 ●子ども同士で遊ぶ様子を見守り、場を共有して楽しめるようにする。また、トラブルが起きたときは、互いの気持ちを代弁するなど仲立ちし、相手の思いを伝える。 ●無理強いすることなくトイレに誘い、排尿できたときは大いにほめ、自信につなげる。 ●一緒に片付けながらやり方を知らせ、上手にできたときには大いにほめ、身に付くようにする。 ●保育者も一緒に遊んだり、そばに付いたりして友達とやり取りできるようにする。 ●自分で着替えようとする気持ちを大切にし、そばに付いて励まして意欲につなげる。 ●「おいしいね」と声をかけたり食材の名前を知らせたりして、楽しく食べられるようにする。 ●午睡中の子どもの様子を確認し、小さな変化にもすぐに気付き、対応する。

保育室の設定

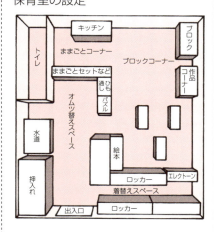

園庭の設定

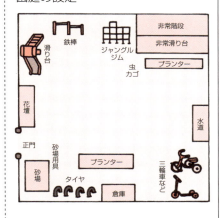

日案 運動会

日案 10月8日 あひる組

😊 最近の子どもの姿

- リズム遊びでは、音楽に合わせて体を動かすことを楽しみ、喜んで踊る。
- 友達と一緒に全身運動を楽しみ、「ヨーイドン」のかけ声に合わせ、かけっこすることを喜ぶ。

時刻	予想される子どもの生活（活動）
8:45	園児登園（活動表を記入する） 2歳児席に集合 クラスごとに集まり次第、写真撮影をする
9:00	運動会開始（保護者と一緒に参加） 水分補給 競技の説明
9:35頃	No.5　3歳未満児体操 「ジャングルぐるぐる」
9:50頃	No.7　親子競技 「目指せ、エースストライカー!!」 メダル贈呈、写真撮影 記念品配布（活動表を記入する） 自由解散

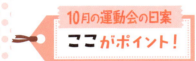

イベントに参加する楽しさを味わう

今日は保護者もずっといてくれる、子どもにとっては特別な一日です。親子で同じ席にいることも、別の席にいることも園によってそれぞれですが、機嫌よく一日を過ごせるよう配慮しましょう。

また、大勢の人々の雰囲気にのまれたり、暑くなったり、待つことが嫌になったり、日常ではない一日の疲れが出ることもあります。子どもの表情をよく見て、サインが出ていたら無理をさせずに、その子にとってよいと思われる対応をすぐに取りましょう。

🔶 本日のねらいと内容

<ねらい>●全身を使った遊びを保護者と一緒に楽しんで参加する。
<内　容>●リズムに合わせて踊ることを楽しむ。
●保護者と走ったり、ボールを蹴ったりする。

🏷 評価・反省

●ボールを蹴る、走るなど、子どもの発達に合った内容を取り入れたことで、一人一人が無理なく参加できた。中には、場の雰囲気に圧倒されてしまう子もいたが、大好きなお父さんお母さんに抱っこされながら、最後まで競技に取り組むことができた。ゴールした子どもの誇らしげな顔がとても印象的で、よい経験になったと思う。

🪑 環境構成	👕 保育者の援助	
●座席には目印になる看板を設置する。また、担任が付いて戸惑うことなく座席に着けるようにする。 ●事前にクラスごとの集合写真を撮ることを知らせ、遅れず登園してもらえるように呼びかける。 ●慌てず水分補給を行えるよう、前後の競技を確認し、水分補給の時間を取る。 ●分かりやすく競技の説明ができるよう、図に示したボードを活用する。また、事前にお便りを配布し、競技内容を知らせておく。 ●入退場ではけがのないように、列ごとに子どもを誘導する。 ●子どもたちの好きな遊びを競技に取り入れ、無理なく保護者と楽しめるようにする。 ●各年齢でそれぞれの担当の位置を決め、スムーズに競技が進められるようにする。 ●メダル、記念品の数や名前を確認し、不足がないようにする。	●一人一人に声をかけ、運動会への期待がもてるようにする。 ●場の雰囲気に圧倒されるなど不安な様子が見られた際には、「お母さん（お父さん）と一緒だから大丈夫ね」と優しく声をかけ、無理なく参加してもらえるよう保護者に伝える。 ●お便りで知らせた競技内容を、ゆっくり分かりやすく伝え、個別に質問があれば不安を取り除くよう丁寧に対応する。 ●無理強いすることなく子どもを誘い、保護者と離れられない子は親子での参加も呼びかける。 ●模倣しやすいよう体を大きく動かし、保育者も一緒に楽しんで踊る。 ●もうすぐ競技が始まることを伝え、期待がもてるようにする。 ●子どもの様子に合わせて無理なく参加できる形を保護者に伝える。 ●頑張ったことを大いにほめ、嬉しさや満足感が味わえるようにする。	「ジャングルぐるぐる」 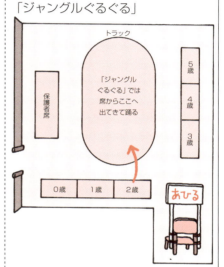 「目指せ、エースストライカー‼」 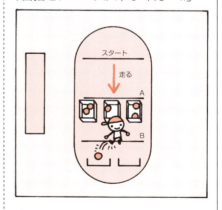 ①Aまで走る →②箱のボールを一つ出す →③Bからキックする

11月 日案
秋を楽しむ

日案 11月18日 あひる組

日案 → P168-P169 11月の日案

😊 最近の子どもの姿

● 自然物を使って、友達と一緒にケーキづくりやおばけごっこをして楽しむ姿が多く見られる。
● 行事参加では、ホールに行くことを喜び、期待をもって身の回りのことに取り組もうとする。

時刻	😊 予想される子どもの生活(活動)
8:30	時間外保育より引き継ぎ～順次登園
	室内遊び(新聞紙での虫づくり、ブロック、絵本、ままごと)
	トイレ・オムツ交換 片付け 手洗い
9:30	朝の集まり おやつ
10:00	おもしろホール(虫を見る、虫を探す、虫の声を聞く、虫の世界を感じる、虫で遊ぶ)
10:30	室内遊び(粘土、ブロック)
11:00	着替え トイレ・オムツ交換・手洗い 給食 食器片付け・順次遊び 片付け・トイレ・オムツ交換 午睡
15:00	目覚め
16:30	時間外保育へ引き継ぎ～順次降園

11月の秋を楽しむの日案
ここがポイント！

自分たちでつくったテーマパークへGO！

日ごろ、ドングリや落ち葉など秋の自然物で十分に遊んだりつくったりした物が、ホールに集結してすてきな世界をつくり出しています。お兄さんお姉さんたちがつくった作品と出会ったり、本物の虫たちを見たりしながら、秋を満喫できるイベントです。

おもしろホールだけの活動ではなく、一日を通して秋を感じられる演出が大切です。子どもの生活は連続しているので、流れを考え、秋に浸れる環境づくりに配慮しましょう。

◆ 本日のねらいと内容

<ねらい> ●秋の雰囲気を味わい、楽しく遊ぶ。
<内　容> ●秋の虫やドングリ、落ち葉に興味を示し、触れて、遊ぶ。

🏷 評価・反省

●一日を通して秋の雰囲気を楽しめるよう、クラス内での遊びや食事に秋の自然を取り入れた。自然な形で無理なく参加できるようにしたことで、秋の雰囲気を身近に感じることができた。今後も楽しく遊べる環境づくりをしたい。
●粘土を用意することで、作品を見た後、同じように自然物を表現する姿が見られた。見て、触れて、つくってと様々な楽しさを味わえてよかった。

🪑 環境構成	👕 保育者の援助	
●引き継ぎノートを確認するなどして前日までの子どもの様子を把握しておく。 ●満足して製作遊びができるよう、素材や教材を十分に用意する。 ●玩具はそれぞれのコーナーごとに設置し、遊び方に応じて量を加減する。玩具は取り出しやすい場所に置くなどして自主的に遊び出せるようにする。 ●トイレは常に清潔な状態を保ち、子どもが安心して排泄できる場にする。 ●朝の集まりに、季節を感じられる歌や手遊びを取り入れる。 ●子どもの作品を生かせるよう、ジオラマ風の環境を設定する。	●子どもの表情や顔色を確認し、保護者からも体調を聞くなどして健康状態を把握する。 ●虫づくりでは、子どもが興味をもてるような提案や誘いかけを行い、つくる楽しさが味わえるようにする。また、つくった物を目に付きやすい場所に飾り、自分でつくった満足感が味わえるようにする。 ●子どもの様子に合わせてトイレに誘い、排尿できたときには大いにほめ、自信につなげる。 ●一人一人が元気に返事ができるよう、気持ちを盛り上げる。 ●子どもの気付きに共感し、丁寧にこたえて興味を広げ、秋の雰囲気を楽しめるようにする。 ●展示してある子どもの作品を知らせ、「上手にできたね」と声をかけ、自分でつくった満足感、嬉しさが味わえるようにする。	ホールの設定 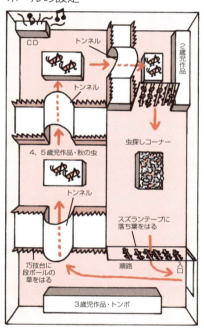
●人数分の粘土、粘土ベラを用意し、すぐに始められるようシートを敷いておく。 ●給食では、虫の声のCDを用意し、音色を楽しめるようにする。 ●いつも決まった場所に布団を敷いて、安心して眠りにつけるようにする。	●粘土やブロックで、つくりづらいところはやり方を提案し、イメージを壊さずつくれるようにする。 ●虫の声を流し、秋を感じながらゆったりと食事をする。 ●そばに付いて背中をさすったり、トントンしたりして安心して眠りにつけるようにする。	〈2歳児作品〉  散歩で拾った落ち葉やドングリを画用紙に木工用接着剤でつける。

11月 日案

こんなときどうする？ 週案・日案 Q&A

週案

Q 研修会があるので、いつもは計画していない週案を書くことに。月案にはない新たな「ねらい」が入ってもよいのでしょうか？

A その週に必要な、「ねらい」は入れる

来週は水遊びをするから…

園によって通常立てる計画は違うので、特別に書くこともありますね。週案は月案よりも具体的になるので、項目によっては月案で言及していない「ねらい」も週案に入れたくなることがあります。その方が、より分かりやすい週案になるのなら、入れた方がよいでしょう。

日案

Q 日案での環境構成図や遊びの内容など、やる保育者が分かっていれば書かなくてもよいのでしょうか？

A だれが見ても、分かるように書く

日案は、自分のためだけに書くのではありません。第三者が見ても、このクラスでどのような保育が展開されるのかが伝わらなければならないのです。環境構成図はもちろんのこと、予想される遊びや準備する物まで、だれにでも分かるように詳しく記入します。

環境構成は…

日案

Q 日案の「保育者の援助」をできるだけ具体的に書くようにいわれました。どこまで書けばよいのでしょうか？

A 自分の保育が目に見えるように

計画している遊びの内容や、歌う曲目、読む絵本のタイトルなども書きます。準備する教材の個数も必要です。また、「〜する子には、〜」というように、子どもの動きを予想しながら、その対応についても明記します。

第6章

保育日誌の書き方

保育終了後に記入する「保育日誌」は、園行事や戸外・室内などの活動ごとに使いやすい記入例を紹介しています。

2歳児の保育日誌

おさえたい3つのポイント

年間指導計画をはじめ個人案などは、計画ですから保育前に記入するものですが、この保育日誌は、保育後にその日を振り返りながら記入するものです。どのような保育をしてきたかが分かり、子どもの姿が見えるように記入しましょう。

子どもと暮らす喜びをかみしめる

　子どもと共に一日を過ごすと、嬉しいこともあれば、思うようにいかず苦労することもあります。保育者の一日は、子どもたちの泣き笑いに彩られた小さな出来事の積み重ねです。てんやわんやで終えた一日も、子どもたちが帰った後に振り返ってみると、ちょっとした子どもの一言を思い出して吹き出したり、三時間も泣き続けた子どものエネルギーに脱帽したり、いろいろな場面がよみがえってくるでしょう。あの子が友達をかまないようにとあれほど気を付けていたのに、不意にパクッとかみ、トホホな気持ちになることも。

　それらのたくさんの出来事の中から、今日書いておくべきことを選び出します。「ねらい」を達成した嬉しい場面や、うまくいかなかったことで保育者間で手立てを講じなければならない場面を、子どもの表情やしぐさなども分かるように書くのです。

　そして、そのような姿が表れたのは、どのような要因があったのか、どのような援助や環境が有効だったのかを考察します。うまくいかなかった場合には、どうすればよかったのかを別の援助の可能性を考えて記したり、明日からはどのように関わろうと思うのかを書いたりします。

　スペースは限られています。複数の保育者がチームで保育をしているので、共通理解しておかなければならないことを中心に書きましょう。

　保育日誌は、計画が適当だったかを実施の過程から検証していくものです。子どもの真実の姿をとらえて考えることで、確かな保育となります。

❶ 育ちが感じられた場面を書こう

「ねらい」の姿に近づいている嬉しい場面を、なぜそうできたのか、周りの状況も合わせて記すのが基本ですが、保育者が最も心に残った場面を書いてもよいでしょう。心に残るとは、それだけ心を動かされて何かを感じたということだからです。ハプニングなども書いておきます。

❷ その育ちを支えたのは何かを考える

　放っておいて勝手に子どもが育ったわけではありません。保育者が心を込めて用意した環境や温かい援助が功を奏することもあれば、友達の影響や不意のハプニングが要因になることもあります。何が子どもの育ちにつながるのか見抜く目を養うことが、保育力を高めます。

❸ 書き切れないことは、自分のノートに

　園で決まっている用紙には、ほんの少ししか書けないことが多いようです。そんな場合は自分の記録ノートに、エピソードを具体的に詳しく、思い切り書きます。書いているうちに、そのときの子どもの気持ちや、自分はどう援助すればよかったか見えてくることが多いものです。

主な活動
その日の主な出来事や遊び、ハプニングについて記します。後で見直した際に、こんなことがあった日だとすぐに思い出せることが大事です。

子どもの様子
一日のうちで最も嬉しかったり困ったりした印象的な場面を、子どもの姿がリアルに浮かび上がるように書きます。事実のみ記載します。

評価・反省
子どもの様子で書いた場面を、保育者はどうとらえて何を思ったか、保育者の心の内を書きます。ありのままの思いと明日への心構えを記入します。

●テラス遊び

	主な活動	子どもの様子	評価・反省
4/6	●室内遊び（ブロック、ままごと、木製レール）●テラス遊び（ミニカー）	●窓から見える景色に興味をもち、行き交う車を見て声を上げ、ガラスに映る自分の姿を見て、ポーズを取る。また、ガラスに映った自分に笑いかける姿も見られた。テラスではジャンプをしたり、ミニカーを走らせたりして楽しんでいる。	●子どもの気付きに共感し、丁寧にこたえるなどして対応した。新しいクラスへの興味を高める機会にもなり、発見を共有することで、安心感にもつながったと思う。天候が悪く室内遊びが続いていたが、テラスに出たことで気分転換にもなり、よかった。

●避難訓練

	主な活動	子どもの様子	評価・反省
4/22	●避難訓練 ●園庭遊び（虫探し、砂遊び、ボール遊び、滑り台）	●非常事態の放送が流れると、話や遊びを止めて耳をすまして聞く姿が見られる。サイレンが鳴ると、保育者に抱き付くなど怖がる子もいたが「大丈夫だよ」と声をかけるとうなずいた。外へ避難する際には慌てることなくスムーズに行えた。	●放送に従って動く訓練だったこともあり、子どもも見通しをもって参加できたようだが、サイレンが鳴ると不安がった。安心できるよう優しく声をかけた。次第に気分も落ち着き、子どもの気持ちを受け止め適切に対応することができてよかった。

4・5月 保育日誌

保育日誌 → P174
4・5月の保育日誌

●テラス遊び

保育のヒント：ガラスに映った自分の顔を楽しんでいます。鏡に映して、よりはっきり見えるのを楽しんだり、友達と二人で映したりするのも喜びます。

	主な活動	子どもの様子	評価・反省
4/6	●室内遊び（ブロック、ままごと、木製レール）●テラス遊び（ミニカー）	●窓から見える景色に興味をもち、行き交う車を見て声を上げ、ガラスに映る自分の姿を見て、ポーズを取る。また、ガラスに映った自分に笑いかける姿も見られた。テラスではジャンプをしたり、ミニカーを走らせたりして楽しんでいる。	●子どもの気付きに共感し、丁寧にこたえるなどして対応した。新しいクラスへの興味を高める機会にもなり、発見を共有することで、安心感にもつながったと思う。天候が悪く室内遊びが続いていたが、テラスに出たことで気分転換にもなり、よかった。

●避難訓練

記入のコツ!!：子どもの様子は、このように事実だけをありのまま書き出します。その場にいなかった人が読んでも頭に浮かぶように書いてください。

	主な活動	子どもの様子	評価・反省
4/22	●避難訓練 ●園庭遊び（虫探し、砂遊び、ボール遊び、滑り台）	●非常事態の放送が流れると、話や遊びを止めて耳をすまして聞く姿が見られる。サイレンが鳴ると、保育者に抱き付くなど怖がる子もいたが「大丈夫だよ」と声をかけるとうなずいた。外へ避難する際には慌てることなくスムーズに行えた。	●放送に従って動く訓練だったこともあり、子どもも見通しをもって参加できたようだが、サイレンが鳴ると不安がった。安心できるよう優しく声をかけた。次第に気分も落ち着き、子どもの気持ちを受け止め適切に対応することができてよかった。

●戸外遊び

保育のヒント：園庭での遊びを魅力的に紹介することで、やりたい気持ちが膨らみます。

	主な活動	子どもの様子	評価・反省
5/16	●園庭遊び（滑り台、三輪車、虫探し、砂遊び）	●外に出るための身支度を確認すると、保育者の話をよく聞き、「○○するんだよね」と自分でやってみようとしていた。外遊び後の着替えは遊び出すなど、気持ちがのらない子が多い。保育者が一対一で関わると、やってみようとする姿も見られた。	●身支度においては必要な物を見せながら、やり方を知らせた。自分でやろうとする気持ちを大切にし、できたことを大いにほめ、自信につなげたい。また、一人一人のできることと援助が必要なところをしっかり見極め、適切な対応ができるよう心がけたい。

●室内遊び／歌遊び

記入のコツ!!：保育者の工夫により楽しさが増したことなども書いておくと、他の保育者が読んだときに参考になります。

	主な活動	子どもの様子	評価・反省
5/24	●室内遊び（歌遊び「大きなたいこ」「長ぐつ」、大型ブロック）	●保育者が歌い出すとすぐに動きをまねてドーンドンでは大きく、トントントンでは小さく床をたたいて音を出す。動きと歌のどちらかになってしまう子もいたが、友達と顔を見合わせて楽しんでいた。やりたい動きがある子はリクエストして楽しんでいた。	●子どもの反応や動きに合わせ、テンポを変えたり表現の仕方を大げさに行ったりした。負担のない動きを取り入れ、無理なく体を動かし、みんなで楽しめたと思う。天候不良で室内遊びが続いたが、体を動かすことで気分が発散でき、よい環境がつくれた。

6・7月 保育日誌

●室内遊び

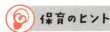 記入のコツ!! 　歌遊びのタイトルも書いておくと、他の保育者と共有できます。

	主な活動	子どもの様子	評価・反省
6/2	●室内遊び（歌遊び「どんな色がすき」「赤い風船」、お絵かき、塗り絵、新聞紙遊び→大きなカブごっこ）	●「甘くておいしいカブになーれ」と新聞紙を袋に入れていくと興味を示し、「あったよ」と次々に袋に入れていく。カブができると、大きなカブの歌を一緒に歌い、友達の後ろにつながって、「うんとこしょ、どっこいしょ」とかけ声をかけて楽しんでいた。	●新聞紙遊びは片付けも遊びの一環とし、最後は袋に入れ、大きなカブごっこへとつなげた。また、くり返しの言葉をメインに遊びを展開していくことで、子どもがイメージしやすく、みんなで遊ぶ楽しさも味わえてよかった。

●歯科検診

保育のヒント　待つ間のハミガキごっこは、楽しんで待つことができ、かつ、歯みがきにも興味がもてるよいアイデアです。

	主な活動	子どもの様子	評価・反省
6/10	●歯科検診 ●園庭遊び（虫探し、砂遊び、追いかけっこ）	●歯科検診では医師の姿を見て不安がり泣いてしまう子もいたが、検診中は自ら口を開け、みてもらうことができた。ハミガキごっこでは保育者の手の動き、口の開け方をよく見てまねて楽しむ。ブロックでハブラシをつくり、ハミガキごっこを楽しむ子もいた。	●歯科検診では、楽しみながら待てるようにハミガキごっこを取り入れ、口を開ける練習にもつなげた。検診前は不安がる子もいたが、気持ちを受け止め優しく言葉をかけた。検診時にはしっかり口を開けてみてもらうことができ、子どもの成長を感じた。

●七夕会

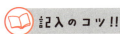 記入のコツ!! 　子どもが発した言葉を拾い、書きとめておくとリアルに様子が浮かび上がります。七夕に心を寄せている様子がうかがえる書き方です。

	主な活動	子どもの様子	評価・反省
7/7	●0〜2歳児での七夕会（由来の話、ハンドベル演奏「キラキラ星」、歌「たなばたさま」）	●保育者が「キラキラ星」を歌うと、「なんで歌ってるの？」と尋ねてきたGちゃん。「今日は一年に1回、織姫様と彦星様が会える日なの。お星様がいっぱい出るといいな」と言うと、窓の外を見上げ、「お星様いっぱいがいいね」とにっこりつぶやいていた。	●朝から七夕にちなんだ歌を取り入れ、楽しめるようにした。また、子どもの「どうして？」の思いに丁寧に応じ、より興味を広げ七夕への期待を高めていくことができたと思う。今後も、子どもの興味を広げられるやり取りを楽しんでいきたい。

●異年齢児交流

 保育のヒント　より広い場に出ると、顔なじみの同じクラスの子に親しみがわくのかもしれません。つながりを大切にしましょう。

	主な活動	子どもの様子	評価・反省
7/28	●もも組（1歳児）との室内遊び（木のレール、パズル、ままごと、井形ブロック、ひも通し）	●もも組との交流を伝えると「やったー！」と喜び、保育者の話をワクワクしながら聞いている。交流では「○○する！」と気になった遊びにかけ寄り、一つの遊びをじっくり楽しむ子が多かった。また、同じクラスの友達との関わりが多く見られた。	●それぞれのクラスでの遊びを設定し、どんな遊びがあるのかを伝えた。耳にしたことで興味をもち、期待も膨らんだようだ。それぞれのクラスに担任が付いたことで安心して遊びを楽しみ、困ったときなど思いを伝えやすかったと感じる。

8・9月 保育日誌

保育日誌 → P176
8・9月の保育日誌

●水遊び

保育のヒント　濡れた布がガラス窓にくっつくという、子どもの大発見です。はり付ける遊びも今後の遊びのアイデアに入れられそうです。

	主な活動	子どもの様子	評価・反省
8/8	●水遊び（ホースのシャワー、水鉄砲、魚釣り、洗濯ごっこ）	●「洗濯ジャブジャブ〜」と保育者と女児二人が声を合わせ、たらいの中で布を洗っていると、その様子を見て仲間に入ってきたCちゃん。洗った布を窓にはり付けては「ママみたい」と嬉しそうに笑う。重いと落ちやすいことに気付き、軽い布を選んで付けていた。	●魚釣りや洗濯ごっこが楽しめるよう場を設定し、保育者が付いて遊びを盛り上げた。子どもの発見や動きを受け止め対応したことで、満足感を味わい楽しめたと思う。その場その場で子どもの動きや思いに柔軟に対応し、遊びを広げていきたい。

●造形製作

保育のヒント　一斉に始めるのではなく、興味をもった子から始められるのが分かります。自分がつくりたいと思ってから取りかかれるわけです。

	主な活動	子どもの様子	評価・反省
8/15	●花火製作（のり使用）	●保育者が製作の準備をしていると、遊んでいた物を自ら片付け、製作コーナーへやってくる。「お母さん指にちょっとだよね」と言葉にしながら、のりを指で取る。容器を自分のそばに持っていく子もいて、他の子が使用できず、席を立つこともあった。	●興味のある子から順に製作を行う。無理強いせず、ゆったりした雰囲気を心がけた。見本を提示したことでイメージもわきやすく、よかったと思う。のりを個別に用意していなかったことで、立ち歩く子が出てしまった。多めに用意すればよかった。

●ホール遊び

記入のコツ!!　室内でも十分な運動量で、汗をかくまで体を動かせたことが分かります。その後の手立ても適切に記されています。

	主な活動	子どもの様子	評価・反省
9/21	●ホール遊び（ボール遊び、大型ブロック、マット）●読み聞かせ	●ホールでは、友達と顔を見合わせては笑い、同じ方向にボールを投げたり蹴ったりして楽しむ。また、かごをゴールに見立て、「サッカーだ」と喜んで参加し、ゴールが外れると保育者をまねて倒れ込むなど、リアクションして楽しむ姿が見られた。	●友達同士で楽しむ姿を見守ったり、保育者も遊びに参加し盛り上げたりして楽しんだ。保育者が体を大きく動かして表現することで、楽しさを十分に伝えることができたと思う。体を動かすことで汗をかいたので、着替えや水分補給も適切に行う。

●散歩

保育のヒント　突発的な出来事も、安全確認をしっかりと行うことで自然に十分触れられる魅力的な環境として保育に活用できます。

	主な活動	子どもの様子	評価・反省
9/22	●3歳以上児（運動会）予行見学 ●散歩（園周辺）	●散歩では台風後だったこともあり、落ち葉の多さに「葉っぱがいっぱいだね」「葉っぱの道すごいね」とびっくりしていた。「葉っぱの上通りまーす」と言うと、目を見開き喜んでジャンプしたり、葉っぱの上を力強く歩いたりして楽しんだ。	●台風後だったので、安全に楽しめるよう、園周辺を歩いた。道の状態を事前に確認し、危険なく散策できた。また、台風で落ちた葉が一面に敷き詰められた道は、普段の様子と違い新鮮だったようだ。自然に触れ、見て、歩いて楽しさを味わうことができてよかった。

10・11月 保育日誌

●回転寿司屋さんごっこ

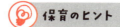 生活経験のある回転寿司屋ごっこを楽しんでいます。白い発泡材がしゃりに、エアパッキンはイクラに見立てられます。

	主な活動	子どもの様子	評価・反省
10/5	●室内遊び（回転寿司屋さんごっこ、ブロック、パズル、絵本、リズム遊び）	●おやつ後Cちゃんがままごとコーナーへとかけていき、エプロンを着けて「回転寿司でーす。来てくださーい」と呼び込みを始める。その様子を見てFくん始め、他児も興味を示し参加。あちこちで客や売り子のやり取りが飛び交い、継続して楽しむ姿が見られた。	●イメージが共有できるよう声をかけ、子どもの投げかけに一つ一つ丁寧に応じた。次々に言葉も飛び交った。やり取りを援助し、遊びを盛り上げたことで、仲間に入っていく子も多く、友達とのやり取りを楽しめたと思う。

●ハロウィン

記入のコツ!! ハロウィンは年に一度の祭り。日本でも徐々に文化として定着してきました。おもしろい雰囲気を味わえたことがうかがえます。

	主な活動	子どもの様子	評価・反省
10/27	●園庭遊び＋ハロウィン（電車ごっこ、お出かけごっこ、葉っぱおばけ）	●朝から面をつけ、振り付きで合言葉を言うなどして楽しんでいた。園庭でキャンディーをもらいに行く場面を設定すると、「○○も行きたい」と進んで外へ出かける支度に取り組む姿が見られる。一人一人が合言葉を、恥ずかしがることなく上手に言えていた。	●クラス内で楽しむだけでなく、園庭に出て他者とやり取りする機会を設けた。子どもの期待も高まり、面をつけて過ごすことで、ハロウィンの雰囲気や楽しさを十分に味わえた。今後も、子どもの興味や関心を引き出す環境を設定したい。

●身体測定、手洗い指導

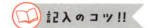 丁寧な手洗いの仕方を伝える機会をもつのは大切なことです。絵を見せ、順に目で追いながら洗える環境をつくってみましょう。

	主な活動	子どもの様子	評価・反省
11/8	●身体測定 ●手洗い指導 ●園庭遊び（ブランコ、ドングリを使ったケーキづくり、三輪車、ボール蹴り）	●身体測定、手洗い指導があり、いつもとおやつまでの流れが違ったが、保育者の話をよく聞き、着替え等を戸惑いなく行った。手洗い指導では看護師と同じように手指を動かし、順序よく上手に行った。だが、別の機会には簡単に済ませてしまう子もいる。	●おやつまでの流れが変わったが、子どもの動きに合わせて声をかけることで、戸惑いなく取り組めた。手洗いはその場限りになりがちなので、引き続き洗い方や、なぜ丁寧に洗うことが必要なのかを分かりやすく伝え、習慣が身に付くようにしたい。

●3歳未満児集会

 ペープサートの発表が自然とごっこ遊びに発展し、子どもたちの楽しかった思いが伝わってきます。

	主な活動	子どもの様子	評価・反省
11/17	●3歳未満児集会（「にんじん だいこん ごぼう」のペープサート） ●園庭遊び（にんじん だいこん ごぼうごっこ）	●集会後、クラスに戻ると楽しかった思いを次々に言葉で伝えてくる。園庭では、「先生、お風呂に入ろうかな」と言うと、「にんじんやる！」と役を言って参加し、それぞれの役がどんなふうにお風呂に入るのか、場面に合った動きやせりふで楽しんでいた。	●ペープサートは日頃から取り入れていた話だったこともあり、イメージもわきやすかったようだ。「次は何かな？」と投げかけながら進めたことで、同じ場面を想像して楽しむことができた。今後もごっこ遊びに発展できるような機会を多くつくりたい。

12・1月 保育日誌

●楽器遊び

 保育のヒント

楽器の音を楽しみ、自分で鳴らす楽しさを味わっています。サンタのソリが飛んでくるイメージをもてる遊びです。

	主な活動	子どもの様子	評価・反省
12/22	●楽器遊び(鈴、マラカス) ●映写会(ミッキーのメリークリスマス、ムーミンシリーズ) ●室内遊び(ブロック、絵本)	●鈴やマラカスを目にすると「やりたい」と集まってくる。「一つずつね」の声かけを聞き、やりたい楽器を手にしては上下に振り、音を鳴らして楽しんでいた。また、音楽に合わせ音を鳴らしたり、保育者の動きをまねたりして、音を出すことを楽しんでいる。	●クリスマスの雰囲気を楽しめるような楽器遊びを取り入れた。すぐに鳴らし方を覚え、また体の動きを取り入れたことで、飽きることなく楽しめたようだ。今後も子どもたちの興味に合わせた遊びを取り入れ、表現する楽しさも味わえるようにしたい。

●戸外遊び／霜柱観察

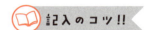 記入のコツ!!

霜柱ができている日を見逃さず、子どもが体験できるように仕組んでいます。子どもの反応を具体的に書いてあるのがよい記述です。

	主な活動	子どもの様子	評価・反省
12/27	●園庭遊び(砂遊び、オオカミごっこ→3匹のこぶた、三輪車、滑り台、霜柱に触れる)	●プランターに霜柱ができていたので、「氷だよ」と声をかけると「氷?」と興味を示し寄ってくる。自ら霜柱に触ってみたり、手のひらにのせたりして楽しんでいた。少しすると冷たさで持っていられなくなり、足元に落として踏んでは、形が消える変化を楽しんだ。	●「氷」という言葉を使って声をかけたことで、子どもも分かりやすく、興味をもちやすかったと思う。冬の事象を目で見て手で触れて、感触を楽しめるよい機会がもてた。探したり、溶ける変化を楽しんだりと、今後も冬の事象に触れて楽しみたい。

●戸外遊び／Lくんのこと

 記入のコツ!!

気になる子について、その日に特に目立ったことや保育者の気付きがあれば、この欄に記入します。

	主な活動	子どもの様子	評価・反省
1/18	●園庭遊び(ブランコ、ジャングルジム、滑り台、砂場での電車遊び、三輪車)	●外遊び後にクラスに戻ると、友達と笑いながら身の回りのことを手順よくこなしていく子が多い。Lくんだけが、声をかけられてもやろうとせず、窓の外に目を向け、大好きな車の歌を歌っている。自分の世界に入り、身の回りのことが全く進まずにいた。	●友達との関わりを楽しむだけでなく、生活の流れにおいて身の回りのことがしっかりと身に付いていることを嬉しく思う。Lくんとは、よりじっくり関わりがもてる環境をつくり、自分でできたことを自信につなげ、身に付けていきたい。

●造形製作

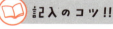 記入のコツ!!

節分に向けての活動です。色付けのやり方に問題点を見付け、どうすれば改善されるかということも考えて記入してあります。

	主な活動	子どもの様子	評価・反省
1/24	●造形製作(クレヨンで鬼の色付け、新聞紙の豆づくり) ●豆まきごっこ(もも組へ)	●模造紙に鬼の絵をかくと手をたたいて喜ぶが、色付けは飽きてしまう子が多い。豆づくりは丸め方を見せると、同じように丸めようとがんばっていた。 ●豆まきごっこでは、怖がることなく保育者のかけ声をまね、「オニは外〜」と楽しんでいた。	●子どもの興味をひき、鬼づくり、豆づくり、豆まきを楽しむことはできたが、鬼が1体であったため、色付けの際に一人一人のスペースが狭く、飽きてしまう子もいた。順番に行うなどの配慮が必要であった。今後も機会を設けて伝承行事を楽しんでいきたい。

2・3月 保育日誌

●節分行事

記入のコツ!! 節分当日の遊びに、どのように子どもたちが取り組んだか、よく分かる記入の仕方になっています。

	主な活動	子どもの様子	評価・反省
2/3	●節分（ちびっこ鬼退治と、大人鬼の豆まき見学） ●散歩（駅周辺）	●新聞紙の豆を用意すると、自分がつくった鬼の面をかぶり、壁にはってある鬼に投げたり、互いに投げ合ったりして豆まきごっこが始まる。やがてみんなが保育者を鬼に見立て、豆まきごっこをくり広げた。他の遊びをしていた子も興味を示して次々に参加した。	●一日を通して、節分の雰囲気を楽しめるように朝から鬼の話をしたり、音楽をかけたりして気分を高めた。また、遊びの中でも豆まき（ごっこ）が楽しめるよう用意したことで、自然に興味をもち、みんなで楽しむことができ、よかったと思う。

●異年齢児交流

記入のコツ!! 2クラスを開放して、遊びのコーナーをつくっています。どのようなコーナーを設定したのか、すべて書いておくことが大切です。

	主な活動	子どもの様子	評価・反省
2/6	●室内遊び（学年交流で、ままごと、ブロック、お絵かき、積み木、ミニカー、絵本）	●自分の好きな遊びを見付け、じっくり楽しむ様子が見られた。また、自然と同じクラスの子が集まり、一つの遊びを楽しんでいた。お絵かきでは○や顔をかく子が多く、互いにかいた物を見せ合って楽しんでいる。クレヨンは握り持ちが多い。	●クラスを開放して遊びを限定せず、各々のクラスでのコーナー遊びを楽しめるようにした。お絵かきでは節分の鬼をかく活動以降、自分でイメージした物を形で表す子が増え、成長を感じる。遊びを楽しみながらクレヨンの持ち方も丁寧に知らせていきたい。

●室内遊び

記入のコツ!! 3月ならではの子どもの育った姿、クラスのまとまりが感じられる記述です。

	主な活動	子どもの様子	評価・反省
3/1	●室内遊び（「すうじの歌」、朝の歌、1人・2人・4人でジャンプ、宝探し） ●散歩（A駅の周り一周）	●「すうじの歌」の伴奏が始まると友達と顔を見合わせ、笑顔いっぱいで歌う姿が見られた。ジャンプ遊びでは次々に手をつなぐ人数を増やしていくと盛り上がり、互いに笑い合いながら「1、2、ジャーンプ！」とかけ声を言って跳びはねるのを楽しんだ。	●子どもを待たせることなく、歌からジャンプ遊びへと展開できた。友達と関わりを楽しむようになった今だからこそ、盛り上がりも大きく、よい機会がもてた。今後も子どもの成長に合わせ、興味ある物を取り入れて楽しめるようにしたい。

●散歩

記入のコツ!! 春の訪れを感じられる散歩です。少ないタンポポを取らずにみんなで眺めている1コマが浮かび上がります。

	主な活動	子どもの様子	評価・反省
3/16	●散歩（B公園で、アスレチック、ドングリ拾い、追いかけっこ）	●1本だけ咲いているタンポポを「取ってもいい？」と聞いてきたしくん。他の子は困っている様子だったが、「もっとたくさん咲いているところが見たいから待ってみる？」と声をかけると、「そうだね」とみんながうなずき、タンポポに手を振り、その場を後にした。	●戸外では、春の訪れを感じられるような投げかけを大切にする。やり取りの中で、子どもが困る様子も見られたが、次への期待がもてるような声をかけ、みんなが楽しみにでき、よかった。この先の草花の生長や春の自然を、子どもと共に感じていきたい。

こんなときどうする？ 保育日誌 Q&A

Q 「子どもの様子」に子どもの個人名を入れる先生、入れない先生で分かれました。どちらがよいのでしょうか？

A A、B、Cなど仮のイニシャルを入れてもよい

　具体的に子どもの姿を書こうとすると、個人名が出てくるはずです。クラスの担任間で共通理解しておかなければならないことなので、だれか分かるように記します。その子に対する援助も明確にする必要があるからです。けれども万一、日誌が外部の目に触れた場合を考えて、個人情報が出ないように仮のイニシャルにするとよいでしょう。

Q 自分の保育を評価するのは、保育日誌での振り返りが一番いいのですか？

A 自分専用のノートに

　園で形式が決まっている保育日誌は公文書であり、書く欄も狭く、考えたことすべては書けません。プライベートな自分のノートに、保育の場面を詳しく書いて考察し、自分の援助を振り返り、もっとよい援助の方法はなかったかを検討することが、保育力アップにつながります。

Q 「評価・反省」にはその日起こったことを書いてしまいがちです。どう記入すればよいのでしょうか？

A 子どもの姿をどうとらえたのかを書く

　子どものしていたことを書くのではなく、その姿を保育者がどうとらえたのかを書きます。何が育っていて何が育っていないのか、「ねらい」の姿に近づいているのか、援助は適切だったのか、他によい方法はなかったのかを考えます。明日の保育につながるはずです。

第 7 章

ニーズ対応
防災・安全／保健
食育／子育て支援

この章は多様なニーズにこたえるために、防災・安全計画、保健計画、食育計画、子育て支援計画の四つの計画を紹介しています。

防災・安全計画

おさえたい ③ つのポイント

防災・安全計画 ❶ 避難訓練計画

月ごとに、設定する災害や犯罪内容を「種別／想定」に書き、それに対する避難訓練で子どもに身に付けさせたい「ねらい」やどのような援助が必要かを具体的に書きます。

	4月	5月	6月
種別	基礎訓練（園児）／机上訓練（職員）	地震	火災
想定	火災／地震	地震	調理室より出火
ねらい	●基礎的な知識を得る。 ●放送を静かに聞く。 ●防災頭巾の使い方を知る。 ●「おかしも」の意味を知る。	●放送を聞き、保育者のところへ素早く集まる。 ●机の下へ安全に避難する。	●非常ベルの音を知る。 ●保育者のところへ静かに集まる。 ●放送の指示に従い避難する。 ●「おかしも」の確認を知る。
保育者の援助	●集会形式で非常ベルの音を聞かせる。 ●放送による指示をよく聞くことを知らせる。 ●訓練内容及び役割分担の確認。 ●災害時備蓄品の確認。 ●非常用リュックの中身を確認。 ●非常勤・アルバイト職員への周知。	●放送を聞き、保育者のそばに集まり、机の下に避難させる。 ●ホールに集合し（2〜5歳児）、防災頭巾をかぶらせる。	●「押さない、かけない、喋らない、戻らない」の約束の確認。 ●調理室から出火の際の職員の行動確認。 ●2階保育室は非常階段より避難させる。 ●各保育室より消火器を持ってくる。
時刻／避難場所	10:00／ホール	10:00／ホール	10:00／園庭

❶ 子どもの命を守るために

私たちの最大の使命は、子どもの命を守ることです。何が起ころうとも、子どもの安全を最優先に行動しなくてはなりません。そのための計画は、常によりよいものとなるよう見直しを重ねましょう。

① 種別／想定
どの危険に対する訓練なのか、具体的に想定します。想定の幅が広いほど役立ちます。

② ねらい
この訓練で、子どもが何を身に付けるのかを子どもを主語にして書きます。

③ 保育者の援助
保育者がしなければならないこと、子どもに伝えるべきことなどを具体的に書きます。

④ 時刻／避難場所
訓練の開始予定時刻を明記。また、避難場所についても具体的に記しておきます。

防災・安全計画 ❷ リスクマネジメント計画

保育のあらゆる場面で想定できるリスクについて、事前に訓練や対応するための計画です。「ヒヤリ・ハット報告」「チェックリスト報告」など未然に防ぐ対策も明記します。

	4月	5月	6月	7月	8月	9月
担当職員が行うこと	●自衛消防組織の確認 ●避難用リュックサックの確認 ●SIDS確認 ●アレルギー食の提供方法確認	●訓練用人形・AED借用依頼 ●バックアップ園の看護師を依頼 ●起震車申し込み ●消火器の場所の周知	●AEDの使い方・人工呼吸法について学ぶ ●3園合同訓練打ち合わせ ●プール遊びマニュアル確認 ●熱中症対策の確認	●消防署へDVD借用依頼 ●引き取り訓練お知らせ（園だより） ●消火器の使い方確認	●煙中訓練申し込み ●防犯訓練（警察）依頼	●緊急時メール送信の確認
実施する訓練	●火災（調理室） ●「おかしも」 ●避難基本行動確認	●地震①（おやつ後） ●地震②（第1避難所へ避難）	●地震・火災（早・遅番） ●緊急時の対応（職員）	●火災（3園合同・消防署立ち会い） ●初期消火・通報訓練、起震車体験	●火災（プール時・合同保育） ●避難服着用	●地震（関東地方一帯） ●メール配信訓練 ●引き取り訓練
ヒヤリ・ハット報告	●報告書作成 ●報告書回覧 ●職員会議にて検討					●職員会議にてケース討議
チェックリスト報告	●事故リスク軽減のためのチェックリストにて確認			●職員会議にて気付きの報告		

	10月	11月	12月	1月	2月	3月
担当職員が行うこと	●3園合同訓練打ち合わせ ●園外での安全確認	●感染症対策マニュアル確認 ●嘔吐・下痢対応	●ヒヤリ・ハット事故発生場所・時間帯集計	●デイホームとの打ち合わせ ●保育園実践研修	●福祉作業所との打ち合わせ ●危機管理マニュ	●早・遅番マニュアル見直し、検討 ●年間避難訓練反省

① 担当職員が行うこと
その月に担当職員がしなければならない業務について記します。確認したことは、上司に報告します。

② 実施する訓練
その月に行う訓練が一目で分かるように記しておきます。種別や想定も書いておくとよいでしょう。

③ ヒヤリ・ハット報告
日常的に記しているヒヤリ・ハット事例を、職員間で共有し、改善へ取り組みます。

④ チェックリスト報告
毎月、事故防止チェックリストを見ながら、危険をチェックします。なるべく多くの職員で行うとよいでしょう。

② 万が一を想定する

火事、地震、突風や竜巻、津波、不審者、ミサイル攻撃…。どのような危険が襲ってきても、落ち着いて最善の行動がとれるようにします。想定外だった、では済まされません。あらゆる可能性を考え尽くします。

③ 見えない危険を見つけだす

日常生活の中にも、危険は隠れています。けがをしやすい場所、アレルギーの対応、昼寝や水遊びの見守りなど、これまで大丈夫だったからといって今日も無事とは限りません。見える化させる努力をしましょう。

防災・安全 事故防止チェックリスト

園内はもちろん、園外においても注意するチェック項目を各年齢ごとに示します。毎月行うため、季節ならではの項目などを加えていくのもよいでしょう。

NO	項目
1	子どもの遊んでいる位置を確認している。
2	遊具の安全を確認している。
3	玩具を持ったり、カバンをかけたりしたまま、固定遊具で遊ぶことがないように注意している。
4	すべり台の正しい遊び方を指導し、上でふざけたり、危険な遊びをさせたりしないようにしている。
5	1人乗りブランコは、使用しているときのみ設定し、押されているブランコには近づかないように注意している。
6	シーソーにのるときは、注意している。
7	砂場では、砂の汚染や量、周りの枠について注意・点検している。
8	砂が目に入らないよう、また人にかからないよう砂の扱い方について知らせている。
9	固定遊具の近くで遊ぶ際、勢いあまって衝突することがないよう注意している。
10	三輪車は転倒しやすいことを知らせ、遊び場所に注意している。
11	子どもが敷居や段差のあるところを歩くときや、外遊びをするときは、つまずかないように注意している。

① チェックした日
チェックリストに沿って、いつ確認したのか日付を記入します。毎月行う必要があります。

② チェック内容
保育室、園庭、共有スペース、散歩時など保育のあらゆる場面において、安全に過ごせるようチェックする項目です。各年齢や園独自の項目を加えてもよいでしょう。

防災・安全 ヒヤリ・ハット記入シート

ヒヤリ・ハットが起きたとき、そばにいた保育者だけでなく、全職員で共有するためのシートです。一目で分かる内容報告と集計が、事故を未然に防ぐことにつながります。

① いつ・だれが・どこで
ヒヤリ・ハットした日付、時間帯、場所、けがをした（しそうになった）子どもの名前、目撃した保育者の名前を記します。

② どうしたか
何が起きたのかを、具体的に書きます。

③ 職員の対応
その際、保育者がどのような行動をとったか、具体的に記します。

④ 今後気を付けること
その経験から何を感じ、次に同じことが起こらないために何が大切かを書きます。

⑤ 過去に同じケースがあった有無
自分は経験していなくても、以前も同じようなことがあったか、丸をつけます。

⑥ 報告日
いつ報告したのか日付を記入します。未然に防げた場合も報告する必要があります。

⑦ けがの種類
どのようなけがか、該当するものに丸をつけます。大きなけがは別に書きます。

⑧ 集計
1か月間にどのくらいの件数があったか、分かるようにしておきます。未然に防げた場合もしっかりと集計しましょう。

防災・安全計画①　避難訓練計画

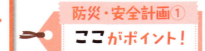

必要以上に怯えさせない

非常事態が起きたという緊張感をかもし出すことは訓練でも大切ですが、むやみに怖がらせないようにします。保育者と共に行動すれば、自分の命を守れることを伝えましょう。

	4月	5月	6月
種別	基礎訓練（園児）／机上訓練（職員）	地震	火災
想定	火災／地震	地震	調理室より出火
ねらい	●基礎的な知識を得る。 ●放送を静かに聞く。 ●防災頭巾の使い方を知る。 ●「おかしも」の意味を知る。	●放送を聞き、保育者のところへ素早く集まる。 ●机の下へ安全に避難する。	●非常ベルの音を知る。 ●保育者のところへ静かに集まる。 ●放送の指示に従い避難する。 ●「おかしも」の確認を知る。
保育者の援助	●集会形式で非常ベルの音を聞かせる。 ●放送による指示をよく聞くことを知らせる。 ●訓練計画及び役割分担の確認。 ●災害時備蓄品の確認。 ●非常用リュックの中身を確認。 ●非常勤・アルバイト職員への周知。	●放送を聞き、保育者のそばに集まり、机の下に避難させる。 ●ホールに集合し（2〜5歳児）、防災頭巾をかぶらせる。	●「押さない、かけない、喋らない、戻らない」の約束の確認。 ●調理室から出火の際の職員の行動確認。 ●2階保育室は非常階段より避難させる。 ●各保育室より消火器を持ってくる。
時刻／避難場所	10:00／ホール	10:00／ホール	10:00／園庭

	10月	11月	12月
種別	火災	総合訓練／他園と合同訓練／地震	地震（予告なし）
想定	近隣より出火	地震／西側マンションより出火／散歩時	震度6／警戒宣言
ねらい	●すみやかに園庭に集まり、第2避難場所（A小学校）へ安全に避難する。	●火災予防、火の用心の話を聞いて理解する。 ●園外保育時の避難を知る。	●緊急地震速報を聞き、目覚め、保育者のところにすみやかに集まる。 ●放送の指示に従い、避難する。
保育者の援助	●園庭に子どもを集め、クラスごとに小学校に避難する。 ●防災物品を準備する（寒い日は防寒具）。	●消防署員の立ち会いの下、通報訓練を行い、消火器の取り扱いの指導を受ける。 ●火災の恐ろしさを知り、避難時の注意を聞く。 ●散歩中の地震は安全を確保し、状況をきちんと把握して園に連絡を入れる。	●緊急地震速報が入り、後に大地震がくることを想定し、眠っている子どもたちを起こし、布団をかける。 ●避難と並行し、防災頭巾・上履きの準備。 ●避難経路の確保。
時刻／避難場所	9:45／A小学校	10:00／保育室・園庭	15:00／室内の安全な場所

♣ 年間目標

● 非常時において、自分の命を守るための行動を身に付ける。

	7月		8月	9月
	地震（予告なし）	防犯訓練	火災（予告なし）	地震／引き取り訓練
	地震／プール時 夏季保育中	不審者の出現	近隣より出火／朝の保育時	地震／震度6／遅番時
	●プール時での避難を知る。	●不審者からの身の守り方を知る。	●「おかしも」の内容を理解する。	●防災頭巾の使い方を知る。
	●プールバッグ・上履き（靴）の位置を確認。 ●水の中、裸の子どもへの対応。 ●水から上がり、バスタオルをはおらせ、園庭に避難させる。	●不審者が現れたときの子どもへの対応、どのように身を守るかを知らせる。	●当番保育者の指示に従い、避難させる。 ●少数の職員での避難、誘導。 ●肉声での伝達。 ●防災物品の確認（各クラスのリュックも含む）。	●引き取り名簿の作成。 ●保護者を確認し、名簿記入後引き渡す。 ●保護者に登降園時の経路の安全確認を促す（お知らせ配布）。 ●分散している園児の把握。 ●引き取り保護者への対応。
	10:00／園庭	2歳児〜／園庭・保育室	8:15／園庭	15:45／園庭

	1月	2月	3月
	火災	地震（予告なし）	地震（予告なし）／机上訓練（職員）
	事務室より出火	遅番時	震度6／警戒宣言
	●放送を静かに聞く。 ●防災頭巾を適切に使う。 ●「おかしも」の再確認をする。	●延長時の避難の仕方を知る。 ●机の下に入る、布団をかぶせてもらうなど、頭を守る。	●緊急地震速報を聞き、保育者のところへすみやかに集まる。
	●集会形式で非常ベルの音を聞く。 ●放送による指示をよく聞くことを知らせる。 ●訓練計画及び役割分担の確認。 ●災害時備蓄品の確認。 ●非常用リュックの中身を確認する。 ●非常勤・アルバイト職員への周知。	●周囲の落下物を取り除き、避難経路の確保、防災頭巾・グッズを用意する。 ●園児の人数確認。 ●非常勤・アルバイトへの誘導・防災グッズをそろえるなどの動きを知らせる。	●緊急地震速報が入り、後に大地震がくることを想定し、園庭に避難する。 ●今年度の防災計画を反省し、改善点を出し合う。 ●避難訓練計画の反省。 ●次年度への申し送り。
	10:00／ホール	17:30／保育室	11:00／園庭

ニーズ対応 防災・安全

防災・安全計画 ❷ リスクマネジメント計画

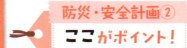

様々な危険から、子どもを守る

ＡＥＤの使用から感染症の対策まで、あらゆるリスクを想定しながら、子どもの安全を守ることが求められます。備えあれば憂いなしと心得ましょう。

	4月	5月	6月	7月	8月	9月
担当職員が行うこと	●自衛消防組織の確認 ●避難用リュックサックの確認 ●SIDS確認 ●アレルギー食の提供方法確認	●訓練用人形・AED借用依頼 ●バックアップ園の看護師を依頼 ●起震車申し込み ●消火器の場所の周知	●AEDの使い方・人工呼吸法について学ぶ ●3園合同訓練打ち合わせ ●プール遊びマニュアル確認 ●熱中症対策の確認	●消防署へDVD借用依頼 ●引き取り訓練お知らせ（園だより） ●消火器の使い方確認	●煙中訓練申し込み ●防犯訓練（警察）依頼	●緊急時メール送信の確認
実施する訓練	●火災（調理室） ●「おかしも」 ●避難の基本行動確認	●地震①（おやつ後） ●地震②（第1避難所へ避難）	●地震・火災（早・遅番） ●緊急時の対応（職員）	●火災（3園合同・消防署立ち会い） ●初期消火・通報訓練、起震車体験	●火災（プール時・合同保育） ●避難服着用	●地震（関東地方一帯） ●メール配信訓練 ●引き取り訓練
ヒヤリ・ハット報告	●報告書作成 ●報告書の回覧 ●職員会議にて検討					●職員会議にてケース討議
チェックリスト報告	●事故リスク軽減のためのチェックリストにて確認			●職員会議にて気付きの報告		

	10月	11月	12月	1月	2月	3月
担当職員が行うこと	●3園合同訓練打ち合わせ ●園外での安全確認、役割分担	●感染症対策マニュアル確認 ●嘔吐・下痢対応方法確認 ●保育安全の日	●ヒヤリ・ハット事故発生場所・時間帯集計	●デイホームとの打ち合わせ ●保育園実践研修発表会	●福祉作業所との打ち合わせ ●危機管理マニュアル見直し	●早・遅番マニュアル見直し、検討 ●年間避難訓練反省 ●リスクマネジメント活動反省 ●来年度の引き継ぎ
実施する訓練	●地震（散歩時） ●防犯訓練（合い言葉確認）	●地震・火災（3園合同） ●煙中訓練	●地震（昼寝時）	●火災（2階沐浴室） ●非常滑り台使用	●地震・火災（デイホームより避難） ●国道への避難	●地震・火災（福祉作業所より避難）
ヒヤリ・ハット報告	●報告書作成 ●報告書の回覧 ●職員会議にて検討				●来年度に向けて報告書からの検討	
チェックリスト報告	●事故リスク軽減のためのチェックリストにて確認	●職員会議にて気付きの報告		●来年度に向けてリストの検討		

事故防止チェックリスト

チェックした日　月　日

1	子どもの遊んでいる位置を確認している。	☐
2	遊具の安全を確認している。	☐
3	玩具を持ったり、カバンをかけたりしたまま、固定遊具で遊ぶことがないように注意している。	☐
4	すべり台の正しい遊び方を指導し、上でふざけたり、危険な遊びをさせたりしないようにしている。	☐
5	1人乗りブランコは、使用しているときのみ設定し、揺れているブランコには近づかないように注意している。	☐
6	シーソーにのるときは、注意している。	☐
7	砂場では、砂の汚染や量、周りの枠について注意・点検している。	☐
8	砂が目に入らないよう、また人にかからないよう砂の扱い方について知らせている。	☐
9	固定遊具の近くで遊ぶ際、勢いあまって衝突することがないよう注意している。	☐
10	三輪車は転倒しやすいことを知らせ、遊ぶ場所に注意している。	☐
11	子どもが敷居や段差のあるところを歩くときや、外遊びをするときは、つまずかないように注意している。	☐
12	階段を上り下りするときは、子どもの下側を歩くか、手をつないでいる。	☐
13	室内では衝突を起こしやすいので走らないようにし、人数や遊ばせ方を考えている。	☐
14	玩具の取り合いなどの機会をとらえて、安全な遊び方を指導している。	☐
15	午睡中は、ある程度の明るさを確保し、子どもの眠っている様子や表情の変化に注意している。	☐
16	午睡後、十分に覚醒しているか、個々の状態を十分に把握している。	☐
17	子どもの腕を強く引っぱらないように注意している。	☐
18	肘内障を起こしやすい子ども、アレルギーや家庭事情など配慮を要する子どもを全職員が把握している。	☐
19	手にけがをしているなど、手がふさがっているときは、特にバランスが取りにくく、転びやすいので注意している。	☐
20	室内・室外で角や鋭い部分にはガードがしてある。	☐
21	保育者が見守っているときを除き、椅子に立ち上がるなど、椅子を玩具にして遊ぶことはない。	☐
22	ロッカーや棚は倒れないよう転倒防止策を講じている。	☐
23	ドアを開閉するとき、子どもの手や足の位置を確認し、必要によりストッパーを使用している。	☐
24	子どもが引き出しやドアを開け閉めして、遊んでいることがないように注意している。	☐
25	室内は整理整頓を行い、使用したものはすぐに収納場所に片付けている。	☐
26	玩具などをくわえて走り回ることがないようにしている。	☐
27	口の中に入ってしまう小さな玩具を手の届くところに置いていない。	☐
28	食べもののかたさや、大きさ、量などを考えて食べさせている。また、魚には骨があることも伝え、注意している。	☐
29	ビニール袋などは、子どもの手の届かないところにしまってある。	☐
30	子どもが鼻や耳に小さなものを入れて遊んでいないか注意している。	☐
31	先の尖ったものを持たせないようにしている。	☐
32	子どもが直接触れてやけどをするような暖房器具は使用していない。また、子どもが暖房器具のそばに行かないように気をつけている。	☐
33	床が濡れたらすぐにふきとるようにしている。	☐
34	トイレには必ず保育者が付き添っている。	☐
35	バケツや子ども用プールなどに、水をためて放置することはない。	☐
36	水遊びをするときは、必ず保育者が付き添っている。	☐
37	ウサギなどの小動物と遊ぶときは、そばに付いて注意している。	☐
38	子どもの足にあった靴か、体にあったサイズの衣類かを確認している。また、靴を正しくはいているか確認している。	☐
39	散歩のときは人数確認している。また、道路では飛び出しに注意し、指導している。	☐
40	手をつないで走ると転びやすいこと、転んだときに手がつきにくいことを保育者は理解し、指導している。	☐
41	散歩のとき、園が近づくと早く帰園しようとして、走ったり早足になったりと危険であることを、保育者は理解している。	☐
42	公園は年齢にあった公園を選び、遊ばせる際には安全に十分気をつけている。	☐

防災・安全

ヒヤリ・ハット記入シート

防災・安全 ここがポイント！

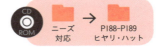
ニーズ対応 → P188-P189 ヒヤリ・ハット

ヒヤリ・ハットを最大限に生かす

大切なのは、ヒヤリ・ハットを、「ああ、無事でよかった」で済まさないことです。一歩間違えれば重大な事態になったわけです。「今後、そうならないために、今何をしておくべきか」を考える機会です。

NO	いつ		だれが	どこで	どうしたか	職員の対応
1	6/1（木）天気：晴れ	早番 （午前） 昼 午後 遅番	名前：はるか 年齢：2歳 保育者：小林	園庭	遊んでいて目に砂が入った。	目を洗う。目の中に砂が残っていないかを確認する。
2	6/2（金）天気：晴れ	早番 （午前） 昼 午後 遅番	名前：はると 年齢：1歳 保育者：田村	園庭	ボールを持ったまま走り、鉄棒でおでこをぶつける。	傷がないかを確認し、15分間冷やす。こぶになっていないかを確認する。
3	6/5（月）天気：晴れ	早番 （午前） 昼 午後 遅番	名前：たつや 年齢：5歳 保育者：北島	園庭	2歳児とぶつかりそうになり、転んで左ひざをすりむく。	流水で洗う。止血する。
4	6/6（火）天気：晴れ	早番 （午前） 昼 午後 遅番	名前：ともひさ 年齢：2歳 保育者：山下	散歩	タイヤ公園脇の階段で転ぶ。	全身にけががないか、頭部や口の中が切れていないか、歯がゆらいでいないかを確認する。
5	6/12（月）天気：晴れ	早番 午前 昼 午後 （遅番）	名前：みどり 年齢：3歳 保育者：篠塚	2歳児保育室	延長保育に入る前、2歳児保育室の流し台にあるせっけんボトルをとって口に入れようとする。	すぐに止めに入る。なぜ口に入れようとしたのかを子どもに確認し、せっけんの成分について話す。
6	6/16（金）天気：晴れ	早番 （午前） 昼 午後 遅番	名前：こうた 年齢：5歳 保育者：渡辺	プール	プールのふちをのぞき込み、プールの中に体をのり出す。	声をかけて止める。なぜ危険であるかを話す。
7	6/21（水）天気：晴れ	早番 （午前） 昼 午後 遅番	名前：せいたろう 年齢：4歳 保育者：本山	4歳児保育室	カメのたらいに指を入れる（カメの口先）。	すぐに止めに入る。かまれていないかを確認する。
8	6/22（木）天気：くもり	早番 午前 昼 午後 （遅番）	名前：えいた 年齢：3歳 保育者：山下	園庭	三輪車で小さな段差に乗り上げ、つんのめって下唇をぶつけて切る。	下唇を流水で洗い、冷やす。歯がゆらいでいないかを確認する。
9	6/28（水）天気：くもり	早番 午前 昼 午後 （遅番）	名前：さおり 年齢：3歳 保育者：篠塚	園庭・水道場	水を飲みに来たたくやが、前に並んでいたさおりの腕をかむ。	流水で洗い、冷やしながら、傷がないかを確認する。すぐに冷やし、跡にはならなかった。
10	6/30（金）天気：雨	早番 （午前） 昼 午後 遅番	名前：しゅんすけ 年齢：2歳 保育者：山下	2歳児保育室	ボールの上に乗ってしまい転倒。	痛いところはないかを全身を見ながら確認する。

	今後 気を付けること	過去に 同じケースが あった有無	報告日	けがの種類			
	砂が思わぬところで入ることがあるため、注意してそばに付いていく。	有・無	6/1	擦り傷 ひっかき 打撲	切り傷 かみつき (その他)	未然	
	視界がまだ狭い年齢のため、気を付けると同時に、鉄棒はくぐらないように知らせていく。	有・(無)	6/2	擦り傷 ひっかき (打撲)	切り傷 かみつき その他	未然	
	小さい子に気を付けながら遊ぶことを知らせる。	(有)・無	6/5	(擦り傷) ひっかき 打撲	切り傷 かみつき その他	未然	
	両手にウメの実を持っていたので、手に持って歩くことのないよう配慮する。	有・(無)	6/6	(擦り傷) ひっかき 打撲	切り傷 かみつき その他	未然	
	せっけんボトルを口に入れようとすることもあると認識し、流し台に行ったときなど今後注意していく。	有・(無)	6/12	擦り傷 ひっかき 打撲	切り傷 かみつき その他	(未然)	
	全体にも声をかけ、プールのふちの部分には触らないように注意していく。	有・(無)	6/19	擦り傷 ひっかき 打撲	切り傷 かみつき その他	(未然)	
	カメはかむことがあるので、危険であることを伝える。	有・(無)	6/21	擦り傷 ひっかき 打撲	切り傷 かみつき その他	(未然)	
	三輪車をこぐスピードや場所など、危険のないように伝えていく。	(有)・無	6/23	擦り傷 ひっかき 打撲	切り傷 かみつき (その他)	未然	
	たくやは思いがけず、口や手が出てしまうことがあるので、そばに付いて見ていく。	有・(無)	6/28	擦り傷 ひっかき 打撲	切り傷 (かみつき) その他	未然	
	大きめなボールは、上にのってしまうことに気を付ける。身のこなしなどの練習をしていく。	(有)・無	6/30	(擦り傷) ひっかき 打撲	切り傷 かみつき その他	未然	

集計		事故	未然
年齢	1歳児		
	2歳児		
	3歳児		
	4歳児		
	5歳児		
	その他（　）		
	合計		
場所	室内保育室		
	散歩先		
	園庭		
	トイレ/テラス		
	その他（　）		
	合計		
けがの種類	擦り傷		
	切り傷		
	ひっかき		
	かみつき		
	打撲		
	その他（　）		
	未然		
	合計		
時間帯	早番		
	午前		
	昼		
	午後		
	遅番		
	合計		

保健計画

おさえたい ③ つのポイント

１ 健康を保つために

子どもたちが健康で毎日を過ごせるように、健康診断や各種の検診は欠かせません。お医者さんを恐がらないように、みんなを守ってくれるヒーローとして親しみがもてるよう計画をねりたいものです。

ねらい
一年を見通し、期に応じたねらいを具体的に書きます。健康に過ごすために、おさえたいことです。

行事
その期に行われる検診など、保健に関わる行事を書きます。

援助
低年齢児は疾病への抵抗力が弱いので、一人一人の様子を把握しながら予防を心がけます。

	1期（4・5月）	2期（6～8月）
ねらい	●新しい環境に慣れる。 ●生活リズムが整う。	●梅雨を快適に過ごす。 ●暑い夏を無理なく過ごす。
行事	●0歳児健診（毎週火曜日） ●春の検診 ●歯科検診 ●身体測定1回／月（4月は頭囲、胸囲、カウプ指数）	●プール前検診 ●プール開き
園児への保健教育	●生活リズムを整えられるようにする。	●歯みがきの大切さを話す。 ●水分補給に気を付ける。
援助	●個々の健康状態、発達・発育を把握し、保護者と情報交換していく（バイタルサイン、生活リズム、排泄、食事、アレルギー、予防接種、虐待の有無）。 ●SIDS予防。 ●つかまり立ち、伝い歩き、歩行による転倒防止に努める。 ●感染予防に努める。	●温度、湿度に合わせた衣類の調整をする。 ●冷房使用時は外気温との差に気を付ける。 ●発汗による皮膚トラブルを予防していく。 ●虫刺されの予防とケア。 ●夏の感染症の早期発見と拡大予防をする。 ●プールの衛生管理、健康管理、安全に配慮していく。 ●熱中症の予防。
職員との連携	●配慮が必要な子どもの対応、保健マニュアルの活用をすすめる。 ●看護師連絡会での情報を知らせていく。 ●新人保育者の保健教育を行う（嘔吐・下痢処理、SIDSの知識と予防対策の確認、子どもの病気と観察、保護者対応など）。	●プールでの安全面、応急処置について伝える。 ●心肺蘇生法について伝える。
家庭・地域との連携	●検診時、結果を通知し、必要に応じてアドバイスや受診をすすめる。 ●保護者会で、0歳児は赤ちゃんの健康管理について、1歳児は生活リズムについて伝える。 ●SIDSについて予防対策などを伝える。 ●伝えたい内容は、保健だより、クラスだより、掲示を活用していく。 ●子育て相談を随時行う。	●休日の過ごし方を伝え、生活リズムが乱れないようにしてもらう。 ●水遊び、プール遊び時の観察・体調管理を知らせていく。 ●家でも皮膚の観察をしてもらい、清潔に努めてもらう。 ●虫刺されの予防とケアをしてもらう。 ●伝えたい内容は、保健だより、クラスだより、掲示を活用していく。 ●子育て相談を随時行う。

職員との連携
園内で共通理解しておかなければならないことを洗い出し、意識できるようにします。

❷ 病気にならない、うつさない

まずは病気にならないように予防します。病気が見つかったら、早目に治療を開始します。感染症の場合は、他の子にうつらないよう対策しなければなりません。嘔吐物の処理など、手順を確認しておきましょう。

❸ 家庭や医療機関と手を携えて

予防は園だけでは不十分。家庭にも園の方針を伝え、同じように心がけてもらう必要があります。園医とも密に連絡を取り、最新の情報をもとに病気にならない生活の仕方を伝えていきましょう。

3期（9〜12月）	4期（1〜3月）
●戸外遊びで体力をつける。	●寒さに負けず体を動かして元気に遊ぶ。
●秋の検診	●新入園児検診
●手洗いの仕方を丁寧に伝える。	●手洗いとうがいの仕方を丁寧に教える。
●夏の疲れによる体調の崩れに注意していく。 ●無理せず休息を取りながら活動していく。 ●発達、体調に合わせた活動を多く行う。 ●けが予防に努める。 ●衣類の調節をする。 ●暖房使用時の温度(18〜20℃)、湿度(50〜70％)を設定。 ●皮膚の乾燥、炎症の観察とケア。 ●感染症の早期発見と予防。	●お正月休み中の体調を把握し、生活リズムを整えていく。 ●体調に合わせた活動にし、体調の悪化を予防する。 ●予防接種・検診の有無を確認。
●嘔吐・下痢処理法の確認。 ●インフルエンザにかかった子どもを伝える。 ●適切な靴選びを伝え、準備してもらう。 ●転倒・落下などでけがをしないように注意して見守っていく。	●室温・湿度・換気を確認する。 ●新年度の引き継ぎをする。
●冬の感染症について知らせる。 ●スキンケアの大切さを伝える。	●保護者会で生活リズム・風邪予防などの話をする。 ●未接種の予防接種を促す。 ●発育が気になる子どもについては、保護者に伝え個別に相談する。

家庭・地域との連携
家庭と情報交換すべきことや、園に通っていない地域の子どもに対する配慮なども記します。

園児への保健教育
子どもたちへ伝えることについて書きます。また、身に付いているか時々確認する必要があります。

保健計画

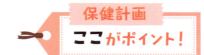

命を守る使命感を

子どもは適切なケアがなければ、命を落としてしまう、か弱い存在です。清潔で快適な環境のもとでの生活を保障し、検診も定期的に受診できるよう計画します。毎年見直して、よりよい計画にしていきましょう。

	1期（4・5月）	2期（6〜8月）
ねらい	●新しい環境に慣れる。 ●生活リズムが整う。	●梅雨を快適に過ごす。 ●暑い夏を無理なく過ごす。
行事	●0歳児健診（毎週火曜日） ●春の検診 ●歯科検診 ●身体測定1回／月（4月は頭囲、胸囲、カウプ指数）	●プール前検診 ●プール開き
園児への保健教育	●生活リズムを整えられるようにする。	●歯みがきの大切さを話す。 ●水分補給に気を付ける。
援助	●個々の健康状態、発達・発育を把握し、保護者と情報交換していく（バイタルサイン、生活リズム、排泄、食事、アレルギー、予防接種、虐待の有無）。 ●SIDS予防。 ●つかまり立ち、伝い歩き、歩行による転倒防止に努める。 ●感染予防に努める。	●温度、湿度に合わせた衣類の調整をする。 ●冷房使用時は外気温との差に気を付ける。 ●発汗による皮膚トラブルを予防していく。 ●虫刺されの予防とケア。 ●夏の感染症の早期発見と拡大予防をする。 ●プールの衛生管理、健康管理、安全に配慮していく。 ●熱中症の予防。
職員との連携	●配慮が必要な子どもの対応、保健マニュアルの活用をすすめる。 ●看護師連絡会での情報を知らせていく。 ●新人保育者の保健教育を行う（嘔吐・下痢処理、SIDSの知識と予防対策の確認、子どもの病気と観察、保護者対応など）。	●プールでの安全面、応急処置について伝える。 ●心肺蘇生法について伝える。
家庭・地域との連携	●検診時、結果を通知し、必要に応じてアドバイスや受診をすすめる。 ●保護者会で、0歳児は赤ちゃんの健康管理について、1歳児は生活リズムについて伝える。 ●SIDSについて予防対策などを伝える。 ●伝えたい内容は、保健だより、クラスだより、掲示を活用していく。 ●子育て相談を随時行う。	●休日の過ごし方を伝え、生活リズムが乱れないようにしてもらう。 ●水遊び、プール遊び時の観察・体調管理を知らせていく。 ●家でも皮膚の観察をしてもらい、清潔に努めてもらう。 ●虫刺されの予防とケアをしてもらう。 ●伝えたい内容は、保健だより、クラスだより、掲示を活用していく。 ●子育て相談を随時行う。

♣ 年間目標

- 心身共に健康で毎日を過ごす。

	3期（9～12月）	4期（1～3月）
	●戸外遊びで体力をつける。	●寒さに負けず体を動かして元気に遊ぶ。
	●秋の検診	●新入園児検診
	●手洗いの仕方を丁寧に伝える。	●手洗いとうがいの仕方を丁寧に教える。
	●夏の疲れによる体調の崩れに注意していく。 ●無理せず休息を取りながら活動していく。 ●発達、体調に合わせた活動を多く行う。 ●けが予防に努める。 ●衣類の調節をする。 ●暖房使用時の温度(18～20℃)、湿度(50～70%)を設定。 ●皮膚の乾燥、炎症の観察とケア。 ●感染症の早期発見と予防。	●お正月休み中の体調を把握し、生活リズムを整えていく。 ●体調に合わせた活動にし、体調の悪化を予防する。 ●予防接種・検診の有無を確認。
	●嘔吐・下痢処理法の確認。 ●インフルエンザにかかった子どもを伝える。 ●適切な靴選びを伝え、準備してもらう。 ●転倒・落下などでけがをしないように注意して見守っていく。	●室温・湿度・換気を確認する。 ●新年度の引き継ぎをする。
	●冬の感染症について知らせる。 ●スキンケアの大切さを伝える。	●保護者会で生活リズム・風邪予防などの話をする。 ●未接種の予防接種を促す。 ●発育が気になる子どもについては、保護者に伝え個別に相談する。

食育計画

おさえたい 3 つのポイント

1 一緒に食べる喜びを

他の子どもに対する関心も高まり、関わりを求め近くに座って食べようとすることもあります。保育者や友達と一緒に食べる喜びが十分味わえるような雰囲気をつくりましょう。

食育計画 1

月齢別に「内容」を設定し、「子どもの姿」を具体的に書き、どのような援助が必要かを考えます。調理員が配慮すべきことや、家庭と連携することも明記します。

1 ねらい
その年齢における食育で培いたい姿です。

2 内容
月齢ごとの区分になっています。「ねらい」に近づくために経験させたい事柄です。

3 子どもの姿
その月齢の子どもが見せる、食に関する姿です。発達段階を意識します。

4 環境構成と保育者の援助
「内容」を経験させるために、どのような環境を準備し、どのような援助をするのか明記します。

5 調理員の配慮
調理員がすべきことと、保育者と連携を図ることについて書きます。

6 家庭との連携
保護者からの要望や、家庭での様子、園から伝えることなどを記します。

食育計画 2

食育を6つの項目に分け、それぞれについて「内容」と「保育者の援助」を載せています。月齢に応じた内容の進み方も、項目ごとに見渡すことができます。

1 ねらい
年間を通して、すべての月齢に通じる「ねらい」です。保育者間で相談して決めます。

2 食べ物と健康について
好き嫌いせず、いろいろな味に慣れるための項目です。

3 食器の使い方について
発達に伴い、徐々に食具が使えるように導きます。

4 マナーについて
食に対する姿勢として育みたいことを、月齢ごとに配列しています。

5 楽しく食べるために
食を楽しむための環境づくりや配慮することについての項目です。

6 バイキング
自分の食べられる量を把握し、自分で食品を選ぶ能力を育みます。

7 食材・栽培について
野菜を育てたり、クッキングをしたりする活動も経験できるようにします。

❷ いろいろな味に慣れる

食べ慣れない物は、口から出してしまうことがあります。それでも「口に入れられてよかったね」と認め、少しずつ味に慣れさせ、食べられるようになった喜びを味わわせましょう。

❸ 自分から食べること

自分でできないことにいらだったり、保育者の制止にかんしゃくを起こしたりすることもありますが、自分から食べようとしていることを認めて、スムーズに進むよう援助します。

食育計画 ❸

食育における「園の目標」を明記し、各年齢ごとの「年間目標」「調理員との関わり」を載せています。個人の計画のベースとなる、期の「ねらい」と「保育者の援助」を明記します。

園の目標
園として大切にしたい食についての目標を書きます。すべての年齢に共通です。

年間目標
各年齢ごとに、この一年で期待する育ちについて書きます。

調理員との関わり
実際に調理してくれる人と触れ合うことで、子どもには大きな学びがあります。積極的な関わりを計画しましょう。

▼園の目標
- 楽しく食事をする。
- 身近な野菜を育て、収穫する喜びを味わい親しみをもつ。
- いろいろな食材について、興味や関心をもつ。

年間目標	調理員との関わり
●プランターの野菜に保育者と一緒に水やりをしながら、生長していく様子を見て、喜んだり、触れたり、収穫物を持って行ったりすることを楽しむ。 ●いろいろな食材の名前や味を知る。 ●みんなで楽しい雰囲気の中で食べる。	●食べている様子を見てもらったり、お互いに声をかけ合い、親しみをもつ。 ●収穫物を持って行った際、話し、食べた感想を伝えるなどの関わりをもつ。 ●調理員に簡単な調理の仕方を直接見せてもらう。

	1期（4・5月）	2期（6～8月）	3期（9～12月）	4期（1～3月）
ねらい	●新しい環境での食事に慣れ、落ち着いて食べる。 ●楽しい雰囲気の中で食事をする。 ●「いただきます」「ごちそうさま」のあいさつを保育者と一緒にする。 ●食事のマナーや姿勢を知り、食べようとする。 ●スプーンをしっかり持ち、器に手を添えて食べようとする。 ●メニューや食材の名前を聞き、食事に対して興味や関心をもつ。 ●苦手な物も少しは促されて食べてみようとし、少しでも味覚の幅を広げ関心をもつ。 ●野菜を植えて育てることに興味をもつ。	●野菜を育てて収穫し、皮むきなどを経験することで食べ物に対しての関心や興味をもつ。	●食事のマナーや姿勢を知り、食べる。 ●スプーンを三指持ちし、器に手を添えて食べる。 ●メニューや食材の名前を聞かれ、答えようとする。 ●保育者に声をかけられながらいろいろな種類の食材をバランスよく食べる。	
保育者の援助	●一人一人の食事の好みや食べる量を把握し、安心して食べられるようにする。 ●プランターにトマトやオクラの苗を、子どもと一緒に植える。 ●食べ終わった頃を見計らって、エプロンを個別にはずす。 ●自分専用の口ふきタオルを用意し、自分でふけるようにする。	●園庭のプランターを見せ、どのくらいトマトやオクラが生長しているか、保育者と共に見る。 ●保育者が一緒に食べる中で、スプーンの持ち方や食器の手の添え方を実際に見せて伝える。 ●食欲が落ちやすい時期なので、個々の様子を見て量を加減する。	●好き嫌いについては、家庭と連携をとりながら進めていく。 ●座り方や姿勢の悪い子どもへは、椅子や机の高さを確認すると共に、マナーにも少し意識が向くような声をかける。 ●遊びの中で食材の名前に興味をもたせる。	●ひじをついたり足を広げたりして食べる子どもへは、保育者が見本となり、自ら気が付けるようにする。 ●日常の中で食べ物の絵本や紙芝居を読み、食材への興味がもてるようにする。

ねらい
期ごとに食育のねらいを立てます。もちろん個別には異なりますが、その園の年齢ごとに担任が相談して決めます。

保育者の援助
ねらいに合わせた保育者の援助を書きます。これをベースに、家庭での食事の様子や個人差を配慮して、個別の計画を立てます。

食育計画①

食育計画①
ここがポイント！

食べることを楽しめるように援助する

　自分から食べようとする意欲が望まれます。手づかみでもよいですから、自分で口に入れる経験を十分に保障しましょう。また、スプーンやフォークを使うと、手が汚れず食べやすくて便利だということに気付かせます。正しい持ち方を伝え、手を添えながら食具の扱いに慣れるようにしましょう。

ねらい　●いろいろな食材に慣れ、喜んで食べる。

	内容	子どもの姿
2歳〜3歳未満	●いろいろな種類の食べ物や料理を味わう。 ●食生活に必要な基本的な習慣や態度を身に付ける。 ●保育者や友達と一緒に食事をすることを楽しむ。	●いろいろな食べ物を喜んで食べる。 ●手洗いやうがいなど、身の回りを清潔にして食事をすることを知る。 ●食べ物に関心をもち、スプーンやフォークや箸を使って食べる習慣を身に付ける。 ●楽しい雰囲気の中で一緒に食事をすることから、友達や調理をしてくれた人などに関心をもつ。 ●友達と一緒にいる雰囲気を大切に、穏やかな環境の中で食事をする。
3歳〜4歳未満	●できるだけ多くの種類の食材や味付けを知り、食事を楽しむ。 ●食生活に必要な基本的な習慣や態度を身に付ける。 ●保育者や友達と一緒に食事をすることを通して、愛情や信頼感をもつ。	●いろいろな野菜や食べ物を身近に感じ、絵本を見たり栽培物を触ったりして食べる楽しみをもつ。 ●食べ物に関心をもち、箸を使って食べる習慣を身に付ける。 ●食事の「いただきます」「ごちそうさま」などのあいさつをしたり、「おいしいね」と友達と話をしたりしながら楽しく食べる。 ●食事をつくってくれた人への感謝の気持ちをもち、楽しく食事をする。

●家庭との連携の下で、望ましい食事習慣を身に付ける。

環境構成と保育者の援助	調理員の配慮	家庭との連携
●食べ物に興味をもち、自分で食べようとする姿を大切に、一人一人に声をかける。 ●清潔の習慣は一人一人の個人差を十分に把握し、その子に合った援助をする。 ●フォークや箸の使用は慌てず発達差を考慮し、子どもが自ら使いたいと思う意欲を大切にして進める。箸の使い始めは、そばに付いて一緒に食事をしながら身に付けさせる。 ●友達や保育者と一緒のテーブルで食べると楽しいという雰囲気を大切にしながら食事をし、おいしく食べられるような言葉をかける。	●食材を子どもたちが見られるように事前に展示したり、野菜の絵をはったりして知らせる。 ●子どもたちが食べやすいように食材の切り方を工夫する。 ●味付けは薄味を心がけ、子どもたちの味覚を育てるようにする。 ●個人差を把握し、食事の量、形、固さなど、調理形態について保育者と連携を図り決める。 ●フォークから箸への移行は保育者と連携を図り、余裕をもって準備するなどして進める。	●食事の状況を家庭に知らせ、子どもたちが興味をもてるようにする。 ●一人一人の食事の状況（形、量、固さ）について、こまめに連絡を取り合い、食事をおいしく味わえるようにする。 ●箸の導入は家庭と連携しながら個々の状態に合わせて無理なく進める。子どもが自分で食べようとする気持ちがもてるようにする。 ●保育者や友達と一緒に食事を楽しむ姿を知らせ、家庭でも家族と一緒に食事を楽しんでもらうように伝える。
●食べ物がかいてある絵本を見たり、散歩に出かけたときに畑の野菜を見たり触れたりして、いろいろな食べ物に接する機会を多くし、食べ物に関心をもつような環境を整える。また、畑で働く人とあいさつを交わすことで人との触れ合いを大切にする。 ●箸で食事ができるよう発達差を考慮し、友達の姿や保育者が箸を使う姿を見せ自ら使いたいと思う意欲を育てる。箸の使い始めは、そばに付いて一緒に食事をしながら身に付けさせる。	●食材を子どもたちが見られるように事前に展示したり、野菜と体の関係の絵をはったりして、食材に興味をもたせる。 ●味付けは薄味を心がけ、子どもたちの味覚を育てるようにする。 ●年齢や食事の個人差を把握し、量、形、固さなどの調理形態を保育者と連携を図りながら進める。またアレルゲン除去食の子どもへの対応も保育者と連携しながら決める。 ●箸への移行は保育者と連携して進める。時々箸をかんで箸の先が破損していることもあるので、配膳時に注意する。 ●旬の物や珍しい物は現物を見せて興味をもたせ、食事をおいしく食べられる工夫をする。	●食事の状況を家庭に知らせ、家でも野菜に触れるなど子どもたちが興味をもてるようにお願いする。 ●箸の導入は個人差が大きいので家庭と連携をしながら個々の状態に応じて無理なく進める。子どもたちが自分で食べようとする気持ちがもてるように話す。 ●園で使っている言葉やあいさつの様子を伝達する。また、家庭でも食事をする際、そばにいる大人がよい手本となり食事のあいさつを行うようにお願いする。 ●保育者や友達と一緒に食事を楽しんでいることを知らせ、家庭でも家族と一緒に食べることを楽しんでもらうように伝える。

食育計画②

ねらい
- "食"に興味・関心をもち、みんなと一緒においしく食べる。

		食べ物と健康について	食器の使い方について（スプーン、フォーク、箸の持ち方と時期）
2歳～3歳未満	内容	●いろいろな食べ物を食べてみようとする。 ●いろいろな食べ物に関心をもち、進んで食べる。	●スプーン、フォークを正しく持って食べようとする。 ●食器に手を添える。
	保育者の援助	●楽しい雰囲気を心がけ、自分で食べる意欲を大切にする。 ●いろいろな食べ物に接する機会を設ける。 ●個人差に応じて食品の種類や量などを調整する。	●保育者が見本となり、正しい持ち方を知らせる（スプーン、フォークを下から3本の指で持つ）。
3歳～4歳未満	内容	●いろいろな食べ物を食べてみる。	●スプーン、フォーク、食器を正しく持って食べる。 ●箸に慣れる（個人に合わせて園の箸とフォークを併用する）。
	保育者の援助	●食べ物と健康のつながりを、絵本などを使って知らせ、いろいろな食材に興味をもてるようにする。	●フォーク、皿の持ち方などをそのつど知らせる。 ●箸の使用は家庭と連携しながら、一緒に進める。 ●遊びの中で箸を使用できるように、豆やひも、スポンジなどを用意する（その際は必ず保育者がそばに付く）。

食育計画② ここがポイント！

かみかみ、ゴックンが上手にできるように

かむことがめんどうで丸飲みしてしまう子や、早く遊びたいからと急ぐ子がいます。よくかまないと胃に負担をかけてしまうので、注意が必要です。また、いつまでもかんでいて、ドロドロしたまま口にためこむ子もいます。ゴックンしてから次の食べ物を口に入れるように、よく見て食事を進めましょう。

マナーについて （手洗い、あいさつ、座り方など）	楽しく食べるために	バイキング	食材・栽培について （クッキングなど）
●食事の前に自分で手を洗う。 ●正しい姿勢を知る。 ●食前食後にあいさつをする。 ●食器を片付ける。 ●食後に口をゆすぐ。	●よく遊び、よく眠り、おいしく食べる。 ●保育者や友達と一緒に食べる楽しさを味わう。	●おやつバイキングや給食バイキングなど、普段と違ったスタイルで食事を楽しむ。	●身近な植物に関心をもち、栽培する。 ●トウモロコシやタマネギなどの皮むきを楽しむ。
●そばに付いて洗い方を知らせる。 ●椅子に座って足がつかない子には台を用意する。 ●片付けの場所を分かりやすく設置し、保育者が一緒に行いながら習慣を身に付ける。	●一人一人の生活リズムを大切にする。 ●落ち着いて食べられる雰囲気を心がける。	●落ち着いた雰囲気で食べられるようにする。 ●3歳以上児と一緒の雰囲気を楽しみながらも、2歳児用のテーブルを用意して安心して楽しめるようにする。	●絵本や紙芝居などを用い、栽培を通して、いろいろな食材に興味をもつようにする。 ●給食に出る食材に触れることで、興味や関心をもてるようにする。
●姿勢を整え、こぼさないように食事をする。 ●食後にうがいや歯磨きをする。 ●手洗い、あいさつ、準備、片付けなどを自分でする。	●友達と一緒に会話をしながら食事をする。 ●食べたいという気持ちをもって、自分から進んで食べる。	●日常と違ったスタイルで食事を楽しむ。 ●自分の食べられる量を知る。	●身近な植物を栽培したり、収穫したりする。 ●簡単なクッキングを楽しむ。
●椅子に座って足がつかない子には台を用意する。 ●一人一人に合った食事量に調節する。 ●歯のみがき方を掲示し、歯みがきの大切さを知らせる。 ●片付けの場所を分かりやすく設置する。	●保育者も一緒に会話をしながら、楽しい雰囲気づくりを心がける。 ●遊びや活動で十分に満足させ、空腹感を味わえるようにする。	●流れが分からず戸惑う子にはそばに付き、一緒に行動する。 ●異年齢の友達と交流しやすいよう、席は自由にする。 ●自分で量を決めるため、普段よりも多めに量を用意する。	●子どもが興味を示すようなプチトマトなどの野菜を選ぶ。 ●水やりをしながら子どもたちが生長の変化に気付くよう見守る。 ●年齢に合った子どもたちがつくりやすいメニューを選ぶ。

食育計画 ③

ニーズ対応 → P200-P201 食育計画3

食育計画③ ここがポイント！

いろいろな味や食感を経験し、慣れる

経験したことのない味は、脳が危険かもしれないと判断して、拒絶するのが自然です。それを嫌いなのだと思い込まず、保育者がおいしそうに食べる姿を見せながら、味に慣れられるように導きましょう。また、調理員と連携を取り合い、苦手な食材に対しては調理法を工夫して提供する方法も効果的です。

おいしいね！

園の目標
- 楽しく食事をする。
- 身近な野菜を育て、収穫する喜びを味わい親しみをもつ。

年間目標
- プランターの野菜に保育者と一緒に水やりをしながら、生長していく様子を見て、喜んだり、触れたり、収穫したりすることを楽しむ。
- いろいろな食材の名前や味を知る。
- みんなで楽しい雰囲気の中で食べる。

	1期（4・5月）	2期（6〜8月）
ねらい	●新しい環境での食事に慣れ、落ち着いて食べる。 ●楽しい雰囲気の中で食事をする。 ●「いただきます」「ごちそうさま」のあいさつを保育者と一緒にする。 ●食事のマナーや姿勢を知り、食べようとする。 ●スプーンをしっかり持ち、器に手を添えて食べようとする。 ●メニューや食材の名前を聞き、食事に対して興味や関心をもつ。 ●苦手な物も少しは促されて食べてみようとし、少しでも味覚の幅を広げ関心をもつ。 ●野菜を植えて育てることに興味をもつ。	●野菜を育てて収穫し、皮むきなどを経験することで食べ物に対しての関心や興味をもつ。
保育者の援助	●一人一人の食事の好みや食べる量を把握し、安心して食べられるようにする。 ●プランターにトマトやオクラの苗を、子どもと一緒に植える。 ●食べ終わった頃を見計らって、エプロンを個別にはずす。 ●自分専用の口ふきタオルを用意し、自分でふけるようにする。	●園庭のプランターを見せ、どのくらいトマトやオクラが生長しているか、保育者と共に見る。 ●保育者が一緒に食べる中で、スプーンの持ち方や食器の手の添え方を実際に見せて伝える。 ●食欲が落ちやすい時期なので、個々の様子を見て量を加減する。

- いろいろな食材について、興味や関心をもつ。

調理員との関わり

- 食べている様子を見てもらったり、お互いに声をかけ合い、親しみをもつ。
- 収穫物を持って行った際、話し、食べた感想を伝えるなどの関わりをもつ。
- 調理員に簡単な調理の仕方を直接見せてもらう。

3期（9〜12月）	4期（1〜3月）
●食事のマナーや姿勢を知り、食べる。→	
●スプーンを三指持ちし、器に手を添えて食べる。→	
●メニューや食材の名前を聞かれ、答えようとする。→	
●保育者に声をかけられながらいろいろな種類の食材をバランスよく食べる。→	
●好き嫌いについては、家庭と連携をとりながら進めていく。 ●座り方や姿勢の悪い子どもへは、椅子や机の高さを確認すると共に、マナーにも少し意識が向くような声をかける。 ●遊びの中で食材の名前に興味をもたせる。	●ひじをついたり足を広げたりして食べる子どもへは、保育者が見本となり、自ら気が付くようにする。 ●日常の中で食べ物の絵本や紙芝居を読み、食材への興味がもてるようにする。

子育て支援の指導計画

おさえたい ❸ つのポイント

❶ 在園児も園外の子も幸せに

子どもが幸せであるためには、子育てをしている人が幸せでなければなりません。辛い思いをしているなら、相談できる場を用意しましょう。子育ての喜びを伝えたいものです。

子育て支援の指導計画 ❶ 在園向け

保護者の悩みを想定し、どのように対応したら保護者と子どもが幸せになるかを考え、支援の内容を具体的に書きます。

行事
期ごとに保護者に関わる行事をピックアップします。子どもの育ちを感じることができるよう配慮します。

	1期（4・5月）	2期（6～8月）	3期（9～12月）	4期（1～3月）
行事	●保護者会 ●子どもの日の集い	●水遊び、沐浴開始 ●プール遊び ●保育参観 ●夏まつり（七夕）	●運動会 ●保育参観 ●個人面談	●節分 ●保護者会 ●ひなまつり ●祝い会
保育者の支援	●保育室が替わり、環境の変化が大きいので、送迎時に園や家庭での様子を伝え合い、信頼関係を築いていく。 ●快適で活動しやすい衣服、自分で着脱のしやすい衣服について知らせていく。 ●保護者会で、進級した様子、一日の生活の流れを知らせる。また、保護者の悩みを共有し、アドバイスしていく。 ●育ちの記録（母子健康手帳）を通して、発達段階の共有・共通認識を図っていく。 ●生活リズムの大切さを伝え、保護者が意識することで生活リズムを整えていけることを知らせていく。 ●自己主張をしたり、甘えたりして対応に困ることが増えていく年齢なので、その対応策をプリントで知らせたり、一緒に考えたりしていく。 ●行動を先取りせず、自分でできる場面では納得がいくまでやる姿を見守る大切さを伝える。 ●歩く経験の大切さ、体づくりの大切さや方法を具体的に伝えていく。 ●子どもの話をゆっくり受け止め、正しい言葉で分かりやすく語りかける大切さを伝える。また、子どもとの会話のきっかけとなるような働きかけをする。 ●トイレトレーニングについては、一人一人の成長に合わせ、進め方や準備について家庭と連絡を取り合っていく。 ●友達への関心や関わりが増すことから、物の取り合いによるけんかが見られるようになるが、ある程度は成長過程での必要な経験として見守りながら、徐々に相手の気持ちも分かるように話していることを伝え、保護者の理解を得ていく。	●夏の暑さにより疲れやすい時期なので、水分補給や十分な休息が必要であることを知らせていく。 ●夏に多い皮膚疾患、感染症などを知らせ、予防や早期発見に努めるようにする。	●夏の疲れが出やすい時期なので、家庭でも十分に睡眠をとるなど生活リズムを整える大切さを知らせていく。 ●朝夕の寒暖差が大きくなるのが予想されるので、調節しやすい衣服の用意をお願いする。 ●風邪や感染症が流行しやすい時期なので、体調の変化を細やかに伝え合えるようにしていく。 ●保育参観及び面談を通して、子育ての不安をやわらげ、楽しさを伝えていく。 ●運動会の見所などをクラス便りや園だよりで知らせ、保護者も楽しく参加できるようにする。	●年末・年始の休み明け、無理なく元気に過ごせるよう健康状態をこまめに連絡し合う。 ●感染症が流行しやすい時期なので、対応などの共通理解を図り、予防に努めていく。 ●成長を共に喜び、安心して進級できるように支援していく。 ●進級に向けてのお知らせを配布し、質問や疑問には丁寧にこたえていく。

保育者の支援
保護者が安心して子育てができるように、情報を提供したり相談にのったりします。特にその時期に必要な支援について説明します。

❷ 保護者それぞれへの支援

ひとり親、外国籍家庭、育児不安、親の障害など、保護者が様々な困難を抱えている場合があります。状況を理解し、個別の支援を計画的に行いましょう。秘密は厳守することも伝えます。

❸ 地域との連携を大切に

子育て広場を設けたり、公民館を利用できるようにすることは、社会とつながるチャンスがなかった人々の世界を広げることになります。新しい出会いやネットワークがつくられるように働きかけましょう。

子育て支援の指導計画❷ 地域向け

初めて訪れた親子にとっても居場所となるような空間と、役に立つ情報を提供できるように、活動や援助の方針を記します。

年間目標
一年を通して、訪れた親子に対して、どのような支援をしていくのかを具体的に書きます。

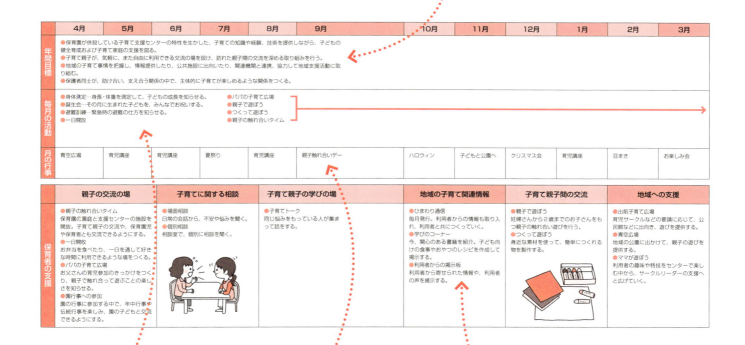

毎月の活動
一年間に、どのような活動を催し、どのような遊びの場を提供するのかを書いておきます。

月の行事
毎月する活動の他に、その月ならではの行事を記入します。月によって偏りがないように調整します。

保育者の支援
子育て支援の活動内容を、この欄で紹介しています。「遊びの場」「相談の場」など多角的な場を設定します。

子育て支援の指導計画 ① 在園向け

子育て支援の指導計画 ①　ここがポイント！

安心できるよう、説明を丁寧に

人との関わりが増えるので、かみつきやひっかきなどのトラブルも増え、保護者はピリピリしがちです。発達の過程を伝え、安心できるように支援しましょう。個人差が大きいことも丁寧に話します。

	1期（4・5月）	2期（6〜8月）
行事	●保護者会 ●子どもの日の集い	●水遊び、沐浴開始 ●プール遊び ●保育参観 ●夏まつり（七夕）
保育者の支援	●保育室が替わり、環境の変化が大きいので、送迎時に園や家庭での様子を伝え合い、信頼関係を築いていく。 ●快適で活動しやすい衣服、自分で着脱のしやすい衣服について知らせていく。 ●保護者会で、進級した様子、一日の生活の流れを知らせる。また、保護者の悩みを共有し、アドバイスしていく。 ●育ちの記録（母子健康手帳）を通して、発達段階の共有・共通認識を図っていく。 ●生活リズムの大切さを伝え、保護者が意識することで生活リズムを整えていけることを知らせていく。 ●自己主張をしたり、甘えたりして対応に困ることが増えていく年齢なので、その対応策をプリントで知らせたり、一緒に考えたりしていく。 ●行動を先取りせず、自分でできる場面では納得がいくまでやる姿を見守る大切さを伝える。 ●歩く経験の大切さ、体づくりの大切さや方法を具体的に伝えていく。 ●子どもの話をゆっくり受け止め、正しい言葉で分かりやすく語りかける大切さを伝える。また、子どもとの会話のきっかけとなるような働きかけをする。 ●トイレトレーニングについては、一人一人の成長に合わせ、進め方や準備について家庭と連絡を取り合っていく。 ●友達への関心や関わりが増すことから、物の取り合いによるけんかが見られるようになるが、ある程度は成長過程での必要な経験として見守りながら、徐々に相手の気持ちも分かるように話していることを伝え、保護者の理解を得ていく。	●夏の暑さにより疲れやすい時期なので、水分補給や十分な休息が必要であることを知らせていく。 ●夏に多い皮膚疾患、感染症などを知らせ、予防や早期発見に努めるようにする。

♣ 年間目標

- 子どもが健康に過ごせるように明るい気持ちで育てる。

	3期（9〜12月）	4期（1〜3月）
	●運動会 ●保育参観 ●個人面談	●節分 ●保護者会 ●ひなまつり ●祝い会
	●夏の疲れが出やすい時期なので、家庭でも十分に睡眠をとるなど生活リズムを整える大切さを知らせていく。	●年末・年始の休み明け、無理なく元気に過ごせるよう健康状態をこまめに連絡し合う。
	●朝夕の寒暖差が大きくなるのが予想されるので、調節しやすい衣服の用意をお願いする。 ●風邪や感染症が流行しやすい時期なので、体調の変化を細やかに伝え合えるようにしていく。	●感染症が流行しやすい時期なので、対応などの共通理解を図り、予防に努めていく。 ●成長を共に喜び、安心して進級できるように支援していく。
	●保育参観及び面談を通して、子育ての不安をやわらげ、楽しさを伝えていく。	●進級に向けてのお知らせを配布し、質問や疑問には丁寧にこたえていく。
	●運動会の見所などをクラス便りや園だよりで知らせ、保護者も楽しく参加できるようにする。	

ニーズ対応

子育て支援

子育て支援の指導計画❷ 地域向け

子育て支援の指導計画❷ ここがポイント！

気軽に参加してもらえるように

「開設時間中はいつでも自由に来てください」という気持ちを示しつつ、人と人をつないでいきます。楽しい活動を提示し、参加してよかったという思いをもてるようにしましょう。

	4月	5月	6月	7月	8月	9月
年間目標	●保育園が併設している子育て支援センターの特性を生かした、子育ての知識や経験、技術を提供しながら、子どもの健全育成および子育て家庭の支援を図る。 ●子育て親子が、気軽に、また自由に利用できる交流の場を設け、訪れた親子間の交流を深める取り組みを行う。 ●地域の子育て事情を把握し、情報提供したり、公共施設に出向いたり、関連機関と連携、協力して地域支援活動に取り組む。 ●保護者同士が、助け合い、支え合う関係の中で、主体的に子育てが楽しめるような関係をつくる。					
毎月の活動	●身体測定…身長・体重を測定して、子どもの成長を知らせる。 ●誕生会…その月に生まれた子どもを、みんなでお祝いする。 ●避難訓練…緊急時の避難の仕方を知らせる。 ●一日開放			●パパの子育て広場 ●親子で遊ぼう ●つくって遊ぼう ●親子の触れ合いタイム		
月の行事	青空広場	育児講座	育児講座	夏祭り	育児講座	親子触れ合いデー

	親子の交流の場	子育てに関する相談	子育て親子の学びの場
保育者の支援	●親子の触れ合いタイム 保育園の園庭と支援センターの施設を開放。子育て親子の交流や、保育園児や保育者とも交流できるようにする。 ●一日開放 お弁当を食べたり、一日を通して好きな時間に利用できるような場をつくる。 ●パパの子育て広場 お父さんの育児参加のきっかけをつくり、親子で触れ合って遊ぶことの楽しさを知らせる。 ●園行事への参加 園の行事に参加する中で、年中行事や伝統行事を楽しみ、園の子どもと交流できるようにする。	●場面相談 日常の会話から、不安や悩みを聞く。 ●個別相談 相談室で、個別に相談を聞く。	●子育てトーク 同じ悩みをもっている人が集まって話をする。

10月	11月	12月	1月	2月	3月
ハロウィン	子どもと公園へ	クリスマス会	育児講座	豆まき	お楽しみ会

地域の子育て関連情報	子育て親子間の交流	地域への支援
●ひまわり通信 毎月発行。利用者からの情報も取り入れ、利用者と共につくっていく。 ●学びのコーナー 今、関心のある書籍を紹介。子ども向けの食事やおやつのレシピを作成して掲示する。 ●利用者からの掲示板 利用者から寄せられた情報や、利用者の声を掲示する。	●親子で遊ぼう 妊婦さんから2歳までのお子さんをもつ親子の触れ合い遊びを行う。 ●つくって遊ぼう 身近な素材を使って、簡単につくれる物を製作する。	●出前子育て広場 育児サークルなどの要請に応じて、公民館などに出向き、遊びを提供する。 ●青空広場 地域の公園に出かけて、親子の遊びを提供する。 ●ママが遊ぼう 利用者の趣味や特技をセンターで楽しむ中から、サークルリーダーの支援へと広げていく。

子育て支援の指導計画 事例レポート

保護者を孤立させない多方面からの援助を

ここでは園に併設という特性を生かして、子育て親子を支援している園の事例をご紹介します。

子どもだけでなく保護者も安心できる場を提供する

「子ども・子育て支援新制度」も始まり、各園では様々な形での子育て支援をしていくことになります。この園では、五つの活動を軸にして、子育て親子に寄り添う取り組みを長年にわたって行っています。

園に併設という特性を生かして、「いつ遊びにきてもいいですよ」という開放的な雰囲気を大切にして、月曜〜土曜まで常時開けるようにしています。子育て支援に重要なことは、保護者同士をつないでいくこと。「あそこに行くと、あの人がいそうだから行ってみようかな……」「ちょっとおしゃべりに行こうかな」と思ってもらうことが、一番だと考えています。

押し付けでなく相手が来るのを待つこと

保護者支援の一つの柱に「相談」があります。特に第一子の場合、睡眠や食事、発育など心配の種は尽きないもの。核家族化が進み、多くの保護者が一人で抱え込んでしまうケースがほとんどです。専門家に聞きたいこと、先輩の保護者にちょっと確認したいことなど、相談の大小は様々です。そんなときにここに来てもらえば、子どもが遊んでいる間に相談できる強みがあります。園長は、「相談してくれるようになるまで待つことも大切です」と言います。相談されるようになったら、もう信頼関係は築かれはじめています。後はどんな内容でも「相手の気持ちに寄り添う」姿勢で、相談に応じるだけなのです。

相談・指導

- 育児不安についての相談・指導
- 身体測定などの健康相談
- 保健師・歯科衛生士による育児講座

子育て親子の交流の場を提供・促進

- 親子で遊びなどを体験する、催し物の開催
- 父親の育児参加を促す、催し物の開催
- 子育て親子間の交流を促進する、企画の実施

情報の提供

- 広報紙の発行
- 地域の実情に応じた情報提供
（地域の遊び場情報、地域のサークル・育児講座情報、幼稚園・保育園情報など）

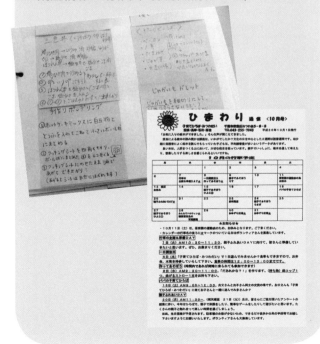

地域支援活動

- 公共施設に出向いての地域支援活動
- 子育てサークルへの技術指導・支援
- 子育てサークルへの保育室の開放や貸し出し

講習などの実施

- 地域での子育てサークルに対する講習会
- 育児講座（絵本の読み聞かせ、子どもの発達と心理など）

こんなときどうする？ ニーズ対応 Q&A

防災・安全

Q いつ避難訓練するのかは決めていますが、それだけでは不十分でしょうか？

A 振り返りから次の実践へ

　避難訓練は、実施して終わりではありません。実際に行ってみて子どもの動きや様子はどうだったのか？　保育者の対応は適切だったのか？　常に振り返り次の計画に進む必要があります。PDCAを意識しましょう。

食育

Q 食物アレルギーの子どもには、個別の計画を立てなくてはならないのでしょうか？

A 個人案に書き込むのが基本

　園で提供できるのは除去食のみです。食べてよい物・いけない物・配慮する点などは、入園時にしっかり書いておきます。成長に伴って対応を変える際も、明記します。その子の食育計画が別にあった方がやりやすい場合は、新たに作成してもよいでしょう。

子育て支援

Q どうしても計画が、保護者中心になってしまいます。良いのでしょうか？

A 保護者も子どもも大切

　保護者中心になっていると感じるなら、子どもに対する配慮を進んで書きましょう。それは子どもにとってよいことか、これで子どもが幸せかという視点を常にもっている必要があります。保育者は、物言えぬ子どもの代弁者です。両者にとってよい支援ができるようにしましょう。

保健

Q 保健計画を立てるうえで、子どもの健康をどのような視点で見ていくことが必要でしょうか？

A 健康を維持するための方策も考えて

　いつも力いっぱい活動できるかを見ていきましょう。病気の有無だけなく、そこには予防の活動も入ります。清潔を保つことや生活習慣も大きな要素となるでしょう。大人が守るだけでなく、子ども自身が生活の中で心がけていく姿勢を育てていくことが重要です。

CD-ROMの使い方

付属のCD-ROMには、本誌で紹介している文例が、Word形式とテキスト形式のデータとして収録されています。CD-ROMをお使いになる前に、まず下記の動作環境や注意点をご確認ください。

●CD-ROM内のデータについて

CD-ROMを開くと章別にフォルダ分けされており、章フォルダを開いていくと、掲載ページ別のフォルダがあります。このフォルダの中に、そのページで紹介している文例のデータが入っています。

●CD-ROMに収録されているデータの見方

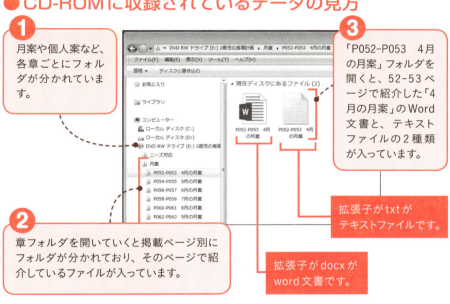

1 月案や個人案など、各章ごとにフォルダが分かれています。

2 章フォルダを開いていくと掲載ページ別にフォルダが分かれており、そのページで紹介しているファイルが入っています。

3 「P052-P053　4月の月案」フォルダを開くと、52-53ページで紹介した「4月の月案」のWord文書と、テキストファイルの2種類が入っています。

拡張子がtxtがテキストファイルです。

拡張子がdocxがword文書です。

Wordの内容を自分の園に合った指導計画に作り変えよう

●Wordの文章をコピーして、園の表に貼って使う

（※「Microsoft Word」をお持ちでない方は、同梱されているテキストファイルを使えば、同様に文章だけコピーして自分の園の表に貼り付けることができます。）

→ P.212

●CD-ROMのWordファイルをそのまま使って、園の表をつくる → P.214

CD-ROMをお使いになる前に

■動作環境
対応OS　：Microsoft Windows 7／10
ドライブ　：CD-ROMドライブ
アプリケーション：Microsoft Word 2010／2013／2016
（「Microsoft Word」をお持ちでない方は、同梱のテキストファイルを使えば、文章を自由にコピーして利用できます。）

■使用上の注意
●付属CD-ROMに収録されたコンテンツは、WindowsおよびWordの使い方を理解されている方を対象に制作されております。パソコンの基本操作については、それぞれの解説書をお読みください。
●本誌では、Windows 10上でMicrosoft Office 2016を使った操作手順を紹介しています。お使いのパソコンの動作環境によって、操作方法や画面表示が異なる場合があります。
●お使いのパソコンの環境によっては、レイアウトなどが崩れて表示される場合がありますので、ご了承ください。
●作成した書類を印刷するには、お使いのパソコンに対応したプリンタが必要です。

■付属CD-ROMに関する使用許諾
●本誌掲載の文例、および付属CD-ROMに収録されたデータは、営利目的ではご利用できません。ご購入された個人または法人・団体が私的な目的（指導計画などの園内の書類）で使用する場合のみ、ご利用できます。
●付属CD-ROMのデータを使用したことにより生じた損害、障害、その他いかなる事態にも、弊社は一切責任を負いません。

はじめに CD-ROMに入ったWordファイルを開く

① CD-ROMを挿入する

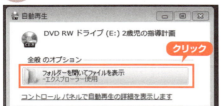

付属CD-ROMを、パソコンのCD-ROMドライブに挿入します。すると自動再生ダイアログが表示されるので、「フォルダーを開いてファイルを表示」をクリックします。

③ デスクトップにコピーする

「4月の月案」のWordファイルをクリックしたまま、ウィンドウの外にスライドし、デスクトップ上でマウスのボタンを離します。これでデスクトップ上にファイルがコピーされます。

② 目的のフォルダを開く

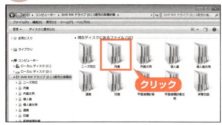

CD-ROMの内容が開き、各章の名前が付いたフォルダが一覧表示されます。ここでは「月案」フォルダをダブルクリックして開きます。次に「P52-P53 4月の月案」を開くと52-53ページで紹介した、「4月の月案」のWordファイルとテキストファイルがあります。

④ Wordファイルを開く

デスクトップにコピーした、「P52-P53 4月の月案」のWordファイルをダブルクリックします。

Wordが起動して、このように「P52-P53 4月の月案」の文例が表示されます。

> **アドバイス**
> **CD-ROMを挿入しても自動再生されないとき**は、スタートメニューをクリックし、「コンピューター」をクリックします。そしてCD-ROMドライブのアイコンをダブルクリックすると、CD-ROMの中身が表示されます。

Wordの文章をコピーして、園の表に貼って使う

① Wordの文章をコピーする

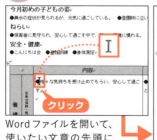

Wordファイルを開いて、使いたい文章の先頭にカーソルを合わせて、クリックします。

マウスの左ボタンをクリックしたまま、使いたい文章の終わりまでスライドします。文字列の色が変わり選択状態になります。

「ホーム」タブにある「コピー」ボタン（「貼り付け」ボタンの右隣、3つあるボタンの真ん中です）をクリックすれば、選択した文章がコピーされます。

212

② 自分の園の表を開く

文章をコピーしたら、続いて自分の園のファイルをダブルクリックして開きます。

文章を貼り付けたい表の位置にカーソルを合わせ、クリックして入力状態にします。

③ 園の表に貼り付ける

「ホーム」タブにある「貼り付け」ボタンをクリックします。

選択した箇所に、コピーしておいたWordの文章が入力されます。

④ 貼り付けた文章を一部書きかえる

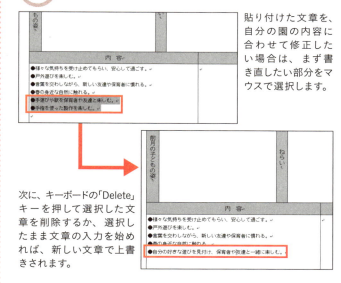

貼り付けた文章を、自分の園の内容に合わせて修正したい場合は、まず書き直したい部分をマウスで選択します。

次に、キーボードの「Delete」キーを押して選択した文章を削除するか、選択したまま文章の入力を始めれば、新しい文章で上書きされます。

⑤ 名前を付けて保存する

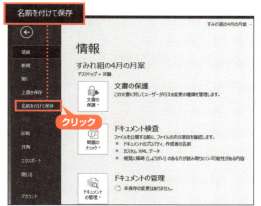

編集したWordファイルを保存するには、「ファイル」タブを開いて「名前を付けて保存」をクリックします。また「ファイルの種類」で「Word 97-2003文書」を選択しておくと、古いソフトでも開ける形式で保存できます。

アドバイス 書体や文字の大きさをかえたいときは、次の手順で行います。

❶ マウスで文章を選択

変更したい文章をマウスで選択状態にします。

❷ 好きな書体を選ぶ

「ホーム」タブのフォント欄右にある「▼」をクリックすると、変更できるフォント一覧が表示されます。好きな書体が選べます。

❸ 書体のサイズを選ぶ

フォントサイズ欄の右にある「▼」をクリックすると、文字のサイズが選べます。

左クリックして確定すれば、変更されます。

CD-ROMのWordファイルをそのまま使って、園の表をつくる

① タイトルや内容を書き直したい

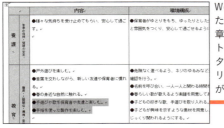

Wordファイルを開いたら、書き直したい文章を選択します。タイトルを変えたい場合、タイトル部をダブルクリックすればカーソルが合うようになります。

自分の園の内容に合わせて文章を書き直しましょう。キーボードの「Delete」キーを押して選択した文章を削除するか、選択したまま文章の入力を始めれば、新しい文章で上書きされます。

② 枠を広げたい・狭めたい

Word文書内の表の枠のサイズを変更したい場合は、広げたい枠の部分にカーソルを合わせましょう。カーソルのアイコンが左のように変わります。

このアイコンの状態で枠を上下左右にスライドして動かせます。

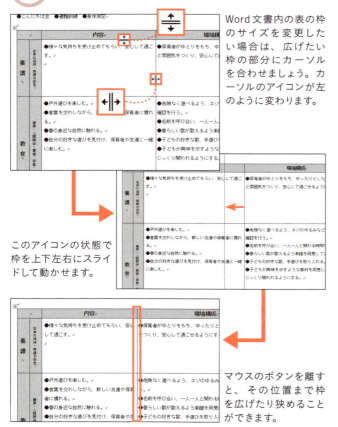

マウスのボタンを離すと、その位置まで枠を広げたり狭めることができます。

③ 枠を増やしたい

枠内をクリックすると「レイアウト」タブが表示されるようになるので、これをクリックします。

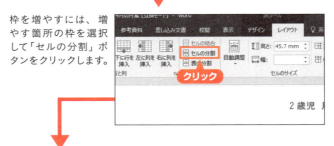

枠を増やすには、増やす箇所の枠を選択して「セルの分割」ボタンをクリックします。

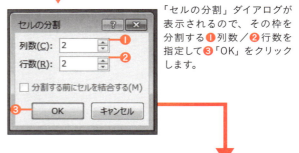

「セルの分割」ダイアログが表示されるので、その枠を分割する❶列数／❷行数を指定して❸「OK」をクリックします。

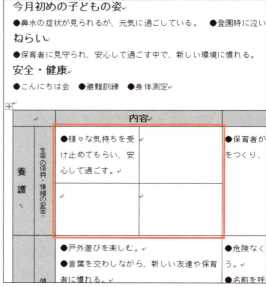

選択した枠が指定した列数／行数で分割されます。

④ 枠を減らしたい

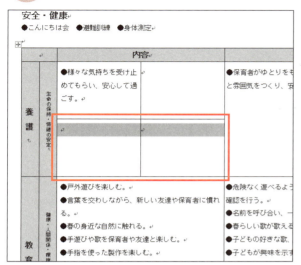

枠を結合して減らしたいときは、結合したいつながった複数の枠を、マウスで選択状態にします。

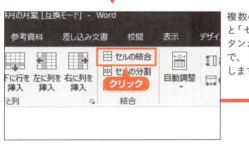

複数の枠を選択すると「セルの結合」ボタンが有効になるので、これをクリックします。

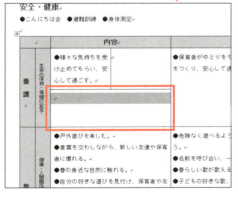

すると、選択した複数の枠が、一つの枠として結合されます。

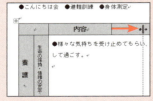

選択した枠だけを移動したいときは、一緒に移動したくない枠を、次の⑤の手順で一度分割します。上下左右でつながった枠線は一緒に移動しますが、繋がっていなければ単独で動かせます。

アドバイス

間違えて違う文章を消してしまったときは、左上の「元に戻す」ボタンをクリックすれば一つ前の操作に戻せます。レイアウトが崩れてしまったときも同様です。

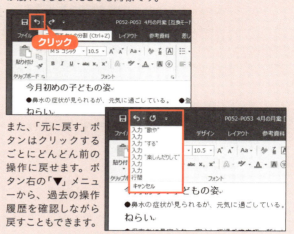

また、「元に戻す」ボタンはクリックするごとにどんどん前の操作に戻せます。ボタン右の「▼」メニューから、過去の操作履歴を確認しながら戻すこともできます。

⑤ 表を分割したい

表全体を分割して増やしたい場合は、分割する部分の下枠内にカーソルを合わせて、「表の分割」ボタンをクリックします。

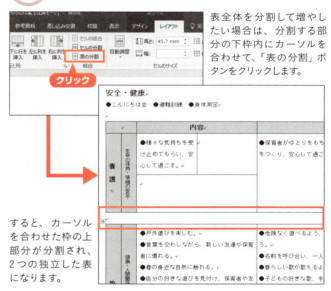

すると、カーソルを合わせた枠の上部分が分割され、2つの独立した表になります。

⑥ 名前を付けて保存する

213ページの説明と同様に、「ファイル」タブの「名前を付けて保存」をクリックして保存しましょう。「Word 97-2003文書」を選択すると、古いソフトでも開ける形式で保存できます。

215

●編著者

横山洋子（よこやま　ようこ）

千葉経済大学短期大学部こども学科教授。
富山大学大学院教育学研究科学校教育専攻修了。
国立大学附属幼稚園、公立小学校勤務ののち現職。
著書は『保育の悩みを解決！　子どもの心にとどく指導法ハンドブック』、『子どもの育ちを伝える　幼稚園幼児指導要録の書き方＆文例集』（ナツメ社）、『根拠がわかる！　私の保育総点検』（中央法規出版株式会社）、『U-CANの思いが伝わる＆気持ちがわかる！　保護者対応のコツ』（株式会社ユーキャン）など多数。

●執筆・協力

＊**年間指導計画／月案／個人案／保育日誌／食育計画**
千葉県浦安市立入船保育園

＊**防災・安全計画**
東京都世田谷区立豪徳寺保育園　園長　柄木田えみ

＊**防災・安全計画／保健計画／食育計画／子育て支援の指導計画**
東京都世田谷区立上北沢保育園　園長　大里貴代美／杉本裕子／苅部 愛

＊**子育て支援の指導計画**
千葉県千葉市　みつわ台保育園　前園長　御園愛子

＊**協力**
千葉県浦安市立猫実保育園　園長　三代川紀子
東京都世田谷区 子ども・若者部 保育課

カバーイラスト／佐藤香苗
本文イラスト／浅羽ピピ
カバーデザイン／株式会社フレーズ
本文・レーベルデザイン／島村千代子
本文DTP・データ作成／株式会社明昌堂
CD-ROM作成／株式会社ライラック
編集協力／株式会社スリーシーズン、植松まり、
株式会社鷗来堂
編集担当／原　智宏（ナツメ出版企画株式会社）

ナツメ社Webサイト
https://www.natsume.co.jp
書籍の最新情報（正誤情報を含む）はナツメ社Webサイトをご覧ください。

CD-ROM付き　記入に役立つ！　2歳児の指導計画

2013年3月1日　初版発行
2018年3月8日　第2版発行
2025年7月1日　第2版第18刷発行

編著者　横山洋子
発行者　田村正隆

©Yokoyama Yoko, 2013, 2018

発行所　株式会社ナツメ社
東京都千代田区神田神保町1－52　ナツメ社ビル1F（〒101－0051）
電話　03－3291－1257（代表）　FAX　03－3291－5761
振替　00130－1－58661
制　作　ナツメ出版企画株式会社
東京都千代田区神田神保町1－52　ナツメ社ビル3F（〒101－0051）
電話　03－3295－3921（代表）
印刷所　TOPPANクロレ株式会社

ISBN978-4-8163-6371-9　Printed in Japan

<価格はカバーに表示してあります>
<乱丁・落丁本はお取り替えします>
本書の一部または全部を著作権法で定められている範囲を超え、ナツメ出版企画株式会社に無断で複写、複製、転載、データファイル化することを禁じます。

本書に関するお問い合わせは、書名・発行日・該当ページを明記の上、下記のいずれかの方法にてお送りください。電話でのお問い合わせはお受けしておりません。
・ナツメ社webサイトの問い合わせフォーム
https://www.natsume.co.jp/contact
・FAX（03-3291-1305）
・郵送（左記、ナツメ出版企画株式会社宛て）
なお、回答までに日にちをいただく場合があります。正誤のお問い合わせ以外の書籍内容に関する解説・個別の相談は行っておりません。あらかじめご了承ください。